文庫

小田 実

「難死」の思想

岩波書店

目次

「難死」の思想 …… 1
平和の倫理と論理 …… 41
人間・ある個人的考察 …… 103
デモ行進とピラミッド …… 167
彼の死の意味 …… 189
「生きつづける」ということ …… 197
「殺すな」から …… 227
あとがき …… 305

初出一覧……309
解　説……小熊英二……311
——「作家」としての小田と「活動家」としての小田——

「難死」の思想

1

私は幼なかったから、保田《やすだ》与重郎《よじゅうろう》などいなかった。高坂正顕《まさあき》も高山岩男もいなかった。『総力戦理論』も『世界史の哲学』も『近代の超克』もなかった。『万葉集』の文庫本も『葉隠《はがくれ》』も、いかにして死ぬかの考察もなかった。私の世界には、そのとき、そうしたものは何一つなかった。

　ということは、私がそうした知識人的な理念やロマンティシズムの介在なしに、戦争とじかに結びついていたということだろう。いや、戦争がいやおうなしに私に結びついていたのである。私が生れたのは一九三二年。十五年戦争はすでに始っていた。太平洋戦争が始まったとき、私は小学校三年生だった。つまり、私は戦争のなかに生れ、戦争とともに育ったのである。私は平和を知らなかったから、戦争がもっとも自然なものであった。この私と戦争の結びつきは、知識人のそれよりも大衆のそれに似ていなくもない。彼らは、そうした理念やロマンティシズムをなかだちとして、自らを戦争に結びつけたのではない。戦争がずるずるといつのまにか彼らの体にじかに結びついて行ったのだろう。気がついてみると、彼らは戦争の渦のなかにいた。火焔のなかにいて、逃げまどっていた。お上のすることにときには不平を言いグチをこぼし、といって積極的な反対も抵抗もせず、ときには熱狂的な讃美の叫びをあげ、おおむね無意識的、無意志的、結果的に強力に支持し、また無意識的、無意志的、結果的に被害者となる大衆――知識人も結局のところそうだったにしても、彼らの場合、理念やロマンティシズムによるなかだちがあった。そのなかだちによって、彼らのある者は積極的に戦争にとび込み、またある者はなかだちを自己欺瞞の道具として、戦争にひきずられて行く自分を許容した。大衆にはそうしたなかだちはない。私にもそれはなかった。「大東亜共栄圏の理想」は、私にもわかっていた。それは、西洋のためにアジアは苦しめられて来た、今こそ起《た》って西洋をやっつけろ、というぐらいのお粗末な認識だったが、そのことは私にも納得できた。もう一つ、「天皇陛下のために」という考え方、これは理屈ぬきに自明の原理として私の体内にあった。おそらく、この二つのいわば「公の大義名分」は、日本国民のたいていがもっていたと見ていいだろう。

ただ、知識人がもっていて、私たちがもっていなかったものは、その二つに「私の事情」を結びつける手だてであり、それが理念でありロマンティシズムであった。「公の大義名分」と「私の事情」の対比を「公状況」と「私状況」というふうに言いあらわすならば、「私状況」を「公状況」に結びつけるものがなかった。「私状況」は言論の弾圧であり徴用であり飢えであり、戦場に駆り出されることであり、究極的には死ぬことであろう。理念やロマンティシズムは、「私状況」と「公状況」のあいだにあって、「公状況」の圧力を和らげるクッションとしても働けば、二つを結びつける接着剤としても働く。それを欠くとき、あるいはその量が足らないとき、状況が悪化するにつれて、「私状況」が壮大な「公状況」について行けなくなるのは当然だろう。状況の景気がいいとき、「私状況」と「公状況」はぴったりくっついていたように見える。開戦当初、私は「天皇陛下のために」死ぬのだと心をたかぶらせたのだが、それから三年たち、すでに空襲を何度となく経験し、飢えに苦しんでいたとき、「こんな負ける戦争をなんで始めたのだろう」という意味のことを言った父に、私は腹をたて、「大東亜共栄圏の理想」を言い、「天皇陛下のために」という意味のキマリ文句を叫んだのだが、そのときには、自分でも「大東亜共栄圏の理想」や「天皇陛下のために」と自分とのあいだが妙にかけ離れてスカスカした感じで、気持がわるかったことをいまだにおぼえている。たとえば、ここで空襲で黒焦げになって死ぬことが、なぜ、「大東亜共栄圏の理想」達成に役立ち、「天皇陛下のために」なるのか――それとはっきり意識していないまでも、私はそうした疑問のなかで生きていたにちがいないのである。

そして、私にとって、死とは――映画で見たり新聞で読んだりしたものではなくて、本当に自分の眼でおびただしく見た死は――決して、特攻隊員の死のように、たとえば「散華《さんげ》」という名で呼ばれるような美しいものでも立派なものでもなかった。また、彼らの死のように「公状況」にとって有意義な死でもなかった。私が見たのは無意味な死だった。その「公状況」のためには何の役にも立っていない、ただもう死にたくない死にたくないと逃げまわっているうちに黒焦げになってしまった、いわば、虫ケラどもの死であった。その虫ケラどもは武器をもっていなかった。ということは、特攻隊員のように、戦場の勇士のように自らの死を「公状況」のために有意義なものとする手だてをもっていなかったことだろう。つまり、彼らは「私状況」を「公状況」に結びつける手だてを、思想的にも現実的にももっていなかったのである。後年になって、ホメーロスの『イーリアス』を読んだとき、私はしきりに彼らのことを思った。ポイボス・アポロンが怒りにまかせて矢を地上にむかって放つ。それに対して兵士はどうすることもできない。ただいたずらに彼らは倒れ、そのあと屍《しかばね》を焼く火が燃えさかったというのだが、そのように、空から火弾が降り、虫ケラどもは黒焦げになって無意味に死んで行った。しかし、まだ『イーリアス』の兵士たちには救いがあったと言える。彼らは自殺することはできたのである。しかし、虫ケラどもにはそれさえできない。まず、彼らには、たとえば腹をかき切ることによって「公状況」に殉ずることができるという(すくなくとも、そうした自信をあたえることのできる)理念やロマンティシズムはなかった。また、実際に腹をかき切るための道具がなかった。つまり、彼らは、たとえば八月十五日に自害し果てた右翼の若者たち(ある意味では、立派であり、そして何より美しかった)ともっとも遠いところにいた。もっとも遠いところで死んで行った。彼らの死は立派でもなんでもなく、ただ、みにくく、その人たちの美学からもっともかけ離れていた。

　私が八月十五日をめぐる死として思い浮かべるのは、その右翼の若者たちの死ではない。私が想起するのは、いや、いやおうなしにねちねちと私の記憶のなかにいつまでもあるのは、その前日だったかにあった大阪の大空襲のなかで殺されて行った人たちの死である。その日、それまでほとんど無傷のまま残されていた、当時東洋一を誇る砲兵工廠《こうしょう》は完全に壊滅した。そして、その工廠のなかで、その周辺で、おびただしい数の人間が殺されたのである。

　あれこそ、もっとも無意味な死ではなかったろうか。すでに敗戦は確定していた。私は工廠の近くに住み、したがって防空壕のなかでふるえながらその地獄の午後をすごしたのだが、空襲のあとで、空からまかれた「お国の政府が降伏して、戦争は終りました」云々のビラを拾ったのである。

2

あの死をどんなふうに考えることができるか。たしかなことは、彼らの死がいかなる意味においても「散華」ではなく、天災に出会ったとでも考える他はない、いわば「難死」であったという事実、ただそれだけであろう。その「難死」は私の胸に突き刺さる。戦後二十年のあいだ、私はその意味を問いつづけ、その問いかけの上に自分の世界をかたちづくって来たと言える。「難死」に視点を定めたとき、私にはようやくさまざまなことが見え、逆に「散華」をも理解できる道を見出せたように思えた。

砲兵工廠の壊滅後、ビラの予告通り、敗戦が来た。敗戦は「公状況」そのものを無意味にし、「大東亜共栄圏の理想」も「天皇陛下のために」も、一日にしてわらうべきものとなった。私は、中学一年生という精神形成期のはじめにあたって、ほとんどすべての価値の百八十度転回を経験したのである。「鬼畜米英！」と声高に叫んだ教師がわずかの時日ののちには「民主主義の使徒アメリカ」、イギリスの紳士のすばらしさについて語った。その経験は、私に「疑う」ことを教えた。すべてのものごとについて、たとえどのような権威をもった存在であろうと、そこに根本的懐疑をもつこと、その経験は私にそれをいまも強いる。

「公状況」が無意味になったということは、「公状況」につながる死が無意味になったということだろう。すくなくとも論理的な意味ではそうなるにちがいない。つまり、ここにおいて、「散華」は「散華」すべき方向を失って「難死」と同一線上に立つものとなった。混乱が起るのは当然だった。頽廃が起るのもまた当然であった。ことに、戦場から帰って来た青年たちに——百八十度の価値の転換と「散華」の「難死」への転落が、たとえば「特攻隊くずれ」の精神風土をかたちづくった。

けれども、戦後の混乱の時代が過ぎ、人々の心が落ちつきをとりもどすとともに、かつてはただ糾弾することにのみ終始したあの戦争の意味を、もう一度考えなおそうとする動きが起って来る。それはむしろ当然であろう。日本の自信の回復がナショナリズムを呼びさまし、人々の眼をその自信のよって来たる歴史に向けさせる。そのとき、太平洋戦争の「偉業」(あれはたしかに「偉業」であった)が人々の眼に大きく映じて来るのもまた当然であろう。その「偉業」を行なったのは誰なのか。あきらかに「難死」した男女たちではなくて、「散華」した若者たちだろう——人々は、もう一度、彼らの死の意味をとらえなおそうとする。それを、「散華」を「難死」からはっきり区別する態度で行なおうとする。

国際情勢の変化(ことに、アジア・アフリカのあの戦争による結果的な解放、独立)、旧秩序、旧世代の復活、戦争を知らぬ、「難死」を知らぬ世代の誕生が人々のその動きに拍車をかける。

「散華」を「散華」として救い出すためには三つの方法があった。第一に出現したのは、その意味をもっぱら「私状況」と「公状況」の倫理的なつながりにかぎってしまう方法だった。それははじめひかえめに現われ、のち着実に人々の心のなかにひろがり、ついには社会を大手をふって歩きまわるまでになった。論理的に考えるかぎり、論理的に無意味な「公状況」につながる死はまさに無意味だろうが、そこにたとえば「殉教」という倫理的意味を挿入すれば有意義なものとなる——その方法はそうした考えに基礎をおいた。そして、日本の倫理の基調には美があり、ちょうど、乃木大将の自刃《じじん》が論理的にはナンセンスでありながら当時の多くの人にとって倫理的には意味があったように、また、その自刃が古式にのっとった美学的に完璧なものであったことで人々の評価がたかまったように、たとえば、死にのぞんだ特攻隊員の眼の澄んだ美しさ、その頬に散りかかる桜の花びら、あるいは、私を殺して公に殉ずるという行為そのものの美しさが「散華」再評価の一つの基礎となった。その美しさは、それを支える「殉教の美学」は、たしかに「散華」を「難死」から、黒焦げの虫ケラの死から区別する。

この方法をとるとき、「公状況」は観察者の美意識の投影としてのみ、あるいはそれが投影する範囲においてだけ存在することになる。考えてみると、これはまことに賢明な方法であろう。この方法によれば、ファシズムの闘士もレジスタンスの闘士も同様に救い上げてゆくことができるのである。美意識に倫理が結びつけば、たやすくこうなる。「左翼も右翼も同じように国のことを考えたのだ。これは美しいことではないか。」――かつての日本の転向者のなかに、急進的左翼から急進的右翼へ転向した者が多かったこと(西欧の場合に比しはるかに多い)の原因には、一つにはこうした事情が介在していたのではないか(この問題については、私は『日本の知識人』(一九六四年、筑摩書房)のなかで私なりの解明を試みている)。両極端が(美学的にも、倫理的にも)美しいものとして高く評価されるとき、たとえばリベラリズムが中間のヌエ的存在として不当に低い評価をうけるのは当然だろう。また、両極端を重ね合わして見る視点には「難死」の姿はまったくないのだ。

この方法のチャンピオンは三島由紀夫氏だった。彼は「難死」重視の戦後の風潮のなかで、この方法にたよることによって、彼独自の世界をつくり上げた。いや、彼は自分の世界をつくったばかりでなく、「難死」の洪水のなかで方向を失っていた青年たちに、政治信条の如何をとわず、一つの決定的な方向をあたえたと言える。三島氏の文学はどのように反倫理的な姿勢をとろうとも、きわめて倫理的なものに私の眼には見えるのだが、それは、殉教の美、禁欲の美、抑制の美、雑駁《ざっぱく》を排した純粋の美が彼の世界の基調をなしているからなのだろう。そして、そうした美は、戦後の社会の雑駁にウンザリしていた日本の青年たちの心をふかくつかんだ。三島氏は古代ギリシア文学の愛好家として知られるが、彼の文学に投影する古代文学のかげは、これまでのところ、「散華」的人生を主題とした純粋で悲壮な悲劇のかげであって、雑駁で豊饒な「難死」の可能性をもって生きる人たちを主人公とした喜劇のそれではないのである。

この方法に附随するのは、ロマンティシズムであろう。と言っても「難死」の群集のように女性的な金切声をあげるのではなく、抑制のよくきいた低い声で、ことば少なに簡潔に力強く語る(したがって、漢文脈の文体が好まれる)、あるいは、ときとして饒舌の醜よりも沈黙の美をえらぶ、ますらおぶりのロマンティシズム――それは、かつても、大きく姿を現わしたものではなかったか。

第一の方法は、自己の体験、そこから生じる過去と現在へのいきどおりから出発しようとする第二の方法と容易に結合する。いきどおりはまず、自分たちをあの極限状況に押し込め、そして実際に同僚に「散華」を強いた過去(の指導者、国民)へのいきどおりだろう。それはそのまま彼らの「散華」を忘れ、それを無意味にして、ただひたすら「私状況」を追求する現在(の指導者、国民)へも向けられる。そのいきどおりの上に、第一の方法や次に述べる第三の方法とはちがったやり方で、人は独自の思想をきずき上げることもできるにちがいない。しかし、同時に、この方法が、第一の方法、第三の方法と無批判に癒着する危険性も大きく認めることができる。たとえば、高橋和巳《かずみ》氏、上山春平《しゅんぺい》氏の考え方は、「散華」の意味を自らに問いかけることから出発して、あの戦争の意味、維新以来の歴史の意味を未来への可能性と結びつけるかたちでみきわめようとするものだが(私はその彼らの意図を高く評価する)、高橋氏においては第一の方法、上山氏においては第三の方法への傾斜が目立つ。高橋氏は、彼と彼の仲間が(思想の如何を問わず)問題にしていたのは三島氏の文学であったと述べていたことがあるが、高橋氏の純粋好みの倫理的姿勢(私には彼の作品はときには修身の教科書のように見える)は、余分な饒舌を排した漢文脈の文体とともに三島氏のそれと大いにあい通じるものがあって、三島氏が人々の共感を呼んだのといくぶん重複したかたちで、大きな反響をひき起したのだろう。

もと人間魚雷「回天《かいてん》」の乗組員だった上山氏は、体験といきどおりから出発して、もう一度「公状況」そのものの論理的意味に目を向ける。その具体的表現が「大東亜戦争の意義」を考え直そうとする彼の努力だが、その努力はそのまま次の安易な第三の方向に結びつく危険をもつ。彼のいきどおりの底には、あきらかに今日の「私状況」優先へのいきどおりがあるが、そのいきどおりは、ないがしろにされてしまった「公状況」の復権、ひょっとするとそれを「私状況」よりも優先させるかたちでの復権を求めるにいたる。あるいはまた、今日の「私状況」優先の風潮に欠けている(と考えられる)ストイシズム、規律、服従の精神をそれはまた求めるのであるが、そうしたものはもっとも安易に自衛隊の隊内に存在し、したがってもっとも安易にそこに見つけ出され得るものなのだ。

第三の方法は、第一、第二の方法を集大成したかたちで現われて来たと見ていいだろう。この方法は、そのチャンピオンが林房雄氏であり、彼の『大東亜戦争肯定論』であると言えばもうわかることだが、「公状況」に、もう一度、論理的意味を回復させるやり方である。完全にではなくとも、いくぶんでも論理的意味が回復するとき、それだけ「公状況」につながる死の意味もよみがえって来る。とすれば、この場合、もっとも有効なのは、「公状況」の大義名分を類似のものとすり代えてしまうことである。たとえば、「大東亜共栄圏の理想」が「アジアの解放、独立」に、「天皇陛下のために」が「国家への忠誠」に──それぞれ二つのものには、重複している個所があるにはちがいない、その個所に重点をおき、他の個所は不要なものとして切り捨てることによって、すり代え作業は行なわれ、そこで「散華」は「難死」から自らを区別することができた。このようにして、たとえば「大東亜共栄圏の理想」は、西洋の圧制に対してアジアの解放を企図するだけのものとなって、その侵略主義的な半面はまったく無視される。

林氏の方法をうらうちするのは、彼の純粋好み、殉教の美学、ますらおぶりのロマンティシズム、悲壮感にみちたナショナリズム、せっぱつまった極限での倫理的姿勢などであるだろう。そういったものが集まって「公状況」の全面的肯定を要求する。山岡荘八《そうはち》氏が昨一九六三年『小説現代』に連載して好評だった『小説太平洋戦争』も、林氏の線上に立つものだろう。彼はマレイ戦線での山下奉文《ともゆき》将軍について次のように書く。「彼は皇軍を、どこまでも正義を行う厳正な軍隊であらしめたいばかりに、皇軍は、人類に奉仕すべき民、皇道は、生命を捨てて、それを実践してゆく道なのだという夢を描いている。これはもはや殉教的な信者に求める純粋な宗教的境地でなければならない。」これは当時の山下将軍の夢や境地であるとともに、現在の山岡氏の夢、境地であるのかも知れない。けれども、当時のマレイ戦線での「皇軍」の状態は、決して、その夢、境地にとって満足すべきものではなかった。まず、「士官学校や陸軍大学校で点取り勉強をしてきた連中」がたむろする総司令部が腐敗していた。ついで「自我心に駆られ、ただ利害のみに眩惑《げんわく》されて、このたび徴用せられ、死生の地に立たしめられたることに関し、甚《はなは》しき不平」ある徴用者が腐敗していた。まこと「千載一遇のとき、このときこそ自己の腕を国家のために揮《ふる》うというがごとき意気あるもの一名もなし」という状態だった。「そうした眼で眺めたら、総司令部も、徴用されて来た軍属たちも、汚れきった雑巾に見えてゆくに違いなかった。」しかし、山下将軍にとって、また、山岡氏にとって、救いは兵士たちであった。「日々死んでゆく兵隊たちの中にはほんとうの殉教徒が、砂金のようにチラチラ光って混っている。それがロマンチストであり、正義漢である山下奉文にはたまらなかったのであろう。砂金と雑巾……これを携えて、彼は金色の理想郷をマレーの地へ築きあげようとしているのだ。」これは、山岡氏の夢そのままであるのかも知れない。彼もまた「砂金」と「雑巾」(ここには「総司令部」と「難死」の人々を乱暴に同一視しようとする態度がある)をたずさえて日本の地に理想郷をきずき上げようとするのかも知れないが、それはどのような理想郷であるのか。すでに「砂金と雑巾」ということば自体が、「死生の地に立たしめられたことに関し、甚しき不平」をいだきながら、また「千載一遇のとき、このときこそ自己の腕を国家のために揮うというがごとき意気」もその手段も(彼らには自殺用の武器さえなかったのだ)もたずしてむなしく無意味に死んでいった人々の「難死」をはっきりと無視しようとしていることを示しているのだが。——

そしてまた、そのことばは、「散華」の「難死」的側面をことさらに見まいとする彼のロマンティシズムの反映でもあるのだろう。「砂金」であった兵隊たちについて、野間宏氏は書く。「そして初年兵はようやくにして古年兵の攻勢から自分の身を守り、初年兵の敵は、自分達の前方にいる外国兵ではなく、自分達の傍にいる四年兵、五年兵、将校であった。」状況の景気がよいとき、人はどのようなロマンティックな幻想も抱くことはできる。しかし、極度に悪くなれば、「砂金」である兵隊たちも「食糧のためににらみ合うだろう。戦友を見殺しにするだろう」(『顔の中の赤い月』)。もちろん、野間氏の見方も、全面的真理をおおうものではない。どのような状況下にあっても、「砂金」が「砂金」として残る場合がある。いや、ときとして、同一人物のなかでさえ、「砂金」が「雑巾」と分かちがたく結びついていた――そのことに眼を向けようとしなかったのは、戦後文学一般に通じる欠陥であったと言うほかはないが、山岡氏の見方はそれ以上にまちがっていた、というよりは傍観者の無責任なロマンティックな夢であるというほかはない。彼のやり方は、夢(公状況)を現実(私状況)にあわせるのではなく、現実を夢にあわせようとする政治的ロマンティストの方法の一つの典型なのであろう。

このロマンティシズムは、解放すべきアジアにも向けられる。林房雄氏は、日韓併合をもっぱら日本の立場のみから書く。あたかもアジア全体の解放のために、それが必要であったかのように。また、山岡氏は、「マレー半島の確保は、確保がそのまま住民の感謝につながる性質のものでなければならず……」と書くのだが、その命題をあたかも現実そのもののようにみなしてはいなかったか。その彼の視界には、日本のことをはっきり「敵」と『インドの発見』のなかに書き記し、その「敵」と闘うためには、イギリス帝国主義とさえ手をにぎることを辞さなかったネルーの姿は入ってはいないのである。

3

今日「戦後文学」の名のもとに総称される文学がしたことは、かつて絶対者であった「公状況」にしっかりと結びつけられ、自らをそのかたちにあわせて変形させた「私状況」をそこから切り離すことであった。方法はいくつかあった。たとえば、「私状況」を「公状況」につなぎとめていた接着剤の理念やロマンティシズムを洗い流すことによって、「公状況」の無意味さを明らかにする。それは、その無意味な絶対者につながって生きて来た「私状況」の愚劣を明らかにすることでもあった。「公状況」は、必ずしも戦争イデオロギーばかりではない。マルクス主義、共産党という「公状況」にあっても、その絶対者的側面がとり出されて、そこから「私状況」をいかにして切り離すか、それに対して「私状況」の独立をいかにして保つかが論じられ、また作品が書かれた。

しかし、「戦後文学」は、二つの大きな欠陥をかかえていた。一つは「戦後文学」者の眼が、「私状況」の「公状況」からの分離にばかり注がれたので、彼らの描く「私状況」はもっぱら「公状況」と結びついた部分の「私状況」であって、他の多くの部分が無視されてしまったことだろう。それによって、たとえば、作品の日常性が無視され、ユーモアが外に追いやられる。主人公はいつでも深刻で、壮大な思想に悩み、シニカルな自嘲の笑いを笑う以外は笑うこともなく、子供の笑顔を見て心がなごむなどということはない存在となった。

　この状態は、世の中が落ちつき、かつての「公状況」の幻影が消え、「私状況」優先の原理が社会に確立されるとともにはっきりする。そのとき、まず「私小説」の復活があった。ついで、より深刻で意味のあるかたちで、「公状況」の下に痛めつけられた「私状況」を背負って「第三の新人」が登場する。彼らは、たとえば、あの「公状況」の重圧の下でも、そこからはみ出した部分をもっていた「私状況」を、そこに重点をおいて、たとえば『真空地帯』のなかにおいてさえ、そこからはみ出てしまったぐうたらな二等兵を描くことによって明瞭にした。その方法は今日にあっても有効に働く。

　「戦後文学」のいま一つの欠陥は、かつての「公状況」の破壊そのものにあった。「戦後文学」にあっては、「私状況」は「公状況」と(否定的にせよ)つながることによってのみ存在理由をもっていたのだから、後者の破壊は前者の自己破壊ともなった。そこで、救うべき道はおよそ四つあった。一つは、「公状況」とのつながりを無視して「私状況」に沈潜する道。これは梅崎春生氏のとった有効な方法だったが、「戦後文学」の自己破壊ともなった。第二は、ふたたびマルクス主義という強力な「公状況」をもつこと。この道をとったのはたとえば野間宏氏だろう。その「公状況」が絶対者となったとき、彼は『雪の下の声が……』という駄作を書き、「私状況」にふたたび眼をすえたとき、『さいころの空』、『わが塔はそこに立つ』などのすぐれた作品を書いた。第三は、「公状況」を文学以外のこととして外に押し出してしまう態度である。これと重複したかたちで、三島氏は、さきに述べた、「公状況」は手つかずに残してその論理的妥当性を問題にすることなく、「私状況」と「公状況」のつながりだけを美的に、倫理的にとらえて行く第四の方法をとった。この方法ではどのような「公状況」をもって来ても文学は成立するのだから、これは有効で射程の長い方法だった。そして、この方法は、持続的な長い日常的な時間のなかにおいてよりも、美と倫理が鋭く姿を見せる瞬間的な極限状況においてみごとに作動した。つまり、この方法は長篇小説的であるよりも短篇小説的であり、叙事詩的であるよりも抒情詩的であるのだろう(三島氏の成功作が、すべて、短篇小説的長篇小説であることがその一つの例証である)。

この方法は、桜の花がいさぎよく美しく散るのを好む日本人の心性にぴったりする。ことに、純粋を好む青年の心に——極限状況における美と倫理を問題にするとき、ともすれば、その状況に至る途中はそこに到達するまでの過程としてしか存在しないものとなり、極限状況のあとは死でなければ、「挫折」ということになって、それはもう余分の無意味な人生を生きていることにしかならない。あるいは、そこで生れ変って、まったく別のたぶん汚辱にみちた人生を生きる。つまり、これは、「散華」しそこねたあとでは人はいわば「難死」的に生きなければならないのだが、その「難死」的人生(ひいては「難死」そのもの)が、まったく価値のない無意味なものであるということなのだろう。そして、もう一言つけ加えるならば、汚れちまった体だ、いっそ「難死」的人生のなかでもっとも「難死」的に汚れた人生を生きようということにもなる。

「挫折」感にみちあふれたとき、人は「難死」的人生の門口に立っている自分を自覚し、ひそかにつぶやく。「私のような者でもなんとか生きたい。」

4

そのことばは二つのことがらを暗示する。一つは、社会のなかですでに自分が歴史を動かす主役でないこと。もう一つは、それゆえに社会、歴史に対して自分は何ら責任をもたないこと——敗戦まで、「難死」的人生、「難死」はまさにそうしたものであった。「散華」的人生、「散華」が社会、歴史の主役であり、それを動かしていた。

敗戦はその事情を逆転させる。その逆転は、「難死」の側に、それが完全な成功であると錯覚させるほどに完全な逆転であったのだろう。民主主義の「到来」は、「難死」を歴史の主役としたが、また同時に、社会、歴史に対して責任ある地位においた。ということは、戦争のイデオロギーの「公状況」が打ち倒されたあとで、新しい「公状況」を打ちたて、それと「私状況」との結びつきを考えなければならなかったということだったのだが、「難死」はそれを十分にやったとは言えなかった。「難死」には「公状況」は占領軍のやることだといったところがあり、その事実が、大熊信行氏の戦後民主主義の歴史は占領終結後に始まったとする説の一つの論拠となっているのであろう。

どのような政治原理にあっても、「公状況」を欠いてはそれは成立しない。民主主義もまた例外ではない。ただ、全体主義の場合、「公状況」がまずあって、それが「私状況」を規定するのに対し、民主主義においては、「私状況」が「公状況」をつくり出して行く度合いが大きい(ただし、大きいのであって、完全にそうだというのではない)。つまり、後者は「私状況」を「公状況」に結びつけるのではなくて、「公状況」を「私状況」に結びつけようとする。原理的には、そうしたものでないかぎり、それは民主主義ではない。このようにして、「私状況」優先の原理を、民主主義は本質的にもつ。

人々の心をとらえたのは、この「私状況」優先の原理だった。これによって「難死」は救われたのである。占領開始後、日本の民主化(ことに、人々の意識の民主化)が予想以上に進んだのは、日本人の「長いものにはまかれろ」という心理や占領軍の強制だけによるものではない。長いあいだの「公状況」の強制の下で、その下では「難死」の可能性しかもたなかった人々が、「私状況」優先の原理を通してそれを求めたのだという事実を見逃しては大きな誤りだろう。「民主主義の世の中になったのだから(もう規則なんかまもらなくてよい)」と人が軽薄に無責任に放言するときでさえ、そのことばの底には、(もう無理して国を愛さなくてもいいのだ)、(天皇陛下のために死ななくてもいいのだ)という気持があったにちがいないのだ。

戦後の日本の社会を解明するのには、この「私状況」優先の原理の解明がまず必要だろう。その原理は急速に社会のすみずみにまでひろがり、日本の戦後民主主義はその上にきずかれた。進歩陣営の運動にも同じことが言える。戦後の左翼運動を戦前のそれと分つ鍵は、おそらく、この点に求められるのだろう。戦前の場合、「公状況」の大義名分がまずあり、それに「私状況」がひきずられた。戦後はちがう。まず「私状況」があり、多分にその状況の権利拡大をめざすことで、あるいは、反動的な「公状況」がふたたび「私状況」を圧殺することへの恐れの上で、運動は進展した。一部の論者は、日本人の半封建的心理に運動の進展の理由を求めようとするが(マルクス主義という「公状況」の絶対者の「私状況」への強制というかたちで)、その説明はある程度当っていても、全体的に見て正確ではない。また逆に、「日本に革命を!」という大義名分が人々の心をとらえたと見る見方も部分的にしか正確ではない。安保闘争があれほどの大きさのものになったのにも、私はそこにまず「私状況」優先の原理を見る。同時に、あれほどの大きさのものになりながら、結局、安保条約改訂阻止に成功しなかったその限界にも。——

くり返して言おう、戦争が終って「民主主義」が「到来」したとき、人々の心をとらえたのはそれがもつ「私状況」優先の原理だった。「公状況」を生み出す余裕はまだなかった。それは占領軍によってあたえられた。しかし、そのあたえられたものは、たとえば「民主国家、平和国家、文化国家、自由な日本の建設」であって、それは「私状況」優先の原理と矛盾するものではなかった。そのとき、日本人の「私状況」のほうに「公状況」を生み出すだけの力があったとしても、同じものを生み出したかも知れない。その「公状況」はそのまま「私状況」に浸透してゆき、「私状況」のなかにどっかりと腰を下ろした。このとき、すでに、それは借り物のものではなかっただろう。「土着化」ということばをそこにもって来てもよい。新憲法が公布されたとき、私はそれを「これで世の中が変った」というような感激をもって受けとらなかった。むしろ、「何を今さら」という気がしたのである。天皇は人間であり、戦争は放棄すべきものであり、人間は平等であり、言論の自由はいかなる場合にもまもるべきものであり……そういったことは、すでに、私の体内に土着化していたにちがいない。「何をまだぐずぐずそんなことを言っているのか。」私はそんなふうにさえ思った。その一つの証拠に、新憲法が発布されたのは一九四七年のことなのだが、私も私の友人、知人も、その年で記憶していることは、「二・一スト」中止であって新憲法発布ではないのだ。そして、その新憲法の発布にさきがけてさえの、理想の土着化には、私、私の友人、知人の「難死」的体験があった。

「私状況」優先の原理は、そのとき、「公状況」と矛盾することなく存在し、「難死」的体験、思想にうらうちされて、戦後社会の基礎をつくった。たとえば、新教育の原理はそこにかたちづくられたと言ってよい。それは今日までの二十年間にさまざまな変形、ゆがみを受けて来たし、今も受けつつあるが、私は私の教え子たちの中にも、その産物だとはっきり指摘することができる。そして戦前世代の人たちとは明瞭に区別できる心理、思考、行動を容易に見出すことができる。「私状況」優先は、また、当時の世界的傾向であった。それが日本の社会に、占領軍の政策を通して、その原理を打ちたてるのに大いに役立った。体制の如何をとわず、戦争中には、「国家のため」を第一義とする「公状況」が優先した、いや、強制されたのは言うまでもない。戦後はその反動だった。自由主義国のあいだでまず復活したのは「私状況」優先の原理であり、それは世界中をおおい、スターリン死後には、長いあいだ「公状況」優先の社会だったソ連にも「私状況」(優先とまではいかないにしても)重視の風潮が現われた。

けれども、冷戦の激化、世界情勢の危機、より正確には危機感は、ふたたび、世界に

「公状況」の力を急速に回復させて行った。その回復をうながしたものには、「私状況」優先のなかで育って来た若い世代の堕落《だらく》を叫ぶ旧世代のいきどおりの声もあっただろうし、また、戦争を知らぬ、「公状況」の強制のおそろしさを知らぬ当の若い世代が、倦怠《けんたい》と危機感の双方からふたたび明確な「公状況」に自らの「私状況」を結びつけることを欲して来たという事情もあった。あるいはまた、「公状況」をまずふりかざして国づくりをする(ほかはない)新興国が刺激をあたえたのも見逃せない事実だろう。そのさまざまな要因が、ふたたび、「公状況」優先を求めさせる。

おそらく、「二・一スト」中止が、日本の場合の「公状況」優先のさきがけであっただろう。そのとき、「私状況」は「公状況」と衝突し、あえなく敗北した。その「公状況」はもはや「民主国家日本の建設」といった大義名分ではなく、占領軍による秩序維持という絶対的なものであった。それは、たとえば「私状況」万能の流れのなかに育って来た私や友人、知人に大きなショックをあたえた。さきに述べたように、一九四七年というとき、私たちは新憲法発布を記憶していないで「二・一スト」中止を記憶にとどめているのである。そして、そのあと、さまざまな、どこかにかつての臭気のする「公状況」が次々にやって来た。朝鮮戦争。レッド・パージ。共産党代議士の追放。警察予備隊の創設。……「私状況」優先の原理は、もろ刃のやいばだった。それは、たとえば、まず、「難死」の最大責任者である天皇の戦争責任を曖昧なものとした。彼のかつての「私状況」を強調することで(天皇陛下個人は戦争に反対だったのだ、というふうに)、「公状況」と彼のつながりを不明確にした。その「私状況」優先の原理は戦後の天皇にも向けられる(例、「天皇ご一家のご団欒《だんらん》」の写真)。おそらく、天皇の「人間宣言」ほど、彼と彼の戦争責任を「私状況」優先の原理のなかに埋没することに役立ったものはないだろう。同じような理由で、「私状況」優先の原理は、旧指導者層の戦争責任を曖昧なものとし、彼らの勢力温存を実現したのである。「私状況」優先の原理によって生きのびた彼らは、占領軍による新しい「公状況」の呼びかけに応じて、それまでかくれていた「私状況」のなかから姿を現わした。さらに、「私状況」優先の原理は、一切の「公状況」に無関心の風潮をもかたちづくる。「政治なんかおれの知ったことか。」ときにはそれは「公状況」への強い反対の力ともなるが、その原理自体の性格によって、徹底的な力とはなり得ないのだ(具体的な例、安保闘争)。

「私状況」の優先から「公状況」優先への転換を、いま少し世界的に見てみよう。アメリカの場合、明確な折り目はケネディ大統領の就任だった。私の知人のアメリカ人は、前任者アイゼンハウアーはおじいさんだったのだ、孫を集めて、世界はさわがしいがアメリカのことはなんにも心配しないでいい、心配しないで勉強しなさい、万事わしにまかせておきなさいと説き、それが当時の若者にフラストレイションをまき起したのだと言うのだが、このことばは、アイゼンハウアーが「私状況」優先の原理の持主であったこと、また、その原理が若い世代のあいだで不人気であったこと、彼らが確固とした「公状況」を求めたがっていたことをよく示しているのだろう。ケネディは、アメリカは危機におちいっていると率直に述べて、若者たちの「公状況」参加を求めた。ジョンソンはそのケネディの線をひきつぎ、そして、ゴールドウォーターは、「強力な国家だけが平和を維持し得るが故に、われわれは強力な米国を求めている」と叫ぶ。

フランスでは、ドゴールだった。彼の事業、EEC、核兵器の所持、アルジェリア問題の解決、中国との提携——すべてがフランスの威信をたかめ、「公状況」の「私状況」への強力なまき返しとなった。世界的に言って、ドゴールの再登場は、世界の「私状況」優先から「公状況」優先への転回に大きな役割をはたしているのだろう。一切の「私状況」を無に帰する核兵器をもつ彼の国が、戦後このかた「公状況」優先の原理をつらぬき通し今また核兵器保有国となった中国と手を結んだことは大いに興味ぶかいし、また危険なことでもあるにちがいない。

その風潮はまだまだひろがって行く。その最近の事実として、私たちは、「私状況」重視をとなえたフルシチョフ氏の退陣をもつ。

こうした世界的風潮を一語で要約してみよう。一語——つまり、ナショナリズム。

5

人々の議論をきいていると、ナショナリズムにはさまざまなかたちがあるらしい。たとえば、開かれたナショナリズム。閉ざされたナショナリズム。インターナショナリズムに通じるナショナリズム。土着ナショナリズム。私も自分の戦争体験、戦後体験また世界旅行の体験から、現在の世界のナショナリズムを次のように分けてみよう。「戦勝国ナショナリズム」、「戦敗国ナショナリズム」、「新興国ナショナリズム」。

「戦勝国ナショナリズム」は矛盾のないナショナリズムである。戦争中のアメリカ兵士やソ連兵士のことを考えてみよう。彼らには、ファシズムを打倒する、あるいは、ファシズムに対して祖国をまもるという「公状況」の大義名分があったのだが、その大義名分の正当性を彼らはそのとき少しも疑わなかったし、戦い終って二十年たった今も、それはおそらく同じだろう。いや、彼ら自身だけではない。そこに帝国主義の臭気をかぎとるようなごく少数者をのぞいて、彼らの同胞のたいていがその正当性をそのままに信じることができた。その信念があるとき、たとえば空襲のさなかに火焔にのまれた人をも、有意義な死をとげたものとみなすことができるだろう。そして、その信念の上に、彼らは今ふたたび彼らのナショナリズムをきずき上げ、そのナショナリズムを背負って、たとえば「自由の擁護」のためにキューバに、ベトナムに出かける。

戦敗国の私たち日本人の場合はどうか。林房雄氏などをのぞいて、「公状況」の大義名分の正当性を百パーセント信じることは、その当時はともかくとして、今日では誰にもできないことだろう。「大東亜共栄圏の理想」の大義名分のために戦ったことは侵略戦争の一翼をになうことだった。あるいは祖国のために戦ったことは、ナチズム擁護のために戦ったことにもなった。祖国に弓を引く道をえらんだ少数者を除いて、大多数は、もし自分の「公状況」に正当性がなく、敵のそれにあるとそのとき考えたとしても、やはり、たんなる怯懦《きょうだ》からではなく、祖国を護るという自らの意志の選択によって戦線にとどまったことであろう。けれども、結果的には、それによって、本来なら自分たちが打ち倒すべきであった勢力を護ることともなった。

こうした複雑な事情は、「戦勝国ナショナリズム」による人たちには、想像もできないことなのだろう。アメリカ人にそれを言うとき、人々は絶句した。「きみならどうするかね。」私はいつも自らに問いかけるかたちでそう訊ねるのである。おそらく、この事情を今もって背負って生きているのは、日本人以外ではその程度はかなり落ちても、やはりドイツ人だろう。私は、最近の『パーティザン・レビュー』で、戦争中のローマ法王のユダヤ人に対する処置を問題にした戯曲『代理人』を書いたホッホフートが、アメリカ人記者の質問に答えて私と同じような答をしているのを読んだ。

そして、さらに事態を複雑なものとするのは、彼らをその大義名分の下に戦場に駆り出した旧指導者が無傷のまま再登場して、かつて彼らが「鬼畜」と断じ、「討て」と命じた「敵」となごやかに談笑している事実であろう。「敵」もまたなごやかに微笑を返す。

納得できる道は、たとえば国を護る行為をもっぱら美的、倫理的に見るのでなければ（それもたしかに一つの方法ではある）、それを「公状況」の大義名分から切り離して「私状況」においてだけでとらえることであろう。つまり、自分自身、自分の家族、友人、知己の「私状況」を護るために銃をとるのであって、大義名分を自分に強いる努力のためにそうするのではないことを確認するのである。ここで、「散華」は「難死」とはじめて結びつく。「散華」のナショナリズムを「難死」がうらうちするのである。私はこのナショナリズムを「戦敗国ナショナリズム」と名づける。

「戦敗国ナショナリズム」には、二本の柱がある。一本は「私状況」優先の原理。大義名分のロマンティシズムから来るのではなく、「私状況」をくぐりぬけることによってこのナショナリズムははじめて成立するのだが、それは「私状況」に根をもつゆえに土着的なナショナリズムたり得るだろう。もう一本は、「難死」から導き出されて来た平和思想である。

この平和思想という点においても、私は世界の多くの国の人間と、自分のちがいとを感じる。それは、一つには、過去において私たち日本人が最後には自殺用の武器さえもたなかったという経験を(原爆に対して、人間は対抗する手段を何一つもたず、そうして、世界でただ一つの被災国は日本なのである)彼らがもたないことである。彼らの平和はあくまで武器をもった平和なのだろう。そして、私たちは戦争放棄をうたった憲法をもち、すくなくとも表向きの軍備をもたず、徴兵制をもたない。世界を旅して歩いて、私が私たち戦後日本人の特質として感じたことは、私たちのものの考え方、心理、行動から軍事的な配慮が一切欠けていることであった(それはプラスにもマイナスにも働く)。私はそれを「非軍事の思想」と呼ぶが、私たちの平和思想はたしかにその上に基礎をおいているのだろう。そして、「戦敗国ナショナリズム」は、それを一本の柱とする。

けれども、世界のナショナリズム流行は、いま、この「戦敗国ナショナリズム」を置き去りにしたかたちで行なわれているのだろう。戦勝国が植民地をもつかぎり、そしてその問題で手こずるかぎり、「戦敗国ナショナリズム」は戦勝国にもはっきりと存在していた。たとえば、アルジェリアでフランス軍がまだ戦っていたころ、私は、国家への忠誠と自分の反植民地主義との相剋に悩むフランスの若者に幾人か会ったことがある。「おれはどうしたらいいのかね。」ユース・ホステルのベッドの上でそう語ったアルジェリア戦線の負傷兵は、そのとき、「戦敗国ナショナリズム」を私と共有しているように見えた。

しかし、アルジェリア問題は解決した。ということは、フランスを最後として(おそらくドイツ人の一部を除き)西洋が「戦敗国ナショナリズム」と手を切り、「戦勝国ナショナリズム」に安心して身をゆだねることができるようになったということだろう。そこで、彼らのナショナリズムは、世界のもう一つのナショナリズム、同じように「公状況」の大義名分の正当性の上にきずき上げられたアジア・アフリカの「新興国ナショナリズム」と握手し、また、癒着する。私はその一つの例を、フランスと中国のあいだに見る。

6

吉田茂氏が経済第一主義の政治方針を定めたことは、「私状況」優先の原則をはっきり政治の方針に定めたことであろう。日本の当時の国力の貧弱さがそれを必要とし、またアメリカの「公状況」優先への政治の切りかえの要求に対して、それを可能とした。池田勇人氏がその政策の忠実な後継者であったことは言うまでもない。今日の「繁栄」はたしかにその原理の上に打ちたてられた。

けれども、その「繁栄」自体が、原理を大きくゆるがせる。無目標の繁栄、ただもうチャラチャラしていてこれでいいのか——老いも若きも(いや、ことに、老人と若者が)、右も左も(いや、ことに、右翼と左翼が)、性急に叫ぶ。「根性と気合いがないのは、戦後教育がなっていないからですよ」、「ズバリ言って、アメリカ式の消費一方、欲望一方の生活が問題なんです」、「スパルタ教育をやらなくては」、「鬼軍曹《おにぐんそう》が必要なんです」、「昔はもっと若者は純粋だった」——そうした声はさまざまなところから起り、人々は国家目標の欠如をなげき、「禁欲」の必要を説き、団体訓練をやれと論じる。これらの声は、結局のところ「公状況」の大義名分を求めているのだが、その人々の眼には、「公状況」優先の原理の上に組織をつくり上げているものが、イデオロギーの別をこえて、この上なく魅力あるものに映じて来てふしぎはない。たとえば自衛隊。あるいはまた、創価学会。

創価学会について、左右両翼の議論は奇妙に一致する。それは、「公状況」優先のストイシズムによってつくられた組織と、そのストイシズムそのものの讃美と評価である。神島二郎氏は言う。「いや、鍛えるということはあるでしょう。個人的な意味でのストイシズムはないが、集団で鍛えるという非常に新しい面がありますよ。」あるいはまた、「日本をよくしよう」という「公状況」の大義名分についての評価である。長洲一二《かずじ》氏は言う。「学会では自分の信念で世の中を変えられるということを徹底的に教えているでしょう。これは戦後、日本から失われてしまったことですよ」(『文芸春秋』一九六四年十月号)。

そうだろうか、という疑問がまず私の胸に起る。集団で鍛えるストイシズムがそんなに新しいものなのか(私はどこかでそれを経験したように思う)。また、自分の信念で世の中を変えようという意志は、あるいはそれを教えることは、戦前にあって、戦後にはなかったことだろうか(むしろ、それは逆なのではないか。私は新教育の産物の一人、また戦後世代の一人として怒りをこめて反対したい)。そしてまた、私は、見かけの規律正しさ、美しさにごまかされないで、その集団のストイシズムがどこへ向っているのか、また、信念によって世の中を「どのようにして、どんなふうに」変えるのか、そのことこそみきわめたいと思う。現在の総理大臣佐藤栄作氏もまた学会のファンであり、彼もまた神島、長洲両氏と同じやり方で学会をほめているのだが、私の眼には、すくなくとも学会は長洲氏の方向よりも佐藤氏の方向により近づいて行くように見えるのだ。実は、両氏の発言は、同じ雑誌の私の創価学会についての文章(「絶対帰依の美しさのなかで」――私はこのなかで、学会のファシズム化、保守党との結びつきへの危惧を書いた。二つの結びつきは、ジョンソンがゴールドウォーターの出現によって、強硬策をとらざるを得なくなった事情に似るだろう)にふれて行なわれた座談会での発言なのだが、村松剛氏は「小田さんはなにか、ファシズムとならべて考えすぎてるように思います」と同じ席上で述べた。それから一月のあいだに、私はミカン箱に三杯ほどの学会員からの投書を受けとったのだが、その多くが、たとえば次のようなものであった(投書は大多数署名入りだった)。「前略。君は、雑誌文春に創価学会に悪筆を取ったが、唯《ただ》では帰れないぞ。行動隊が出動して君を『あずかる』ぞ」、「……念の為、君の将来を考えたればこそ忠告する」、「聖教新聞は三百五十万部、朝日、読売などくそくらえだ。君がいかに反抗したところで……つまらぬことを言うと筆を折るぞ」(参院議員の署名あり)。そして、『潮』の出版局長は、電話で、私に、文句があるなら学会に来い、われわれには千四百万の大衆がついているぞ、おまえ一人がじたばたしたって、という意味のことを言った。

あまりにも性急な人々がいる。アメリカ式にゆたかになり、人々が「私状況」の欲望のままに生きていることが堕落のはじまりだとして、「禁欲」を説く人の家の洗面器の蛇口からは湯がほとばしり出ているのであろう。ニューヨークの黒人街ハーレムの貧民組織のスローガンの一つには、「われわれはお湯の出ない室に住んでいる」とあった。それとも、お湯が出るような社会の青年は根性と気合いがなくなるとでもいうのか。彼は、米国選手にはまず根性と気合いがあったと説くオリンピック関係者と話し合うべきだろう。あるいはまた逆に、このごろの日本人は自分の「私状況」ばかりふりまわして困る、欧米では——と説く人は、フランスではガスも止まるゼネストも平気でやり、アメリカでは鉄鋼スト、新聞ストを世間の悪評にかまわずやる、それほどの「私状況」擁護への根性と気合いにみちた国であることを想起したらどうだろう。私は、オリンピックで労働過重だとこぼす新聞記者に、それならストライキをやればいい、オリンピックをひかえているから要求は通るぞ、と言ったのだが一笑に付された。そして、「とにかく、オリンピックをすませてから。」そんな誰でもが言うことばを言うほど、彼は根性と気合いに欠けた人間であるのか。

そうした言説に見られるのは、「私状況」がまだまだ比喩的に言えばアメリカなみでないのにそんなふうに錯覚してしまう危険だろう。本当には、日本の問題の多くは、それがアメリカなみになっていないことから生じているのに、その逆だと考えることはまちがっているばかりでなく、将来に大きなわざわいを残すことになるにちがいない。

実際、外から「公状況」優先の風潮は、「戦勝国ナショナリズム」と「新興国ナショナリズム」の癒着のかたちで入り込み、さまざまな「公状況」の大義名分を誘発する。大義名分は、ときには個人のロマンティシズムと結びついて、雄大な大構想となる。私がたとえば高坂正尭《まさたか》氏の「海洋国家日本の構想」(『中央公論』一九六四年九月号)を読んでまず感じるのは、彼の「公状況」的な清潔なロマンティシズムである(彼はおそらく彼が自称し、世界もそう認めるように論理的常識から出発しようとする「現実主義者」ではなくて、美と倫理にそのよりどころを求めるロマンティストなのであろう)。その、「われわれはギリシア史について、アレキサンダーに征服されたものよりも、やはり征服者アレキサンダーから多くを学ぶであろう」という彼のロマンティシズムは、彼の貧弱な具体的提案を大構想にまでふくらし粉のようにふくらませる。私なら逆の立場をとるだろう。政治の理念ではなくその実際を考察するためなら(たとえば、機能的な欠陥、理念の立派さにもかかわらず、なぜ、うまくゆかないかを見るためなら)偉人ソクラテスの政治理念よりも、ソクラテスを裁いた名もない「難死」的人生を送った人々の思想なり心理なり行動なりを考えて、そのなかから可能な方法を生み出すことに努めるにちがいない。同じように、アメリカ海軍が日本海軍を打ち破ったことが「太平洋戦争のもっとも簡単で、そしてもっとも重要な事実」であり、また現在もアメリカ海軍の圧倒的な優勢がまだつづいているなら、対アメリカの関係について、まだまだ私たちは「アレキサンダーに征服されたもの」から「多くを学ぶ」ことができるし、また、そうしなければならないだろう。その視点に立てば、アメリカ第七艦隊は日本を防衛するという「公状況」のために存在しているのではなく、まずアメリカを防衛するという彼らの「私状況」のためにあるのだということがはっきりするにちがいない。その「私状況」に協力するために、日本が再軍備を始めたのだという事実を忘れてはいけない。現実主義者は「日本は第七艦隊に守られた島国」だというような事実の認識よりも、そちらの冷厳な事実の認識から出発する。そのとき、彼の「具体的」提案にあるような自衛隊の兵力を大幅に削減して、しかも、「アメリカとの軍事的結びつきを現在より大幅に弱め」ることがいかにして可能なのか。むしろ肝心なことは、日本が侵略されようとされまいと、それは日本の問題であってアメリカの問題でないのだという視点をまず確立することであろう。

ロマンティシズムは日本の内部にも向けられて、たとえば政治家、企業家などの「実務家」に甘い幻影を抱くことにもなる。企業の内部に入ってみれば、その成功のかなりな部分がただ運がよかったり、なるようになっただけのことにすぎず、決して、江藤淳氏の説くように、「実務家」の時計が、八月十五日で止ってしまった知識人のそれとはちがって、ずっと動きつづけていたためでないことが明瞭となるのだが(むしろ、企業の内部で多くの人が江藤氏と反対の意見をもつ)、政治の領域にもそれは言えるにちがいない。実務家の時計も別に特別製のものではなかったのだ。CP5型原子炉輸入を実務家はズサンな契約で行なった。案の定、原子炉はうまく動かなかった。しかし、そのことによって、予定通り動いていたとしたら得られなかった技術上の進歩を日本は得ることができた——これは一つの挿話だが、そうしたふしぎな循環に、日本の企業なり政治なりが多分に依存していることを、「公状況」的イデオロギーによって一刀両断することも、ロマンティシズムのオブラートに包むこともなく、冷静な眼でみきわめることがいま必要なのだし、そのことから未来にとって実りのある論議が生れて来るのだろう。

ロマンティックな言説が横行するとき、なにをみんなチャラチャラ言っているか、こんな世の中では黙っているほうが立派だと孤高の沈黙を誇ろうとする人がいる。これは「不言実行」という「禁欲」と美の倫理にうらうちされているのだろう。しかし、その「沈黙の美学」は、たんに手を汚すまいというだけのことではないのか。あるいは、そこまでいかずとも、自らを孤独なる少数者とみなす人たちもいる。私は本多秋五氏の「戦後文学史論」(『展望』一九六四年十一月号)のなかにも(彼の論文自体には、私は共感した)、その危険を感じた。あるいはまた、丸山真男氏の、戦後民主主義の「虚妄」に賭ける云々の発言にも、私は同じ危惧を覚える。その考え方は、いくつかの点でまちがっている。たとえば、彼らは少数者ではない。私よりはるかに年下の世代をふくめて、彼らの言説は共感者をもつ。いや、すくなくとも、現在では、まだまだ多数派の共感者をもつのだが、ただ、そのような悲壮感にあふれたストイックな考え方は、時代が動き、より新しい世代が出現するとともに、自ら後続部隊を絶ってゆくことになるだろう。それは、今日進歩陣営のなかに見られる「敵には寛大、味方には峻厳」の純粋好みの厳格主義を支え、進歩陣営そのものを破壊させる。

今、おそらくもっとも必要なことは、横行し始めた「公状況」に対して、もう一度「私状況」を確立することであろう。「戦勝国ナショナリズム」に対して「戦敗国ナショナリズム」、ロマンティシズムに対してリアリスティックな眼、「砂金」に対して「雑巾」、「散華」に対して「難死」――戦後民主主義は、かつての前者の圧倒的優勢に対して、「民主、平和、文化国家日本」の価値として後者を育てて来たのだが、その努力はある程度実った。ということは、それが一部の人が言うように、行きすぎたほど十分でなく、また、他の一部の論者が説くごとく、それがすべて「虚妄」ではないということだろう。二つが対等なものとなって、そこから新しい「公状況」が生まれて来るのが理想だが、それにはまず、「公状況」的なものを「私状況」にたえずくり返してぐらせることが必要なのにちがいない。「散華」を、ただそれだけを、一回きりの瞬間的な極限状況の下で見れば、それは純粋な美であり、倫理のかがやきであろう。しかし、私は、それを雑駁になることをおそれず、短篇小説的方法よりも長篇小説の方法をとって、日常的な長い時間のひろがりのなかにおいてみたいと思う。過去をふり返って八月十五日の凝集した時間の点の上におくのではなく、それからの二十年という長い時間、あるいはこれからのさらに長い未来の時間の緩慢なひろがりのなかにおくとき、それは必然的に「難死」と衝突し、また交錯しなければならないのだろうが、私はいわばひろがりのなかの「難死」の数を増大させ、速度をまし、方向をさまざまに変化させることによって、衝突、交錯の機会を日常的な不断なものにしたいのである。そのとき、「散華」の美しい衣は汚れ、かつての純粋な青年の顔だちはあぶらぎった中年男のそれに変っているかも知れない。しかし、その男が偉大な歴史の主役でないとは、誰も言えないだろう。

平和の倫理と論理

1

八月十五日のことから語ろうと思う。二十一年前、一九四五年の八月十五日、その日のことについて、一人の作家は次のように述べている。

「戦争が終った。

八月十五日の夕方、霧のなかで、山間の小駅のプラットフォームの電灯が一斉に灯《とも》った。もう電灯は爆撃の目標とならないのだ！　私の傍らでは、コンミュニストの友人が、口笛でインターナショナルの曲を吹いていた。

その日の来るのを待つことだけが生きがいで、死の恐怖と飢餓とに耐えてきたことでは、私もその友人も同じことだった」(中村真一郎『戦後文学の回想』)。

べつの一人の作家は、八月十五日を上海でむかえる。彼の関心は戦争ちゅう日本に協力した中国人の今後にある。天皇が彼らについてどのような責任をとろうとするのか。彼は詔勅《しょうちょく》をききながら、ただ、そのことばを待つ。しかし、天皇は、「遺憾ノ意ヲ表セサルヲ得ス」と、それだけをまるで他人事のように言っただけだった。彼はそのことに呆れ、怒る。「放送がおわると、私はあらわに、何という奴だ、何という挨拶だ、お前の言うことはそれっきりか、それで事が済むと思っているのか、という怒りとも悲しみともなんともつかぬものに身がふるえた」(堀田善衛『上海にて』)。

八月十五日の正午、天皇の詔勅の放送の終ったあと、日本じゅうに深い静寂が流れた。宮本百合子は、小説『播州平野』のなかで書いている。

「……が、村ぢうは物音一つしなかつた。寂《せき》として声なし。全身にひろ子はそれを感じた。八月十五日の正午から午後一時まで、日本ぢうが、森閑として声をのんでゐる間に、歴史はその巨大な頁を音なくめくつてゐたのであつた。」

高見順は日記のなかで述べる。

「蟬がしきりと鳴いてゐる。音はそれだけだ。静かだ。」

国民の心は、そのとき、一点に凝集されていたのだ、と河上徹太郎氏は説く。

「国民の心を、名も形もなく、ただ在り場所をはつきり抑へねばならない。幸ひ我々はその瞬間を持つた。それは八月十五日の御放送の直後の、あのシーンとした国民の心の一瞬である。理屈をいひ出したのは十六日以後である。あの一瞬の静寂に間違はなかつた。

又、あの一瞬の如き瞬間を我々民族が嘗《かつ》て持つたか、否、全人類の歴史であれに類する時が幾度あつたか、私は尋ねたい。御望みなら私はあれを国民の天皇への帰属の例証として挙げようとすら決していはぬ。ただ国民の心といふものが紛れもなくあの一点に凝集されたといふ厳然たる事実を、私は意味深く思ひ起したいのだ」(『戦後の虚実』)。

河上氏がこの文章を発表したのは、敗戦の翌々年、一九四七年のことだが、そのときには、彼のいう「国民の心といふもの」が「一点に凝集されたといふ厳然たる事実」はすでに遠い昔の出来事だったにちがいない。彼はことばをつづけて言う。「今日既に我々はあの時の気持と何と隔りが出来たことだらう！」しかし、ほんとうのところは、その「厳然たる事実」は、詔勅の放送の直後にすでに破れ去っていたのだろう。中村氏は、その日の夕、山間の小駅の灯を見ながら「インターナショナル」を口笛で吹き出した友人のことを記録した。その日からしばらくたって、荒正人氏は『文学時標』創刊号の「発刊のことば」で述べる(小田切進『八・一五の記録』による)。

「石もまた叫ばん。

いつ終るともなかつた絶望の長夜にも、つひに光がさしてきた。惨苦と汚辱の反動十数年を耐へて、今日ここに自由の陽ざしに立つことを、生けるしるしあり、と心から悦ぶ。」

こうした叫びに対して、一人の戦後世代、しかし、「戦後に特徴的な発想、思考方法、あらゆる種類の戦後的指導理念に対し自分がいかに無関係であつたかを確認したいとねがふ」西尾幹二氏は、『自由』新人賞・入賞論文「私の『戦後』観」のなかで、逆の発想、体験を述べる。西尾氏が八月十五日をむかえたのは「国民学校」四年生のときだが、彼の住む疎開先の寒村では、「戦争の遂行者であつた民衆のひとりひとりが敗戦を本当の意味での自己の敗北として、国家の敗北を自分自身の屈辱として、一切の終焉、死として、厳粛に受けとつてゐたといふ事実」があったという。そして、「『堪ヘ難キヲ堪ヘ忍ヒ難キヲ忍フ』べき当時の屈辱を胆《きも》に銘ずるために、私たち国民学校の生徒は終戦の詔勅を暗記することを命ぜられ、私は村の鎮守の杜《もり》で生徒代表として朗読の任をはたした。……さういふ形で復讐を心に誓ふのがあの時代の正義の証しだつた」。

西尾氏の疎開先の農家の主人は、「天皇陛下は一億玉砕してほしいとわしらに言ふのだとばかり思つてゐた。どうして最後まで竹槍で戦ふやうに命じて下さらなかつたか」と「悲憤慷慨《こうがい》」する。そして、彼自身は、八月十五日、「戦争に負けたといふ事実を『屈辱』とかんずる程度には大人だつたが、負けたあとの国家といふものがどうなるのか予想さへつかない。私は童話や冒険小説を乱読してゐたので、敗戦国の人民はことごとく奴隷となり、親子ひき離され、苦役や迫害にさらされるのではないのか、さういふ不安が胸をかすめ、月の照りはえただだつ広い庭に面した農家の一室であの晩しばらく寝つくことができなかつた。」

対比はすでにあきらかだろう。一方に「解放」があり、他方に「屈辱」があったという八月十五日——河上氏が説くように、その日の正午、「国民の心」の「在り場所」は、たしかに、日本じゅうにひろがった沈黙、静寂のなかにあった。しかし、同時に、たとえば中村氏、宮本氏、荒氏の「国民の心」は、「名」と「形」において、より正確には方向において、河上氏、西尾氏のそれとは大きくくいちがっていたこともたしかだろう。いや、そのちがいは、根本のところでは、「名」、「形」と「在り場所」(あるいはそこへの一点の凝集という現象)のどちらを重視して未来への足がかりにするかということにあったにちがいない。あるいは、たとえば宮本百合子にとって、正午の沈黙は「これ迄ひろ子個人の生活にも苦しかつた歴史の悶絶の瞬間」であり、そこにあきらかなのは、断絶の意識、すくなくとも歴史の連続を断ち切ろうとする強い意志なのだが、河上氏、西尾氏にあるのは、歴史の連続をねがう気持だろう。一致したのは、それがこれまでのもろもろの「一切の終焉、死」であるという意識だが、それはもちろんまちがっていて、その宮本百合子にとっては悲しむべきまちがい、河上氏、西尾氏にとっては喜ぶべきまちがいは、戦後二十一年の歴史のなかで次第に明瞭になって行った。

もう一つの対比もめだつ。中村氏の文章は最近のものだが、八月十五日を「解放」の日としてとらえる視点は、言うまでもなく戦後まもないころの日本に支配的だった視点だった。それに対して、河上氏、西尾氏の文章、ことに西尾氏のそれは、現在の八月十五日観、戦争観、戦後観のあるものをやや極端なかたちで表現しているものだろう。二十一年前、言論の世界のなかで、そうした言論はまれだった(戦争直後の人々の言論は、「一億相哭《そうこく》の秋《とき》」とか「一億総懺悔《ざんげ》」といったもので、同じ「屈辱」の文字がそこにあったとしても、西尾氏の視点とはあきらかにちがっていた。そういった見方は、むしろ、以下に述べる大衆の反応と似ていた)。そして、今日、それは、急速に力を得て来つつあるように見える。

2

私にとって、八月十五日は何だったのか——八月十五日についての人々の文章を読むたびに、私は自問する。いや、逆に、その自問が私に内在するゆえなのだろう、私は八月十五日についての人々の文章を好んで読む。それに執着する。

私がそうするのは、一つには、戦後しばらくたって、ものごころつきはじめたとき読んだ(戦争が終ったとき、私は中学一年生だった)数々の文章に違和感をもったためなのだろう。もちろん、そうは言っても、文章の筆者が嘘をついているというのではなかった。人々それぞれが真実を語っていて、それは私にもよく判っていて、それでいてついて行けない。一口に言えば、文章にあらわされている人々の八月十五日体験が、私のそれとはあまりにもかけ離れているように思われたのだった。

まず、「解放」の文章が私の眼のまえにあった、しかし、八月十五日を思い起してみると、たとえば、私のそばには、インターナショナルの曲を口笛で吹くような友人はいなかった。その夜だったか、それから二、三日たった夜だったか、それさえがさだかでないのだが、たしかに、私の住む大阪の焼跡の上にもいっせいに電灯はついた。いや、それはことばの綾《あや》にすぎなくて、電灯線のない焼跡の夜を支配するのはあいもかわらぬ暗黒であって、私の眼前に、中村氏が山間の小駅について記録したような劇的な光景はなんら出現しなかったのだ。いつのまにか、なしくずしに、そう、それこそが戦争から戦後への移りかわりのあるものをうまく表現することばだと思うのだが、いつのまにか、なしくずしに、私のまわりで電灯は灯って行った。私もまた、たしかに空襲の下で中村氏やその友人と同じく「死の恐怖と飢餓とに耐えてきた」のだが、そしてまた、たしかに私もまた、何かの日の来ることを意識の底で待っていたのにちがいないのだが、その何かの日が日本の敗戦(そして、解放)の日であるとは、もちろん夢にも思っていなかったのである。それでは、それは日本勝利の日であったのか。そうでもなかった。私は空襲のなかで逃げまわっていて、その生き餌《え》にすぎなくて、私に残された道はただ一つ、もはや「難死」をとげることでしかなかった(「『難死』の思想」参照)。そして、敗戦はそうした子供の私の眼にもあきらかだったが、それまでに叩き込まれた教育のせいだろう、私はその事実を見ていなかったような気がする。すくなくとも、自分の意志としてはそれを見ていなかったと言えるだろう。いや、もっと正確には、そのとき、私が経験していたものはもちろん私がはじめて経験するものであって、それゆえに、それが何ものであるのか、私には一向に判然としていなかったのだ。奇妙なことばを使って言えば、私は敗戦に慣れていなかった。

そして、同時に、私は、また、私の周囲の多くの日本人同様、当時の状況にいやおうなしに慣らされてしまっていたのだろう。空襲は戦争が「英雄のいさおし」ではなく、一方的な殺戮《さつりく》にすぎないことを私に教えたが、同時に、どのような状況下にあっても、人間は日常性を保持して生きるものであるという認識を私に強いた。たぶん、それまでに私が思い描いていた戦争は、「大東亜共栄圏の理想」と「天皇陛下のために死ぬこと」という二つの理念がなんの媒介なしにじかに結びついた、むしろ、抽象的な戦争だったのだろう。そこでは、すべてが劇的で、瞬間的なたかまりがあって、つまり、それはまさに「英雄のいさおし」であった。空襲は、そうした私の幻想を無残に打ちくだく。まず、そこに現出された死は、「大東亜共栄圏の理想」とも「天皇陛下のために死ぬこと」とも何の関係もない、ただもう死にたくない死にたくないと逃げまわっているうちに黒焦げになってしまった「難死」だった。人は、その死をとげるとき、「天皇陛下万歳！」を叫んだであろうか。子供心にそのような疑問が浮かんだことを、私は明瞭に記憶している。そして、子供心に、そうした光景があまりにも現実ばなれしているゆえにコッケイなものに思えたことも記憶している。人は、私の見るところ、あたかも平和のときの死であるかのように、そうした意識のなかで、「難死」をとげて行ったのだろう。現象的には、それはたしかに異常な死だった。しかし、人々の意識のなかではどうか。日常的なあきらめ、惰性のなかで、おびただしい「難死」を受けとめて行ったのではないか。

戦争が「英雄のいさおし」でなく、人間のいとなみである以上、そこに日常性が根強く存在したことは否めない事実だろう。空襲の火焰の下でさえ、人は善良で、親切で、同時に、意地悪で、こすっからくて、真実の涙とともにそら涙も流し、美しい微笑を笑い、同時に、爆弾で顔面をやられた男を嘲笑した。私のまわりにいつでもそうしたものがあり、そして、火焰それ自体が決して瞬間的なものではなく、何時間もかかって燃え上るたちのものであった。そして、それがそうであり、また、空襲が一回きりのものでなく何回もくり返されるものである以上、人々がそれに慣れ、日常的なものとして受けとり、同時に、そうした異常の日常化のなかで疲れはてて行ったことも自然だろう。

戦争末期、もし問う人あって私に、「日本は戦争に勝つか」とたずねたなら、もちろん、私は「勝つ」と答え、「それは自明のことだ」とつけ加えただろうが、そして、それはそれで私の真実の答であったにちがいないが、こうも言えばいいか、私の幼い国家原理のレベルで私は真実にそう信じ、考えていたとしても、個人体験のレベルでは、私はそうした問答をもはや考えてもみなかった、と。あるいは、神風のような奇蹟が起ることをも、国家原理のレベルで私は信じていたのかも知れない。けれども、個人体験のレベルでは、私はそんなことを考えてもみなかっただろう。個人体験のレベルでは、もはや、そんなことはどうでもいいことだった。それほど、私にとって戦争は日常化していて(日常化された戦争のなかで奇蹟は起り得ない)、また同時に、私は疲れきってもいた。そして、こうした国家原理と個人体験の両者における戦争のとらえ方のくいちがいは、私の周囲にその例はいくらでもあり、誰もが、私同様に、そのくいちがいをはっきりと意識しないままで生きていた。

おそらく、個人体験のレベルの上では、国家原理を通してとらえられた激しい劇的な戦争はもう終ってしまっていたのだろう。代りにそこにあったのは、空襲、召集、疎開、飢餓といった激しい現象をもそのなかにとり込んでしまった緩慢な日常性の流れではなかったのか。人はいつのまにか受動的にそこに身を任せ、そのゆえだろう、ときとして、いや、往々にして、他人事のように戦争をみなした。私は周囲にいくらでもその例を見出して、そのたびに腹を立てたが、私自身も結局のところはその一人だったのだろう。その証拠に、八月十五日、敗戦を知ったときの私の反応は、「戦争の遂行者であつたひとりひとりが敗戦を本当の意味での自己の敗北として、国家の敗北を自分自身の屈辱として、一切の終焉、死として、厳粛に受けとつてゐた」という、私より三歳年下の西尾氏の、あるいは、彼が報ずる彼の周囲の人たちの反応とはあまりにもかけ離れていた。

　正直に書こう。これは誰でも言うことだが、「玉音放送」はほとんどききとれず、私が敗戦を自分の耳にしかと受けとめたのは、放送のあとのニュース解説のようなものを町会の拡声器が流していたのをきいたときだったが、ふしぎなことに、私はそのなかの「鉄はきたえればきたえるほど強くなる」ということばを耳にしただけで、とっさに敗戦を直感したのだが、そのときの私の気持は、「屈辱」から、また、もちろん、「解放」からも遠いところにいた。「すんだんだな、すんだんだな。」――私は無感動に、あたかも他人事のようにしてくり返した。そして、たしかにそのとき日本じゅうに深い沈黙、静寂が流れていたのにちがいないのだが、それを私が少しも記憶していないのはどうしたわけからか。一つの理由は、前日の大空襲の疲労とショックがいまだに残っていたことだろう。八月十四日午後、大阪は大空襲を受け、砲兵工廠《こうしょう》のほとんどすべてが破壊されたのだが、空襲の終ったあと、私は地上に散乱している米軍のビラを拾った。それには、「戦争は終った」とはっきりとあった。

そして、八月十五日の夜、私は、西尾氏のように「負けたあとの国家がどうなるのか予想さへつかめない」ことを考えあぐねて、眠られない一夜をすごしたのではなかった。

正直に言って、私には、私より年少の西尾氏が童話的に考えた、人民が奴隷となり、親子が生き別れて苦役や迫害にさらされるというような敗戦のイメージさえ思い浮かばなかったのである。それほど、私は敗戦に慣れていなかったにちがいない。そうしたイメージを思い浮かべる余裕さえ、私にはなかった。「もう空襲はないんだろうな」私はそうただくり返し思い、その安心感のためだろう、その夜、よく眠った。

これは、私が西尾氏のように「戦争に負けたといふ事実を『屈辱』とかんずる程度には大人」ではなかったせいなのだろうか。しかし、私の周囲に多く見たのは、大人をふくめてそうした大人でない人たちの姿だった。大屋典一氏はその著『東京空襲』のなかで、八月十五日に九州の田舎で出会った中学生のことを書いている。まだ敗戦のことを知らないでいる大屋氏はその少年から教えてもらうのだが、大屋氏は、彼のことを次のように記録する。「……少年らしくもないほっとした声で、『……まあ、これからは、すこしはうまいもんを食べられますでしょ』。」私はこの中学生のことが気にかかってならない。八月十五日というと、私は彼のことを異様な気恥しさとともに思い浮かべる。何故なら、彼は私であり(私もまた、敗戦の感想をそのときそんなふうにしか言いあらわせなかっただろう)、そうした彼と私は私の周囲にいくらもいたのだから。

実際、私たちは敗戦に慣れていなかったのだ。そして、また、それまでの状況に慣れきってもいた。あるいは、疲れてもいた。あるいはまた、国家原理のレベルと個人体験のレベルにおける戦争のありかたのくいちがい——それも大きく私たちの八月十五日体験に作用していたにちがいない。私がそうした状況の的確な記録としていつも思い浮かべるのは、ある女流作家が随筆風に書き流した短い文章である。女流作家の名前もその文章がのせられていた雑誌の名前も残念なことに忘れてしまったのでここに直接引用することができないのだが、あらまし、次のようなものであった。——彼女はそのとき女学生で、動員先の木製飛行機工場で「玉音放送」をきく。彼女の場合には、ききとりがたいながら敗戦の事実は判る。彼女の周囲には泣いている人もいない人もいて、みんながたしかに沈黙して、そこまでは、世の多くの記録と同じなのだが、彼女の筆は、その沈黙のあとの人々の動きにまでおよぶ。沈黙のあと、人々はどうしたか。誰いうとなく作業場にもどって、また、飛行機をつくり始める。泣いた人も泣かなかった人も。

この光景もまた、私の胸に異様な気恥しさとともに突き刺さる。私もまた、そこにいたら、同じことをしたのにちがいないのだから。

3

このような私は、敗戦を屈辱として受けとることができたという西尾氏や彼のまわりの人たちのことを、むしろ、うらやましいものに思う。私のまわりには、彼が報じるような激しい、劇的なたかまりのある光景は何一つなかった。彼と私のあいだのちがいには、彼が戦争の現実に直接ふれることがすくなかった農村にいて、私がいやおうなしに戦争がじかに体内に入り込んで来る大都会にいたという事実が、大きな原因として働いているのかも知れない。私にあっては、あるいは、私の周囲の人々にあっては、戦争について国家原理と個人体験のくいちがいはもはや破局的な段階にまでさしかかっていたのだが、西尾氏や西尾氏の周囲にあっては、そのくいちがいはまだまだ明瞭でなかったのだろう。原理の上でなら、私は「天皇陛下のために死ぬこと」を語ることができた。しかし、体験の世界のなかでは、おびただしい「難死」をまわりにもった私は、もはや、それを確実な信念としてもつことはできなかったにちがいない。その確実な信念を、たとえば、竹槍云々の発言をした西尾氏の疎開先の家主はもつことができたのだが、そのような人物は私の周囲よりも彼の周囲に数多くいたのにちがいないのだ。西尾氏は、頭上の米軍機をさして、このくやしさを忘れるな、と叫ぶ校長のことも記録する。私の教師たちは、そのころ、大部分は黙々と校庭でイモ畑をたがやしていたように思う。

けれども、日本人の八月十五日体験の大部分は、西尾氏の記録した事実よりも、私の記録した事実に近いところで行なわれたことは否定しがたい歴史的事実だろう。証拠となる記録はいくらでもある。しかし、ここでは、当時、人々が口々に「だまされていた」と言ったことを傍証としてあげるにとどめよう。客観的事実はどうであれ、主観的に人々がそう思い、主張したことは、西尾氏の説くように、「戦争の遂行者であつた民衆のひとりひとりが敗戦を本当の意味での自己の敗北として、国家の敗北を自分自身の屈辱として」受けとっていなかったことになるだろう。いや、ほんとうに、民衆は、ひとりひとり、自分が真に戦争遂行者であると自覚していたのだろうか。個人体験のレベルで、たんにいつのまにか、なしくずしにそうなっていただけのことではなかったのか。状況がよいときは、国家原理と個人体験はぴったりと重なり(ということは、たとえば、「大東亜共栄圏の理想」、「天皇陛下のために」と自分の生活が直結していた。すくなくとも、そんなふうに意識することができたということだ)、そのとき、人々は容易に戦争遂行者としての自分を自覚することができただろうが、状態が悪化して、国家原理と個人体験のあいだに亀裂が生じて行くとともに、そうした自覚は次第に曖昧なものになって行く。それゆえにこそ、敗戦という決定的な破局が来たとき、人は「だまされていた」と言い切ることができたのだろう。そして、戦争遂行者であったという自覚が消失したあとに残ったのは、「だまされていた」被害者としての自覚――戦後の歴史はそこから始まったとも言える。

4

実際、戦後の出発点、八月十五日体験の底にあるのは、多くの場合、強烈な被害者としての自覚であるにちがいない。体験の記録の筆者の多くが、有名無名をとわず、そのことにふれて書いた。そして、私たちの多くがその自覚を踏み台として、過去の戦争を眺め、また、戦後の状況に対応したことは言うまでもない。おそらく、被害者体験、そして、その自覚は、戦争と戦後をつなぐ一つの重要な支点として働いていたにちがいない。とすれば、戦後思想のすばらしさ、くだらなさ、強さ、弱さも、そこに大きな原因をもとめて考えることができる。

被害者体験、その自覚が私たちの思想にもたらした最大の功績は、そこに腰をすえることによって、これまで絶対的強者であり絶対的正義、善であった国家原理に対して正面からむきあう姿勢をあたえたことだと、私は思う。戦争が終結に近づくにつれて、国家原理と個人体験が背離して行ったことはまえに書いたが、そのことによって、おそらく、私たちは国家と自分が別ものであるという意識を、それとはっきり意識しないまでも次第に育て上げて行っていたのだろう。敗戦はその過程を完結し、私たちは被害者体験を強力なテコとして、国家から自分を切り離すという作業を強力に行なうことができた。それはたしかに近代日本の歴史のなかではじめての大事業だったのにちがいないが、はげしい被害者体験をテコとすることによって、きわめて自然なかたちでなされたと言っていいだろう。そしてまた、そのときには、被害者体験が対決すべき国家は力を失い、被害者体験の上に形成された自分という「私状況」の主張の正当性のまえに、国家という「公状況」はもはやなんの存在理由をもたないかのように見えた。

戦争末期、国家原理と個人体験の背離のなかで、私たちは個人体験の正当性を知りながら、国家によって絶対的にまちがいのない真理としてあたえられた原理に個人体験をあわせようとする無益な作業を無意識的に行なっていたのだと、私は思う。そして、その作業のなかで、被害者体験を論理的に救ってくれる、その体験に密着して下から強力にそれを支え、自分の上に絶対的正義、真理としておおいかぶさって来る国家の強制的原理に対決する新しい原理を、これもまた、無意識的に追い求めていたのだろう。その下地があったからこそ、敗戦によって、そうした原理——民主主義、平和、自由、平等が外からあたえられたとき、それらが外からあたえられたものでありながら私たちの心に急速に定着して行ったのにちがいないのだ。その過程は、結果として見るとき、そうした原理がつくられた、あたえられた状況を通して、いつのまにか、なしくずしに体内に入って行ったという受動的な過程にほかならないのだが、それにもかかわらず、被害者体験、自覚の強さは、それを戦後思想をつらぬく根本原理にすることができた。たとえば、私たちが今もなお強力に保持しつづけている絶対平和主義的な発想、思考方法――その根底には、もちろん、被害者体験が大きく根をはっている。

戦争の理念が国家の強制原理としてあるとき、それに対決し、抗する道は、より高次の人類の普遍原理に依拠することだろう。国家が自己の理念達成のため、また、その自己保存のため、人を殺せ、と命ずるとき、私たちは、いかなる理由においても人間には人間を殺す権利はない、という普遍原理によってそれを拒否することができる。国家が戦えと命ずるとき、いかなる理由においても戦争は罪悪であるという理由で、その命令に抗することができる。おそらく、私たちの被害者体験を論理的に救い、それを下から強力に支えてくれる原理は、こうした普遍原理しかあり得なかっただろう。その原理によって、私たちは国家を「だましていた」ものとして裁くことができた。すくなくとも、理論的には、そうすることができるはずだった。そのとき、国家がその普遍原理の根拠を示せと主張するなら、私たちはたちどころに自らの被害者体験を国家の胸もとにつきつけたにちがいない。私たちの被害者体験、自覚はそれほど強く、それゆえに、普遍原理があきらかに外からあたえられたものでありながら、たとえばその絶対平和主義的発想、思想は今日でさえなお十分に根づいているのだ。

国家原理は、論理的にも、また、実際的にも、私たちの被害者体験を救いはしなかった。国家原理がそれまでに鼓吹《こすい》して来たナショナリズムによっても、国家原理がこれまでたよるべき唯一の機構、制度として私たちに強制して来たその機構、制度によっても、私たちの被害者体験は救われはしなかった。その下地の上で、私たちは、外からあたえられた普遍原理、その原理による機構、制度に自らを傾斜させて行くことになる。そのとき特徴的に見られたのは(たとえそれが外からあたえたものの意志であったにせよ、それを強力に受けとめたのは、私たちだった)、その原理、機構、制度をできるかぎり普遍原理的に受けとっていた、あるいは、普遍原理的側面を拡大して受けとっていた事実だろう。「平和」を、その状況をもたらした占領軍の意向はどうであれ、私たちは絶対平和主義的な発想の下で受けとっていた。幣原喜重郎《しではらきじゅうろう》氏がそのみごとに絶対平和主義的な憲法第九条の発案者であったことを想起しよう。また、その条項が議会のなかで、また、外で、どのように歓迎されたかも思い出してみよう。あるいは、民主主義という政治を、私たちはあたかもそれが国家の政治でないかのようにして受けとっていたのではなかったのか。民主主義というとき、私たちの念頭にまずあったのは、私たち民衆の意志の、政治への参加というようなことであって、それがかたちづくる国家のことではなかった。「民主主義の世になったんだから、国の言うことなんかきかなくてもよい。」私は私の周囲に数多くそうした声をきいた。

5

けれども、これまで述べて来たことからでもすでにあきらかなように、被害者体験には重要な欠陥があった。それを軸として思想が形成されるとき、戦後思想の形成はそれにほかならないのだが、欠陥はしばしば致命的なものとなった。すくなくとも、戦後思想の限界は、ひとつには、それによってさだまったと見ることができる。

まず、被害者体験には、その体験にことさらによりかかろうとする一種の甘えがあった。そうした甘えを「被害者意識」という名で呼ぶならば、その意識に安易にもたれかかることによって、自分がすくなくとも原理的には戦争遂行者の一員であったという事実はうやむやにされる。そのとき必要だったのは、自分の戦争遂行への荷担の程度をきびしく計量し、それと自分の被害者体験とを峻別することだったにちがいない。もちろん、多くの場合、二つは分かちがたく結びついていて峻別は困難だったが、しかし、それにしても、ひょっとすると自分自身がある瞬間には加害者であったかも知れないという意識をきわだって私たちが欠いていたことは、重要な事実だろう。そこからひき出される結論は、誰もが無差別、無限定に被害者であり、誰もが「だまされていた」という奇怪な結論でしかないのだが、もちろん、そうした結論の上にたって、かんじんの誰が誰に対してどの点で加害者だったのか、誰が誰をどのようにして「だましていた」のかという追及をすることはもちろん不可能だった。すべてわるいのは国家であり、その国家からは被害者体験をテコとして自分を切り離すことは容易にできたから、「だましていた」責任の主体は、それを構成する人間を欠いた国家という得体の知れない抽象体でしかあり得ないことになる。被害者体験を叫ぶ声が国民のなかにあれほど強く、それが戦後の思想を形成した一本の柱であるにかかわらず、戦争責任の追及が国民の側から十分になされなかった、戦争犯罪人を裁く機構を西ドイツのように国民の側でどのようなかたちででももったことがなかったという事実がすべてをよく説明しているだろう。こうした状況を足がかりとして、あたかも自らが最大の被害者であったかのようにして、過去の戦争イデオローグたちが、平和の使徒、民主主義の申し子としてよみがえって来る。

このような精神構造は、「一億総懺悔」を案出し、また、それを受け入れた精神構造とさしてあいへだたらないものであるにちがいない。「一億総懺悔」に対して「一億総被害者」――被害者体験が戦後思想の形成にもたらした最大の功績は、国家に対決する個人の確立ということだったのだが、そして、それは、「一億総懺悔」というような精神構造と鋭く対立するものであるはずだったが、被害者体験がそうした欠陥を内蔵していたがゆえに、それは十分にはたされなかった。「一億総懺悔」が国家権力による懺悔の強制であるとするなら、「一億総被害者」は、国家権力と個人のなれ合いであろう。それは、やがて、被害者体験を媒介として、それを拡大したかたちで、国家の行為のすべてに免罪符をあたえるという道をひらく。

そして、また、次のような逆説的事実も、そこにあった。本来なら、被害者体験をテコとして個人がそこから自分を徹底的に切り離し、また、対決すべき相手である国家が、そのとき、すでに、対決すべきほどの強力な存在としては存在していなかったのだ。すくなくとも、私たちの眼には、そんなふうに見えたのだろう。もし、そのとき、国家が私たちの被害者体験を無視し、それを踏みつぶしてまで自己の意志を完結するだけの力をまだもっていたとしたら、私たちは国家と真正面から衝突するほかなかったにちがいない。それが、つまり、革命なのだが(革命の大きな原動力は、民衆のなかの被害者体験、自覚だろう。それを欠くとき――現在の日本がそうだが――革命は困難なものとなる)、そのときには、私たちがそれを武器としてたたかったにちがいない普遍原理もまた、国家原理とのたたかいのなかで、より強力なものとなっていただろう。そして、私たちの国家に対決する姿勢も、より強いものとなっていたのにちがいない。端的に言って、そのとき、私たちには、二つのものが不足していた。一つは、国家と個人の対決の不足。他の一つは、国家原理に対して、普遍原理を徹底的に追究して行く努力の不足——現在の状況は、その不足がどのような不幸を戦後思想にもたらしているかをよく物語っている。

べつの方向から問題に光をあててみよう。私たちはたしかに被害者体験を叫んだ。けれども、それは、ふしぎなことに、日本という国家に対してであって、当の被害を直接にあたえた連合国、たとえばアメリカという国家に対してではなかった。この事実は考察に値する事実だろう。その原因には、いろいろな説明がなされるにちがいない。たとえば、日本人の精神構造の伝統から、民族の抵抗精神の不足から、それほどそれまでの日本の国家権力が人々を傷めつけていたのだという事実から、アメリカ占領軍の政策のうまさから、日本人の甘ちゃん性から、私たちのたたかったのは「大東亜共栄圏の理想」達成のためで、たんにアメリカをやっつけるということでなかったから、そんなふうに国民が信じ込んでいたから(この事実は案外に重要な事実だろう。侵略者ドイツとたたかったソ連人の場合と私たちの場合とは、その敵に対する心理がどこかであきらかにちがっているし、また、直接、ドイツの版図拡大を大義名分としてかかげてたたかっているという意識をもつドイツ人の場合も微妙にちがっているようだ。それは、逆に言うと、アメリカ人は同じように

「ファシズム打倒」を叫んでドイツと日本とたたかったのだが、ドイツに対したときのほうが、そうした大義名分をはなれて「敵」としての意識を最初からより多くもっていたにちがいない。見知らぬ生物日本人に対しては、それを「敵」として認識するほどに十分な知識を彼らがもっていなかったためもあって、かえって「ファシズム打倒」の大義名分にたよる比率は多かったようだ。ということは、現実的にも、対日本の戦争はどうしても二の次の戦争であったという事実とあいまって、対ドイツ人の場合と比較して、アメリカ人が日本人と直接たたかったという実感に乏しいということだろう。一年半、アメリカに滞在していたとき、私はまずそのことを感じた)、あるいは、これまでに述べて来たごとく、被害者体験を踏まえて私たちの気持のなかに、より高次な次元から戦争を見ようとする普遍原理への下地ができ上っていた、いや、すでにそれが定着し始めていたから——多くの理由があげられ、そのどれもが妥当性をもつが、私がここで問題にしたいのは、そうした普遍原理をすでにもちながら、それを徹底して行かなかったことなのだ。連合国側は、国家の原理よりもいちだんと高次な人類の普遍原理が存在することを認め、各個人はたとえ国家の原理に反しようともそれに従うべき義務があるとして、その論理にもとづいて戦争犯罪を裁いたのだが、もちろん、本来、その同じ論理は裁く連合国側にも適用されるべきものであった。その適用をはじめから封じることによって彼らの戦争犯罪裁判は成立し、それゆえにこそマヤカシの裁判以外の何ものでもなかったのだが、そのとき、そうした視点をもって自らの被害者体験をみつめた日本人はどれほどの数いたのだろうか。

なるほど、私の周囲の大衆のなかにも、日本軍の残虐行為に対して、「ヒロシマ」「ナガサキ」をもち出す人もいくらかはいた。しかし、そのもち出し方は、たんに、おまえだってやっているんだぞ、といったふうのもち出し方である場合が多かったのではないか。あるいは、よりナショナルな視点に立って、その裁判を復讐裁判だとみなして怒る人も、私の周囲にいた。しかし、被害者体験と普遍原理を強く結びつけることによって、連合国の戦争責任、戦争犯罪をいわば自分の問題として裁こうとした人は残念なことに皆無だった。もちろん、その連合国の戦争責任、戦争犯罪のなかには、過去二、三百年にわたり西洋が侵略者、支配者としてアジア、アフリカに対して犯しつづけて来た犯罪の責任も入るだろう。それを、私たちは、自分もまたもし西洋の一員であったなら犯し得たかも知れない罪として、それだけいっそう手きびしく論難し、裁くべきであったにちがいない。アジアに対しては、そこにどのような理由があろうとも、私たちはそれを実際に犯したのだから。

しかし、そのような論難をなすために必要なのは、自分がかつて加害者たり得たかも知れない、実際そうであったかも知れない、あるいは、将来もいつ何時そうなり得るかも知れないという意識なのだが（極端な場合には、被害者であることがそのまま加害者である場合もあるだろう。そして、ある場合には、被害者の被害の度合いが激しければ激しいほど、それだけいっそう狂暴な加害者となる）、私たちの被害者体験はその意識を特徴的に欠いていた。戦後二十一年の歴史のなかで、私たちは数えきれないほどの数のさまざまな戦争体験の記録をもつが、そのほとんどすべてが、ことばをかえて言えば、被害者体験の記録だった。学生の記録があった。農民兵士の記録があった。家庭の主婦の記録があった。疎開学童の記録があった。あるいは、海外引揚者の記録。そのどれにも悲惨な被害者体験がみちている。その自然な結果は、戦争体験というと、被害者体験をさし、それ以外のものをささないという視点の形成であろう。たとえば、いま私は手もとに山田宗睦氏が編集した『戦争体験』と題した書物をもつが、その編集の方針もそこにあるように見える。彼は序文のなかで言う。「戦争体験とは、政治権力者たちがひきおこした、人民の日常・平凡な体験の世界を無にし、とほうもない運命を強いる異常な体験なのである。」私は、このことばに次のようなことばをつけ加えなければならないと思う。「人民は、しかし、そのとほうもない運命をも日常化、平凡化した。その異常の日常化が人民の戦争体験だった。」そして、私はさらにつけ加えなければならないと思う。たとえば、そのとほうもない運命のなかに加害者としての運命があり、しかも、その運命をむしろあたりまえの日常事、平凡事として受けとることがあったのではないか。しかし、山田氏の編集方針はそこにまで迫っていないように見える。彼はべつの個所で言う。「戦争体験は、一方に為政権力者の正統性の主張、他方に日本人民の哀歓こめられた生活の息づかい、この二つの交錯・葛藤・混在のうえになりたっている。」私なら、もう一言ここでつけ加えなければならないと思うだろう。「混在」のあとに「協力」、「共謀」と。たとえ、それが強いられたものであり、哀歓のこもったものであろうと——人は、「哀歓のこめられた生活の息づかい」のなかでも、十分に加害者たり得るのだ。

あるいは、岩手県の戦没農民兵士の手紙をあつめた『戦没農民兵士の手紙』について書評家のほとんどすべてが「グンイドノハヤクアゴオツケテ下サイ」という被害者体験の強くにじみ出たことばを引用し、農民兵士の被害者体験を語ることに終始して、たとえば、何時間か敵を求めて家探しをやったあと村に火をつけて燃やした云々の箇所を誰も引用していなかったという事実——私は、その事実を野添憲治氏の指摘によって知ったのだが、彼のまわりのかつては兵士だった農民たちは、彼らの加害者的体験をいまだに得々として語りつづけている。彼らと死んだ兵士たちはまったく別種の人間だったのだろうか。いや、彼らと、死んだ兵士たちと死んだ兵士たちの手記を書評した人たちは、そして、今、この文章を書きつづっている私自身は、それぞれ、ちがった種類の人間なのか。それぞれが被害者だったという事実においてのみ、四者は結ばれているのか。

酒井角三郎氏は「さまざまな戦争体験」(『展望』一九六五年十月号)と題した文章で、たしかに、さまざまな戦争体験のもつ意味について考えようとする。それを外部的な国家に対決する可能性をもつ個別的な内部世界の問題としてとらえようとする。しかし、そのような彼の視点も、問題のかんじんのカナメである被害者と加害者の交錯、葛藤、混在、そして、協力、共謀の過程をとらえてはいない。「さまざまな戦争体験」――私はその題名の下に加害者体験の登場、それへの言及を予想したのだが、私の予想はやぶれた。酒井氏は言う。「ベトナムやヒロシマに行かなくても、職場に、街頭に、あるいは私の心のなかに、つまりわれわれの生活の各時間のなかには戦争が満ちている。……ひとは、自己の内面の個別の戦争体験を深く掘り下げて行くことを通じてはじめて他の戦争体験に出会うことができる。……ベトナムから送られてきたフィルムをテレビで眺めるだけでは、戦争は茶の間の絵物語にすぎないかも知れない。われわれはそこにある残虐に容易になれることができる。われわれの日常のなかの戦争につながる想像力に媒介されたときそれははじめてわれわれ自身の戦争としてのいたみをもたらすのである。」その通りだろう。しかし、問題は、その想像力が、われわれ自身もまた、ある条件の下ではその残虐行為を犯し得る、という想像をふくむかどうか、いや、それを土台としているかどうか、であるにちがいない。フィルムをテレビで見て、過去の自分の中国大陸での残虐行為を想像してテレビ局に投書して来た人があったという。しかし、過去にそういった体験をもたないふつうの人間にとってはどうか。「自己の内面の個別の戦争体験を深く掘り下げて」行ってみたところで、それが被害者体験としての戦争体験の認識にとどまるかぎり、たしかに「戦争は茶の間の絵物語にすぎない」だろう。

私自身の小さな例を語ろう。戦争末期から今日まで、私があたかもつきもののように抱きつづけて来た欲望がある。空襲の最中、また、そのあとでは、巨大な煙がたちのぼり、遠望するとそれは直方体の入道雲のように見えるのだが、そのなかではもちろん火焔が渦まき、人々が倒れ、そして、厚い煙の層のせいだろう、ひる日中でも、火焔がなければ懐中電灯を使用しなければならないほど暗い。私は三度そのなかにいて、三度それを望見したことがあるが、いつのころからか、私はその煙を上方から、アメリカ軍飛行士の位置から見るとどう見えるか、という奇怪な想念にとらわれ始めていた。アメリカ軍飛行士の位置から見るということは、つまり、加害者の眼で見るということだろう——私は二十一年間その奇怪な想念を抱きつづけて来たのだが、そのことのそうした意味にはっきり気がついたのは、アメリカのとある田舎の大学の図書館で、その上からの「下界の眺め」を見たときだった。それは戦争中の『ニューヨーク・タイムズ』にのせられた大阪空襲の写真によってだったが、もちろん、それはただの画面いっぱいにひろがる煙の写真にすぎないもので、私は息をのんだ。

私が息をのんだ理由のなかには、私がその画面の煙のなかにいたという事実がある。それによって私は、そこで、自分の被害者体験、人々の被害者体験をもう一度意識のなかで、くり返して追体験したのだろう。しかし、同時にまた、その写真があまりにもあっけらかんとただの煙にすぎなかったという事実もあった。もちろんそんなことははじめから判っていて、それでいて、あまりにもただの煙にすぎない——つまり、そこに「大阪空襲」という説明文がそえられていなければ、私はおそらく何の興味もなく見すごしてしまっただろう。これまで、類似の写真に対して、いつも、そうしていたように。

そのことは、一歩を進めれば、私が平然と爆弾を落し、煙の光景を現出した下手人になり得たということではないのか。もちろん、その「一歩を進める」の「一歩」は巨大な「一歩」だろう。しかし、その巨大な「一歩」を、ある条件の下では、私もまたいつのまにか、なしくずしにきわめて日常的に、踏み出して行くことができたかも知れない。沖縄で、米軍撮影の上陸作戦の映画を見たことがあった。大砲をうつ場面があり、家が吹きとび、森が燃える——私は何気なく見ていて、ああ、こんな映画なら過去にいくらでも見たという意識がどこかに流れていて、そして、ふいに気がついた。その吹きとぶ家のなかにいるのが私の同胞の日本人であって、中国人でないこと——私はそれまですべてを加害者の眼で、見ていたのではないか。いや、きっとそうなのだろう。

どうして、加害者体験の記録はないのか。小説や第三者による客観的報告ではなく、人々が被害者体験を書きつづったように書いた加害者体験の記録。それが無理なら、一杯ひっかけたあとのあからさまな「武勇談」の集大成でもいい、私はそれを克明に読みたいと思う。そうしたものを被害者体験の記録のそばにおくことによって(ひょっとすると、二つは同一人によって書かれているのかも知れない)、私たちは、加害者と被害者がどこでどのようにして交錯し、葛藤し、混在し、あるいは、協力、共謀していたかを、自分の問題としてとらえなおすことができる。いや、これは、日本だけのことでもないだろう。どこの国でも、民衆の側の、すくなくとも思想にまでたかめられた戦争体験は被害者体験のかたちをとって、それは私たちの眼にいくらでもふれるのだが、民衆のあいだに隠微に流れて来た、いわば、「加害者の伝統」は人々の思い出話や小説や第三者の報告によってしかいま見ることはできない。たとえば平和を裏から支えているものが民衆の被害者体験であるとするなら、国家原理の裏にあるのは加害者体験だろう。戦争をまともに問題にすることをぬきにして平和が考えられないように、加害者体験をぬきにして被害者体験を話すことはできないし、ひいては平和そのものを語ることはできない。日本のみならず世界の平和運動がこれまでともすれば無視しがちだったのはこの事実であり、そして、平和運動が戦争に対してまともな力となり得なかったことの一つの理由もそこにあるのだろう。

6

国家原理は自分の原理の貫徹のために個人を強制して戦場に駆り出し、彼は弾をうち、「敵」は倒れる。このことによって、彼は国家に対しては被害者、「敵」に対しては加害者の位置にたつ。これは戦争のメカニズムの単純で、しかも、真実の論理なのだが、やっかいなことは、その国家原理が、たいていの場合、どのように普遍原理と相反する国家原理であろうと、普遍原理と一体となって個人に働きかけて来ることだ。曰《いわ》く、聖戦。曰く、アジア民族解放のため。まして、普遍原理的側面の多い国家原理の場合、それは圧倒的力をもって個人の上にのしかかって来る――国家は、まず、個人に弾をうつことを強制するだろう。その強制の根拠として、その行為が国家原理に忠実な行為である、国民としての義務であるという国家原理的な理由のほかに、その行為が普遍原理からしても正当であり、それはむしろ人類の義務である、したがって国家の命に服することは人類の普遍原理の命に服することでもあるという保証をもあたえる(こうした根拠、保証に対抗し得るただ一つの論理は絶対平和主義しかないが、絶対平和主義は、「敵」もまたその立場をとらないかぎり、倫理としては成立しても、現実の論理としては成立し得ないという根本的欠陥をもち、現在の世界では、まだまだ、それは十分な力となり得ない)。こうして、国家原理、普遍原理の双方から支持されて、何ごとがおこってもその二つが責任をとると保証するとき、個人はどのような行為にでも荷担することができるのではないか。いつのまにか、なしくずしに、日常的に、しかし、自ら進んで。

エール大学の心理学者の行なった実験のことを書いておこう。一度別のところで書いたことがあるので(「切り離し、荷担する」『世界』一九六六年六月号)簡単に書くが、「体罰と学習」の心理学の実験をするという名目で、さまざまな年齢、社会的背景の人々をアト・ランダムに集める。隣室に生徒がいて簡単な質問に答えて行くということになっていて、集められた被実験者は「教師」で、「生徒」がまちがった答を出すと、「教師」は「生徒」に「体罰」を加える。その体罰によって、「生徒」の学習効果がどれだけあがるか――「体罰と学習」の実験の目的はそこにあると、被実験者は教え込まれている。さらに、この実験がいかに重要であるかについても、人類の科学の進歩にいかに貢献するかについても。「体罰」は電気ショックによって行なわれることになっていて、被実験者のまえには、ちょっとしたショックにすぎない十ボルトくらいから死の危険さえ招く四百ボルトにいたるまでのスイッチがならんでいる。しかし、本当のところは、「生徒」など隣室にいなくて、「生徒」の解答と称するものは実験者、つまり、エール大学の心理学者の手によって被実験者にわたされるしくみになっている。それによって、被実験者は「体罰」の電気ショックのスイッチを入れる。スイッチを入れると、「生徒」の反応が壁づたいに聞えて来る。それは、あらかじめテープにとられたさまざまな人工的な反応なのだが、真実そのままにでき上っていて、「止めてくれ」、「助けてくれ」という懇願の声、哀訴の叫びから、最後には壁を叩く音、ついでは、死を思わせる沈黙までもがふくまれている。一方、実験者の側からは被実験者に対して、あらゆる種類の「激励」が加えられる。「それぐらいは大丈夫だ。あいつはウソを言っているんだ。」「この実験は科学の進歩のために必要なのだ。」「何ごとがおこっても、エール大学が責任をとる。」こうした状況の下で、いったい、何人が四百ボルトのスイッチまで手をのばすか——実は、実験の目的はそこにあった。エール大学の心理学者は、あらかじめ、全米のその領域の専門家に彼らの予測を求めておいたのだという。専門家は一致して、十パーセントぐらい、つまり、真の狂人だけがそれをなし得るという数字を出した。しかし、結果は六四パーセント——ということは、これは狂人の行為でも何でもなく、ふつうの人間がふつうになし得る行為だということだろう。そして、その行為は、決して、強制された行為ではなかったのだ。

まず、エール大学という権威があった。それは、国家という権威ある名前におきかえてみていいだろう。心理学という名は国家原理におきかえてもいい。また、人類の科学の進歩のためという名目、これは他の任意の普遍原理に容易に変えられるだろう。あるいはまた、エール大学は、また、国家は、何ごとがおころうとも責任をとると言明する。そして、国家の場合、エール大学とはちがって、個人に国家原理への荷担を力によって強いる。

国家原理と普遍原理がそのまま一体のものでないことが個人の眼に見えて来るのは、状態が悪化して、個人の側に被害者体験がつみ重ねられて行ったときだろう。ことに、国家原理がもともと普遍原理と真正面から対立する原理であるとき、それはきわめて明瞭になる。状態が悪化すると、国家はその原理の遂行、完結のために、個人の被害者体験を強引に、冷酷に無視し、さらに、彼に犠牲を強いる(ある場合には、個人にさらに加害者体験を強制する)。そして、そのことによって、普遍原理と矛盾する事態がおころうとも、国家はもうそれを意に介さないにちがいない。国家は自己のエゴイズムを完結することによって、その原理を遂行するのだ。

そして、個人の側に、被害者体験、あるいは、その自覚が強ければ強いほど、国家原理と普遍原理の一体感の欠如、背離、国家のエゴイズムがはっきりと眼に見えて来る。戦勝者のアメリカについても、そのことは言えた。アメリカが第二次大戦に参加したとき、また、日本と戦争を始めたとき、アメリカ人一般の意識のなかでは、国家原理と普遍原理が圧倒的な一体感をもって把握されていた(アメリカの国家利益と「ファシズム打倒」という大義名分は人々の意識のなかでみごとに一致した。そうした圧倒的な一体感に抗して平和運動を展開することは、絶対平和主義の立場からも至難の事業だったにちがいない。第一次大戦のときに比して第二次大戦には、反戦運動がほとんど展開されなかったことの理由の一つはそこにあるのだろう。絶対平和主義者は良心的兵役忌避者となって、自らの論理をまもり、社会的には倫理的存在となって終った)。その一体感は、おそらく、アメリカ人の大多数にとっては、戦争が終るまで、いや、今日に至るまで、持ちこたえているものであるにちがいない。もちろん、戦争末期、「ヒロシマ」「ナガサキ」という事件があり、これはアメリカ人の一部にとっては、その一体感を完全にくつがえすほどの大事件であったのだが、幸いにも、かんじんの戦争は彼らがそのことに気づいたときには、もうすでに終っていた。そして、大多数のアメリカ人にとっては、前大統領をふくめて、「ヒロシマ」「ナガサキ」も、彼らの一体感を少しもゆるがすものではなかった。アメリカにいたとき、私は前者のアメリカ人にも会ったし、後者のアメリカ人にも会った。「あれは、あれ以上の死傷者を出さないために有効な方法だった」と一人が言った。私は「ヒロシマ」「ナガサキ」の死傷者の数の非人間的大きさを指摘し、あなたのいう死傷者には、日本の死傷者も入っているのか、とその人に迫った。「本土決戦がおこっていたところで、それほどの人間が死んでいたかどうか疑わしい。」私はつけ加えて言った。彼は黙り、しばらくして、

「正直に言って、私の考えていたのは、もっぱらアメリカ軍の死傷者のようだった気がする。自分でもはっきりしないが」と答えた。「自分でもはっきりしない」――それは、つまり、国家原理と普遍原理の裂け目が彼の眼に明瞭にとらえられていないということだろう。

しかし、そうしたアメリカ人のなかでも、被害者体験を自覚せざるを得ない状況(それには、地理的な状況も、たとえば、人種差別という社会的環境もある)におかれた者は、その裂け目を私たち日本人ほどでないにしてもかなりあきらかにとらえているようだ。私は、それを、これまでに会った三人のアメリカ人作家のなかに認めた。一人は、『地上より永遠に』の著者ジェイムス・ジョーンズ。他の二人は『裸者と死者』のノーマン・メイラーと黒人作家ジョン・キリンズ。

ジョーンズの戦争体験は「ガダルカナル体験」だった。と言えば、もうそれだけで、彼の体験がいかなるものであったかを知るに十分であろう。彼は、それを、日米双方にわたって人類の最下限を見た、ということばで表現する。しかし、彼の場合は、メイラー、キリンズに比較して、裂け目の自覚は小さいように見えた。おそらく、彼にとっては、国家原理と普遍原理の一体感はまだまだつづいていて、裂け目は、むしろ、その一体感と彼の個人的体験とのあいだにあるのだろう。それは、ことばをきびしくして言えば、普遍原理がまだ彼の個人原理に十分にはなっていないということだろう。ベトナム戦争について、彼はどうしていいのか判らないと言った。共産主義はまちがっている。しかし、ジョンソンもまちがっている。残虐行為はまちがっている。しかし、人間にはそうした加害者的本能がある——彼はそういったことを言い、そして、ベトナム戦争反対の署名に参加することを拒否した。

メイラーにとっての戦争体験は、「ユダヤ人体験」だった。正直に言って、戦っていた日本人のことよりも、自分がユダヤ人であったという事実がまず頭に来る——「あなたにとって、日本は何だったのだ」という私の質問に対して、彼はそんなふうなことを私に言った。そして、それを前おきとして、彼はさまざまなことを語ったが、彼の場合はジョーンズとはちがって、あきらかに自分の体験のなかに普遍原理をくぐらせて、そこに腰をすえることによって、国家原理と自らの普遍原理との背離をみつめているように見えた。キリンズにとっても、それは同じだった。いや、彼の体験は黒人であるゆえに、その被害者体験の程度の上でメイラーよりはるかに激しいものであったにちがいない。彼の小説『それから、われらは雷鳴をきいた』は太平洋戦争を黒人兵士の眼を通して描いた特異な小説で、その最後は白人兵による黒人兵の集団虐殺に終る作品だが(黒人兵のなかには、「トウジョウ」によって代表される日本人という「有色人種」が「おれたちの自由と解放のために戦っているのだ」という意識を明瞭にもつ人間もいる）、彼が主人公の行為と思考を通じてくり返して投げかけているのは、ファシズム打倒、自由擁護、民主主義擁護というアメリカの大義名分への強烈な疑問なのだ。そして、彼は、そこに視点をすえることによって、近著『黒い人間の責務』のなかで「ヒロシマ」「ナガサキ」を激しく非難する。人種平等という普遍原理のために戦ったはずのアメリカが日本人の上に原子爆弾を落したのは、彼らが有色人種であったためではないのか。

いや、これは現在の問題でもあるだろう。現在、アメリカでベトナム戦争反対の運動を強力に行なっているのは「ＳＮＣＣ」(学生非暴力行動調整委員会)の若い黒人たちだが、彼らも南部における自らの被害者体験を踏まえて、アメリカがベトナム戦争遂行のためにかかげる普遍原理の根拠のなさを鋭く指摘する。たとえば、アメリカ政府はベトナム人の自由を援護するためにたたかっているのだと主張するが、いまだかつて、南部で抑圧された市民――黒人の自由を護ったことがない、と。あるいは、アメリカ政府はベトナムにおける自由選挙を云々する。しかし、これまでのところ、ミシシッピー州の黒人有権者総数四十万のうち、わずか十パーセントだけが投票できたにすぎない。この現実を、どのように、アメリカの普遍原理は説明することができるか、と。――

7

「ヒロシマ」や「ナガサキ」のあの有名なキノコ雲の写真を見ていて、いつも感じるふしぎなことが一つある。それは、さきにも少しふれたことだが、私たちが、あのキノコ雲の原因となった原子爆弾を投下したアメリカ軍の飛行士たちの個人的責任を一向に追及しようとしないことである。彼らに投下を命令した最高責任者トルーマンを論難する声はある(それさえも、まだ十分に大きいとは言えない)。また、命令の直接責任者である将軍を攻撃する声もかぼそいながらある(しかし、日本政府という国家は、彼に勲章をあたえることで、「ヒロシマ」「ナガサキ」の被害者体験をあからさまに無視し、現在のアメリカとの軍事提携を重視する国家原理——それは、また、政府の主観においては、「自由擁護」という普遍原理と一体のものになっている——の完遂をめざした)。しかし、どうして、飛行士たちの個人個人の責任を問題にする声は起らないのか。

さきにも述べたように、私たちには、連合国側が戦争犯罪人裁判の根拠としたのと同じ論理を用いて、原爆投下の当事者たちを告発する権利がある。いや、これは、むしろ、人類の一員としての私たちの義務なのであろう。歴史の資料によれば、彼らは、あの投下後しばらくたって、日本に来て、「ヒロシマ」「ナガサキ」を見たのだという。それでいて、たしかわずかに一人を除いて、それから根本的な衝撃を受けたことがないというのは(それは、その後の彼らの人生のコースによって示されている)、これは、どうしてなのだろう。狂人になったのはただの一人だった。他のすべては、爆弾を投下するまえも、そのあとも、正常人であることをつづけている。彼らはその爆弾投下という行為——犯罪すらを、日常的冷静さをもって行なったのだろうが、彼らに、今、どうしておまえはその犯罪をしたかと問えば、それがおれたちの義務だった、と答え、そのあと、戦争だったんだ、とつけ加えるだろう。そして、すぐ、彼らの現在の日常の仕事に忙しくたちかえって行くにちがいない。

彼らにとって、「ヒロシマ」「ナガサキ」のあとも、国家原理と普遍原理のゆるぎのない一体感は微動さえしていないのかも知れない。私たちは、今、人類の普遍原理の名によって彼らを告発し、その一体感をはっきりと断ち切らせる必要があると、私は思う。その一体感はたとえば今日のベトナム戦争にまでもちこされているゆえに、そうするのが、私は日本人の人類に対する義務であると思う。そして、さらに、より重要なことは、私たち日本人の一人一人が南京虐殺事件に責任があるように、アメリカ人一人一人の「ヒロシマ」「ナガサキ」責任を、このことによってあきらかにすることだろう。

なぜ、日本人に告発する義務があるのか。それは日本人だけが国民的規模においてそうした被害者体験をもち、それゆえに、それと自分の加害者体験とのからみあいの上で、原子爆弾に対決する人類の普遍原理を自分の個人原理になし得る契機をもっているからなのだ。ここで、かんじんなことは、過去の被害者体験、加害者体験を過去のすぎ去ったもの、完結したものとせず、現在、未来にわたる問題としてとらえることだろう。そして、もう一つ、かんじんなことは、普遍原理をそうした過去、現在、未来にわたる被害者体験、加害者体験のからみあいのなかに突き入れ、その重みの下に位置させることによって、それを国家原理に対して個人がよって立つ原理——個人原理(それは言いかえれば、国家と自分は別ものであるという強烈な自覚だろう)にすることであると、私は考える。その被害者体験、加害者体験は国家原理との関係において成立したものであるゆえに、また、より根本的には、その民族の歴史的、社会的によってたつ条件のからみあいのなかにあるゆえに、ナショナルなものであり、普遍原理はその重みの下にあることによって、ナショナルな色彩をおびる——インターナショナリズムに通じる開かれたナショナリズム(が、ナショナリズムの理想であるとよく説かれる。私も同意する)が存在するとすれば、それはそうした契機を通じてしか成立し得ないものであると、私は思う。

けれども、ここで、要求されるのは、くり返して書くが、自己の内なる加害者体験(あるいは、その可能性)を自覚し、それを他者の加害者体験と同時に、しつように告発して行く態度だろう。あるいは、逆に、真に普遍原理をわがものとする方法は、他者の加害者体験を自分のそれと同時に告発して行くことだろう。私が、死者よ、やすらかに眠れ、もうあやまちはくり返さないから、云々の「ヒロシマ」の悪名高い墓碑銘(?)をマヤカシであると信じるのは、それが一見普遍原理によるように見せかけながら、真実のところはそうでないからなのだ。それどころか、それは、私の眼には、アメリカの罪を告発しないことによって、アメリカと日本のあいだに波風をたてまいとする現在の日本の国家原理にあまりにも密着しすぎているように見える。あるいは、それは、一見、インターナショナルな開かれた視点のように見えながら、その実は、普遍原理を内蔵しない被害者体験にもっぱらたよろうとする、もっとも低い意味でのナショナルな閉じられた視点なのだ。

しかし、私たちの今日の状況は、「ヒロシマ」「ナガサキ」の飛行士の個人的責任を告発しようとする動きがないことに見られるように、あるいは、より端的にその「ヒロシマ」の墓碑銘(?)に見られるように、まだまだ理想からほど遠いところにいる。いや、それどころか、そこから逆に遠ざかろうとする傾向さえ見える。今日の状況を一口で言えば、国家原理と普遍原理と個人体験がばらばらに存在し、その国家原理が過去のそれとはちがって普遍原理と個人体験をかなり大きくとり入れる機構をもつゆえに(それが民主主義の原理だろう。しかし、民主主義もまた、個人体験に対立する国家原理を形成する)、二つが国家原理にまるごと吸われて行こうとする状況なのだろう。これは、しかし、日本だけの状況ではない。世界のほとんどすべての国が、その実際的なあらわれはどうであれ、民主主義を根本のたてまえとする以上、世界の問題と言える。たとえば、現在のアメリカのベトナム戦争は、まさにこうしたカラクリの上で成立しているものなのだが。

それは、個人の側にひきもどして言えば、世界の民衆のすべてにわたって個人体験が普遍原理をまだ自分のものとしていない、したがって、まだ、国家原理と対決するかたちでの個人原理を十分に確立していないことなのだろう。私たち日本人の場合、敗戦という国家原理と個人体験が大きく背離した瞬間をもったとき、それは、個人原理確立の、世界歴史にもまれな、いや、おそらく最初の好機だった。しかし、そのとき、その貴重な機会を、私たちは十分に生かしきれなかったと、私は思う。それには、まず、すでに見て来たように、普遍原理が自らつかみとったものではなく、外からあたえられたものであったという事情があった。ついで、個人原理確立のためには、国家原理に被害者体験を真正面からぶっつける必要があったのだが、もうそのときには、ぶっつける対象の国家原理、その背後の国家は死にひんしていた。そのことによって私たちの個人体験がやわになった。そして、もう一つ、重要なのは、私たちが自らの加害者体験を国家原理に押しつけ、それによって一切をすませてしまったこと、これは忘れてはならない事実だろう。つまり、ここでは、私たちは十分に国家原理と切れていなかったことになる。国家原理にすべてを押しつけるということによって、実際には、それにつながり、よりかかっていたことになる。このよりかかりの姿勢は、のちに見るように、両者の被害者体験をかっこうの接着剤として、過去、現在の国家(原理)と個人(体験)との容易で危険な癒着を招く。

あるいは、こういう事実もあった。私たちの被害者体験は強烈なものであったゆえに、今述べたような欠陥にもかかわらず、私たちはまだ十分に個人原理確立の芽を失っていないのだが、同時に、その体験が強烈であればあるほど、他国民の被害者体験(実は、それは、私たちの加害者体験によってもたらされたものであるのだが)に対して、他人のことなどこの際かまっておられぬ、というエゴイズムになって終った。ここで、私たちの被害者体験は、同じような態度を他国民にとる国家原理のエゴイズムとふしぎに照応し、密着する。そして、そのことによって、被害者体験を軸としてあり得たかも知れない他国民との連帯の可能性は失われる。この過程がよくあらわれているのは、海外引揚者の場合だろう。彼らの八月十五日体験の記録に、この文章のはじめにかかげた堀田善衛氏のような反応がほとんど見られないことに、私は留意したい。彼らと堀田氏のあいだにおける反応のちがいは、堀田氏が加害者体験、被害者体験のからみあいを見通す眼をもっていて、彼らがもっていなかったということのほかに、被害者体験、あるいは、被害者意識において、彼らのそれが堀田氏の体験、意識よりも上まわっていたことがあったにちがいない。一人は書く。「日本が無条件降伏という最後の線に追い詰められたところで、突如として参戦したソ連のずるさとずうずうしさに腹をたてる余裕もなく陸続きの満洲の首都新京に住んでいた私ども日本人は、時を移さずこの美しい街から運び出された。リュック一つを背負って……行先も知らず無蓋《むがい》貨車に積み込まれて送られた所は北朝鮮のある寒村だった。ここに着いて翌々日、終戦の報がもたらされ、朝鮮人たちの独立万歳の叫喚にはらわたを掻《か》きむしられ、そしてその日から〝ヒナンミン〟の呼び名のもとに一年間のどん底生活が始まった。（そのあと、筆者は悲惨な脱出行の記録を綴り、最後に唐突に次のように述べて、文章を終る。）歩きながら死んだ人、気が狂った人。負けても勝っても戦争とは何と悲惨なものだろう」（大坪静子）。

これは、一人の家庭の主婦の手記だが、こういった手記なら、文字にならないまま、私はこれまでに幾度も人々の口からきいたことがあるような気がする。ここにあるのは、加害者体験の無意識的無視、無知がはげしい被害者体験、意識と共存し、その被害者体験をもたらしたのが誰であるのか（「突如として参戦したソ連のずるさとずうずうしさ」なのか。それとも、独立万歳をわめきたてる朝鮮人なのか。あるいは、そうした戦争の悲惨をもたらした祖国日本なのか。しかし、その日本は、かつて「美しい街」新京をつくった日本だ)、未分明のまま、被害者体験のなかを彷徨《ほうこう》し、そして、「負けても勝っても戦争は何と悲惨」という結論に唐突にたどりつく。あたかも、その一語が、すべての疑問、矛盾を解決する「機械上の神《デウス・エクス・マーキナ》」であるかのように——こうした経緯は、しかし、私たちすべてに共通することではなかったか。八月十五日、祖国の命運よりも赤ん坊の手足の細さを気にしたある家庭の主婦は、赤ん坊のためにマーガリンを分けてもらったパン屋から次のようなことばをきく。「日本軍は支那で何をしてきたか。わたしゃこの眼でイヤというほど見てきました。こんどはこっちがやられる番だ。とても女子供なんかいられるもんじゃありませんよ」(遠藤伊沙子)。彼女には、しかし、そのとき、そのことばを自分のあり得たかも知れない加害者体験に重ねてみる余裕はむろんなかった。いや、そのことばを言ったパン屋も、そういった意味でそのことばを言ったのではなかったろう。そこにあるのは、たんに、復讐の意識だった。

そして、さきに述べた、終戦の詔勅を暗記することで「復讐を心に誓ふのがあの時代の正義の証しだつた」と説く西尾幹二氏は、さらに一歩を進めて、国家原理、民族のエゴイズムの絶対的な正当性を主張する。彼は冒頭の堀田氏の文章を問題にして、次のように言う。「戦争が終つたあの瞬間に、外国人のためだけに、身がふるへるほど怒ることができた堀田氏といふ人に、正直のところ私はびつくりする。一体本気なのだらうか、ふざけてゐるのか。あの瞬間の放送を外国人の運命を心配するといふ以外の、いかなる感情をも催さずにきくことができた堀田氏といふ人は、よほど特異な感情組織の持主に相違ない。戦争を中国への侵略行為として、つまり『罪』として見る以外にはまつたくいかなる観方をもとらうとしない氏の考へ方は……。」氏はさらにことばをつづけて、過去の戦争が侵略行為だと仮定しても(西尾氏自身は「さう単純には考へてゐないのだが」と言う)、「私たちはこの過去の『悪』を肯定しないわけにはいかないのである。……第一、否定したところで、歴史に繰返しは効かない。過去を『悪』として清算しようとする動機の女々しさは、できれば過去から眼をそらしてゐたい現在のエゴイズムにほかなるまい。過去は、裁いてしまへば、もう死んだのか。誤りは、正してしまへば幻か。」

こうしたことばに対して、私はただ次のように答えよう。

私は過去の「悪」を積極的に否定する。それは、過去の歴史にくり返しはきかないが、未来の歴史には幾度でもくり返しはきくものであるから。私は、また、過去を「悪」として清算しようとは思わない。それが「悪」であるゆえに、勇気をもって、眼をそらさず、いつまでもみつめているだろう。

過去は裁いてしまっても、死なない。第一、それは現在、未来にもつながる問題であるゆえに、それはまだ死んでいない。

誤りは正されても、幻ではない。第一、それは現在、未来にもつながる問題であるゆえに、それはまだ正されたとは言えない。私も西尾氏も堀田氏も、世界のすべての人間同様、加害者にも被害者にもなる可能性を捨てきってはいない。その可能性はまだ十分に生きている。

8

戦後二十一年の歴史のあいだで、おそらく、今日ほど、ナショナリズム擁護の声が強い時代はないだろう。すでに、その是非を論じる時代は過ぎ、ついで、いかなるナショナリズムを是とするかという論議も、一部の気の早い人たちは、すでに過去のものとみなしているように見える。あるいは、「ナショナル・コンセンサス」を強く求める声。その声を土台としての「防衛論議」。そうした声の持主は説く。こんなに「ナショナル・コンセンサス」の欠如した国民はない、と――それを、彼は、あたかもそれが国民的原罪であるかのようにして論難する。

もはや、ナショナリズムは知識人のあいだの論議を離れて、人々のあいだに実際に根を下ろし始めているのだろう。私はここ六年間予備校の教師をつとめて、日々、二十歳前後の若者に接する機会をもつが、六年の時間のひろがりのなかで、若者たちの意識の変化は、対ナショナリズム、対国家観に関してもっともはげしい。私の直接経験を比喩を使って言いあらわせば、六年前、私の接する十人の若者のなかで、「日本をどう思うか」という私の問いに対して「日本は立派だ」と答える若者は、おそらく一人だっただろう。そして、彼は、自分は日本に必ずしも満足していない。しかし、自分は日本人だから、日本をそんなふうに認めるのだと、あまり明るいとは言えない表情でつけ加えたことだろう。同じ若者が「国を愛する」ということを気恥しげに、しかし、それなりの決意をこめて言い切ったにちがいない。外敵が侵略して来たら、きみは自分の生命を投げ出して国を護るかと訊くなら、たいていが笑って、逃げますよ、と答えただろう。一人が真面目な顔で、それはさっき「国を愛する」と言い切った若者と同じ若者なのだろうが、「国を護る」というのはどういうことか、国の何を護るというのか、と反問して来たにちがいない。

六年たった今ではどうか。実際に何度か試してみたことがあるのだが、十人のうち、まず、八人までが「日本は立派だ」と答えるだろう。そして、それでいて、日本のどこが立派なのかと訊くと、一様に口ごもる。「国を愛する」ということも同じ。国の何を愛するのかという問に対して確とした返答がないのも同じ。「国を護るか」——同じように、ほとんどすべてがそれを自明のこととして答える。特攻隊のような行為によってさえ「国を護る」と答える若者も、半数はいる。しかし、それでいて、国の何を護るのか、何のために国を護るのか、という問には明確な答はない(余談だが、こうした無責任なナショナリズムの高揚について、オリンピックは、やはり、大きな効果をはたしたと思う。そして、オリンピックが期待されたもう一つの効用、インターナショナリズムへの道はほとんど効果をあげていない。これは、現場教師としての率直な感想である。もう誰もオリンピックのことを問題にしなくなったので、特に書いておきたい。今こそ、人はオリンピックについて論じるべきだろう)。私のこの推定は、自衛隊の若者の意識の変化の調査の結果とも一致するようだ。私自身、自衛隊を訪れ、隊員と話し、同じ感想をもった。

私が現在のナショナリズム流行の風潮に危険を感じるのは、そこに見られるナショナリズム論議、あるいは、ナショナリズムの現物そのものの多くが、すでに述べて来たような、国家原理と個人体験の裂け目の自覚を背景として、過去、現在、未来にわたる個別的な被害者体験、加害者体験の重みの下に普遍原理が存在するという型のナショナリズムではないからである。私の理想とするナショナリズムでは、個人は国家原理と対立する個人原理の上に確固として立つのだが、現在多く見られるナショナリズムの個人と国家原理の関係はなれあいであろう。これもまた、すでにあきらかにしたことだが、現在私たちがもつ国家原理は、昔のそれに比して、すくなくとも機構上は、普遍原理と個人体験を大幅に体内にとり込むことができるものなのだ。その二つがまるごと、またもや、いつのまにか、なしくずしに、また、きわめて日常的に、国家原理に吸収されて行く過程――私はそうした意味でのナショナリズムを、今日、私のまわりに数多く見出しているのである。これは、私たちがかつてもたなかった新しい型のナショナリズムだが(同時に、この型のナショナリズムは「欧米先進国」にもあるということで安心し、また、「欧米先進国」に比して、まだまだ日本人はもち方がたりないと人々はなげく)、結果は、「国を護るか」という問には即座に肯定の答をすることはできても、「国の何を護るのか」といううかんじんの問には答えることはできない。いや、これは「欧米先進国」の場合とても同じだろう。ベトナム戦争に出かけるアメリカの若者に、何のためにたたかうか、と訊けば、彼は、もちろん、即座に「自由を護るため」と答えるにちがいない。しかし、私がベトナムの実状を説得的に述べ、その自由とはいったい誰の、誰から、何からの自由なのかと重ねて訊けば、彼は押し黙り、戦争へ行くのは国民としての自分の義務なのだと、あの便利な「機械上の神《デウス・エクス・マーキナ》」、国家原理と個人体験、個人原理、あるいは、国家原理と普遍原理の裂け目を容易に飛びこすことができる論理をもち出して来る。そうした体験を、実際、私は、アメリカの若者とのあいだで、幾回かもった。

裂け目を結び合わせる便利な接着剤としてのナショナリズム――それは、まず、個人体験を、今一度、過去の国家原理に接着させようとする。ナショナリズムも救いはしなかった個人の被害者体験が、どのようにして、また、ナショナリズムによって、かつて冷厳と自分を捨てた国家原理にひき寄せられて行くか。しかけは簡単だろう。それは、被害者体験そのものにある。まず、被害者体験の集大成として民族の被害者体験を考え、それをそのまま国家(原理)の被害者体験(国家もまた、その原理が完遂されなかったという「被害」をもつ)に転位することで、個人の被害者体験と国家(原理)のそれとを同一視させる、というよりは、個人の被害者体験を国家(原理)のそれの一部分とみなさせる——しかけはこれだけのことだ。

これで何が起るか。ふつう私たち個人の意識のなかには、被害者体験の自覚のみがあって、加害者体験の自覚は皆無だから、国家(原理)もまた、彼個人と同様に、ただあわれな歴史の被害者だという感情的帰結、それが起る。この帰結のまえでは、人は過去の国家の悪を許容することはできなくても、すくなくとも「肯定」せざるを得ないだろう。あるいは、自ら進んで「肯定」したくなるだろう。林房雄氏の『大東亜戦争肯定論』が私たちにかなり説得的に働くのは、その書物が被害者体験のそうした適用に立論の基礎をおいているからなのにちがいない。林氏の方法は、具体的には、幕末以来百年にわたる民族の被害者体験を、その加害者体験的側面を可能なかぎり落してとらえて行くという方法だが、たしかに、日本の近代史がそうした悲しい被害者体験を主軸にして動いて来たことは否めない事実なのだ。高見順は、一九四一年十二月八日について書く。「『天佑ヲ保有シ……』で始まる宣戦の詔勅、あれが私に与えた、なんとも言えぬもの悲しいおもいを、いまも私は思い出す……日本というものが、なんとも言えず悲しい。そうした悲しさへと私の心を誘って行くもの悲しさなのだった」(『昭和文学盛衰史』二)。子供心にも何か沈鬱な気持で十二月八日をむかえた私にも、その悲しさは判る。その悲しさは日本近代史という被害者体験の集大成の底に厳としてあるものなのだが、加害者体験の歴史が書かれても、その悲しみは依然として歴史の底にあるにちがいない。しかし、私は、今、その悲しみに流されないで、ことの真相をみきわめたいと思う。それは、そうすることによってのみ、西洋対日本、西洋対アジア、日本対アジアという加害者＝被害者体験のメカニズムが自分のものとして体得されると、私が考えるからである。

接着剤ナショナリズムが被害者体験、より抒情的な表現を使えば、民族と民族の一員としての個人の「悲しさ」をいわば触媒として過去の国家原理と個人体験の接合を求めるとするなら、世に「現実主義」という名で呼ばれる政治的態度もまた現在の国家原理と個人体験のあいだで触媒として働いているにちがいない。「現実主義」の政治的態度は、あたえられた現状をたとえばその根本的存在理由を追究することなくあるがままに容認し、その容認の上に政策をうちたてて行こうとする態度だが、「現実主義」者の眼に入る現状は実際に見えるいいい現状であることが多く(つまり、民衆の平和運動の眼に見えない抑止効果などを、彼は、たいていの場合、問題にしない)、そして、そうした現状はたいがいは国家原理によってきずかれて来た現状なのだ。彼はその現状に根本的疑問を発しない。その容認の上に、彼の思考をかたちづくり、政策をくみたてる。したがって、彼らの思考の最大の特徴は、普遍原理的であるよりもはるかに国家原理的であることだろう。国家原理のワクをはなれて、個人体験、個人原理だけにもとづいては彼らはもはやほとんど思考することはできない。普遍原理なら、彼らは語ることはできるだろう。しかし、それは個人体験、個人原理の裏うちをもたないもので、それは抽象的なきまり文句に終る(例、「自由の擁護」——抽象的なだけに、それはよりいっそう危険だろう)。現在の国家原理が、過去の国家原理に比して、個人体験と普遍原理の双方をかなり大きくとり入れる機構をもつことはくり返し述べて来たことだが、彼らはその現状に依存しきることによって、普遍原理と個人体験の直接的結びつき(それによって、国家原理に対決する個人原理が生まれて来る)の追究を怠る。結果は、いつでも普遍原理と個人体験の結びつきは国家原理を通過したかたちで行なわれ、これは、支配階級にとってはまさに都合のいい図式となる。この場合、被害者体験の堆積が小さければ小さいほど、その強烈さが減ずれば減ずるほど、「現実主義」の触媒は有効に働くのだが、実際に比較的年輩の層をつかむ過去の国家原理への接着剤ナショナリズムの場合とは逆に、この「現実主義」的接着剤ナショナリズムは若者たちの心をつかむ。

これが、私の言う接着剤ナショナリズムの実態なのだが、ナショナリズムにまつわる他のさまざまな事項についても、私たちは、今、自らの個人原理にもとづいて、根本的な疑問を発しなければならないのだろう。たとえば、今、はやりの「ナショナル・コンセンサス」についても、私たちは、何故、それが必要なのか、という問を発する権利と義務があるにちがいない。「防衛論議」に必要だからでは、本末顛倒になる(最初にまず「防衛論議」への「ナショナル・コンセンサス」があって、論議が始まるというのが自然の理であろう)。そして、また、なぜ、戦後の日本に戦前ほどの「ナショナル・コンセンサス」がないのかという根本的理由を考えてみる必要があるにちがいない。それには、まず、私たちが、もはや、かつてもっていたような国家原理と個人体験の一体感を失っているという事情があるだろう。第二に、その一体感の喪失を大事にし、そうすることで個人原理をきずきあげようとする人たちの数の増大。第三には、戦後二十一年のあいだ、国家原理と個人体験の裂け目にそのまま飛び込んで来るような事件、状況を私たちがたえまなくもちつづけて来たこと。最後のものにつけ加えてこう言ってもよい。過去に手ひどい経験をもっているゆえに、私たちは過去の私たちとも、まだまだ一体感を失っていない(すくなくともそんなふうに信じ込んでいる幸福な)他の多くの国の人間ともちがい、そうした事件、状況に、人一倍、敏感なのだ、と。事実、戦後の事件をずっととり上げてみるとよい。どこに、「ナショナル・コンセンサス」があり得たのか。他の国に比べて云々ということがあれば、そこにはそれほどの重要な事件、状況は存在しなかった、あるいは、人々がそのことに気がついていなかったということではないのか。戦後すぐ、インドの未来をめぐって、イギリスの国論は分れた。それは、インドの未来がイギリスの死活の問題だったからだろう。アメリカにとって、ベトナム戦争はまだまだそれほどの大問題ではない。それゆえにこそ、ベトナム戦争に反対する若者たちは叫ぶ。「ナショナル・コンセンサスを破壊せよ」と。

定説とは逆に、私は、日本は「ナショナル・コンセンサス」にみちみちている社会だと思う。小さな、日常的なことがらにおいて、日本はそれにみちていて、往々にして、私たちの上に重圧として働く。私がおそれるのは、小さな、日常的な「コンセンサス」の積み上げによって、いつのまにか、なしくずしに「ナショナル・コンセンサス」が形成されて、それが、ナショナリズムを裏づけしたかたちで、国家原理と個人体験の裂け目を巧妙にぬいあわせてしまうことだ。私はそれをおそれる。貴重な裂け目を埋めてはならない。それは、個人原理確立への芽なのだから。

現代はナショナリズムの時代だと言われる。たしかに、全体としてはあたっていることばだろう。しかし、それだけにいっそう、国家原理と個人体験のからみあい、たたかい、背離もはげしかったし、今もはげしいと言える。私は、そのことに留意したいと思う。ナチス・ドイツがあった。ファシズムのイタリアがあった。日本があった。ベトミンとたたかった、アルジェリアとたたかったフランス。あるいは、スターリニズムの下のソ連。そして、今、ベトナム戦争を行なうアメリカ。

私がソ連へはじめて旅してまずふれたのは、彼らの、ことに若い世代の、国家原理と個人体験(あるいは、原理)の関係、あるいは、からみあいへの強い関心だった。それは私の問題でもあったから、私は彼らとふれあう気持をもった。エフトシェンコは党と彼とのからみあいを苦渋にみちた表情で語った。そして、彼は、自分はよきコミュニストである、とも言った。「相手の悪を攻撃するには、同時に、自分の悪をも攻撃しなければならない」とも、彼はベトナム戦争にふれて言った。それは、「ベトナム救援の夕」で自作を読んで、それが党のおえら方の気にさわって問題になった矢先のことだった。べつの詩の朗読会で、彼は、国家原理と個人体験に強くふれた詩を読んだ。若い聴衆にはもっともそれが成功したように見えた。

アメリカでは、さらに、事態は深刻だろう。しかし、それは、数の上でではない。数の上では、いぜんとして、大多数が、国家原理を媒介として個人体験と普遍原理を結びつけるという、安易な民主社会の三位一体をもちつづけているにちがいない。ほんとうのところは、そういった三位一体はもうとっくの昔に崩れ去ってしまっているのに、まだまだ人々がそう信じていること——事態の深刻さは、むしろ、そこにあるのかも知れない。そういった視点に立てば、一体感の欠如に悩み、遂には、国家原理に反対して自らの個人体験の側にくみした人口比としては少数者のアメリカ人は幸運なのだろう。そのある者は、彼の祖国がかつての敵の戦争犯罪人を裁いたときの論理をそのまま用いて、アメリカの法に従うことを拒み、徴兵令状を焼いた。あるいは、今のベトナムは独立戦争時のアメリカなのだと、当時の星条旗をあらわす十三の星の星条旗をかついでホワイト・ハウスのまえを歩き、アメリカよ、独立戦争時の精神にかえれ、と無言の叫びをあげる若者。たしかに、そのような人たちは、モラルの点において、アメリカの国家原理から、今、手ひどい被害者体験を受けているのだろう。そして、同時に、まだ少数者ながら、自己の内なる加害者体験にめざめようとする人たちがいる。実は、私にエール大学の心理学の実験のことを教えてくれたのは、反対運動のなかの若者の一人だったのだが、彼は、それを、もちろん、自分のこととして、アメリカ人全体の問題として受けとめていたのだった。

奇妙な分け方をすれば、「東と西」「北と南」というような分け方のほかに、私には、今、世界には、二つの勢力があるように思われる。一つは、その人の意識のなかで、国家原理と個人体験が一体感を保ち、普遍原理と個人体験を国家原理が媒介して結びつける三位一体をもちつづけている人たちと、その一体感をすでに失い、裂け目を裂け目としてもち、普遍原理を個人体験に突き入れることによって個人原理を形成しようとする人たち。後者は前者に比してはるかに少数だろう。ただ、世界にはこれまで何度、何十度の戦争があり、内乱があり、「スターリニズム」があり、革命があり、内部闘争があり、粛清があったためだろう、私は世界の各所にそうした人たちの存在をかなり力強い存在として認めた。ということは、平和運動のなかにも、いや、そのなかにこそ、彼らはいるということだろう。実際、世界の平和運動のなかにも、私は、中国とソ連のはなばなしい対立のほかに、二つの勢力のしずかでめだたない、しかし、ひょっとすると、中ソの対立よりもはるかに重大かも知れない対立を認めた。私は「連帯」という使い古された安易なことばを好まないが、あえて使えば、民衆のあいだで国際的連帯がもしあるとすれば、それが握手交換、メッセージ交換、「スピーチ・コンテスト」以上の何ものかを意味するなら、たとえば、おたがいの国家原理にまで反対して他国の民衆と手を組もうとするのなら、おたがいが自己の内にきずき上げた個人原理を通じる以外に方法はないだろう。おたがいの国家原理に反対して他国の民衆と手を結ぶということのなかには、自国と相手国の国家原理が共謀して締結した条約に反対するという行動もふくまれていることは言うまでもない。その行動のなかには、二国の民衆の生命に危険をもたらす軍事同盟に反対して、人民のあいだの生命の安全保障条約を締結し、民衆が各自の個人原理の名によってひとりひとり署名するということも考えられるにちがいない。(1) 私はこのことばを、一九七〇年問題を念頭において発言しているのだが(実際のところ、私は一九七〇年までに、日米双方において具体化したいと考えている)、それにしても、急務なのは、個人原理の確立であろう。私の側において。また、相手の側において。いや、それは、世界のすべての地に必要なことであろう。

その芽を、すくなくとも、私たち日本人はもっている。

(1) この私の考えは、具体的には、一九六六年八月十四日に、東京で「ベ平連」(「ベトナムに平和を!」市民連合)が主催した「ベトナムに平和を!日米市民会議」の席で参加者それぞれによって署名された「日米反戦市民条約」になった。この「条約」に基づいて、以後いろんなかたちで日米市民の協力がなされた。

人間・ある個人的考察

1

もちろん、私にもちがいはよく判った。ちがいは顕著であり、また、随所にあり、むしろ容易に私はそれを感じとることができた。たとえば、人間の心のなかにくい込んで来て、一つの大きな圧力として働く「家族」——その度合いは、日本人の場合と比べて、たしかに小さかった。日本人の場合、「家族」はことの決断にあたって、往々、「個人」と激しく対立し、彼の行動の転回点のバネとなる。そして、そのバネは、「家族」、あるいはそれにつながるもろもろ、たとえば、「祖国」を指向する。かつて、「転向」には、あまた、その例があった。そして、権力は「家族」を、直接的なかたちであれ、心のうちなる彼の「家族」を通してであれ、その目的のために積極的に利用した。

彼ら——ベトナム戦争に反対して、北爆参加の航空母艦イントレピッド号から脱走した四人のアメリカ水兵の場合、(1)「心のうちなる家族」は、たしかに、日本人の場合に比して、その姿は小さかった。もちろん、彼らも、彼らの脱走の意図を明瞭にした「個人声明」のなかで(彼らは各個人の「個人声明」のほかに「共同声明」を出した)、自分と「家族」との結びつきを話してはいる。ただ、その場合は、日本人の「心のうちなる家族」がたぶんにそうであるように「家族」という概念ではなくて、父とか母とか兄とか妹とかあるいは恋人とか、具体的な家族だった。したがって、それは日本人の場合のように、上から強圧的におおいかぶさって来て一つの方向を強制する「家族」ではなかった。それは横から彼らをひきとめようとする力だった。しかし、その力は弱く、彼らの「原理」をそこなってまで彼らをひきとめるものとはならなかった。四人のうちの一人は言った。「私はアメリカ人である。二度とそこへもどれないだろうと思えば、アメリカにおける未来や友人や家族を離れることは心痛むことである。だがもし、この戦争を終らせ、アメリカに良識をとりもどすためにそれしか方法がないというのなら、私はみずから進んで共産主義者のラベルをはられようと思う。わが憲法の精神に勝利あれ」(リチャード・D・ベイリー)。他の一人も言った。「私が信じそのためにこそ起ち上ったところは、米国憲法の権利章典によって保障されているにもかかわらず、軍隊によって否定されているものであるが、この私の信じるところに従ってする行動のために、私が今後家族に会えなくなるのは残念だ」(マイケル・アントニー・リンドナー)。

日本人の場合は、彼ら四人の「愛国的脱走兵」と日々をともにして逆に体得できたことだが、「家族」は横から平面的に働きかける力ではなくて、まず、それは上からおおいかぶさる概念として来るだろう。ついで、その概念の正当性を具体的に保証する現実の家族の姿、たとえば、世の中の冷たい視線のなかでじっと耐える年老いた母親の姿が下から浮かび上って来る。その具体的な家族の姿は、たとえ家族が四人のアメリカ兵の場合と同様に中産階級にぞくしようとも、社会の下積みとして黙々と働く家族だ。社会の下積みとして、それは社会の重圧をもろに受ける。彼はそれを知っている。いや、感じることができる。つまり、日本人の場合は上と下からのはさみ討ちだったのだろう。逃げ場はなかった。「転向」しないかぎりは。あるいは、そのはさみ討ちに耐えきれる意志と原理の持主でなければ。

たしかに、四人のアメリカ兵にあっては、「家族」の姿は小さかった。個人の意志決定にさいしてだけでなく、より情緒的、日常的な領域のなかにおいてさえ小さかったように見える。彼らに関してアメリカの平和運動と電話その他で連絡をとるとき、私は、何か家族に伝言したいことはないか、なんらかの安全な方法でそれを伝えてもよいと言ったのだが、四人の返事は、伝言はべつにない、というのだった。最後の段階になって、手記を恋人に残したのは一人。何か家族に書き残したのも一人。あとの二人は、その二人の行為を横で見ながら、何も残さなかった。

「家族」との関係がこのようなものであるとき、人はより容易に血縁、地縁の媒介なしに自分と「祖国」を結びつけることができるだろう。あるいは、逆に、自分と「祖国」の結びつきを断ち切ることができる。そして、ある場合、この結びつき(あるいは、切り離し)のもととなるのは、自分個人の原理と「祖国」の原理の結びつき(あるいは、切り離し)なのだろう。もちろん、往々にして、二つは最初から切り離しがたく結ばれていて、前者は後者のワク組のなかにとどまりがちなのだが、それにしても、ある場合には、子供が親の教えを親以上に忠実に実行して親を困らせる、あるいは、忠実に信奉することで親と対立する子供のように、前者は後者と鋭く対立することになるかも知れない。四人のアメリカ兵の場合は、まさに、その場合だったのだろう。自分たちの原理が彼らの考える「アメリカの原理」である以上、自分たちはどこへ行こうとアメリカ人なのだ――四人の「個人声明」がそれぞれの仕方で述べているのはそのことなのだが、それは、また、そうした「アメリカの原理」が現在のアメリカにないなら、自分個人の原理と現在の「祖国」の原理があいいれないのなら、いさぎよく「祖国」アメリカを立ち去るということにもなる。そして、さらに、こうしたことは、もう一つ、次のような重要なことがらも示唆しているのにちがいない。すなわち、自分の原理と同一の原理をもつ、すくなくとも、同一視できるべつの社会、国家があるなら、その一員になってもよい、それを新しい自分の「祖国」にしてもよい――アメリカ自体が、そのような過程を内部にふくめて出来上った国ではなかったのか。いや、アメリカと言わず西洋のこれまでの歴史には、とりわけ、人々の精神史には、そうしたところがまぎれもなくあった。

もちろん、私は、これまでに、日本の外にありながら日本を「祖国」とし、あくまで自分は日本人だという意識をもちつづけた人たちのことを数多く読んだし、実際に会ったこともある。しかし、ごく少数の例外を除いて、人々が自分と祖国との「同一性」の根拠として話すのは、血縁、地縁であり、たとえ「大和魂」や「日本精神」のような定義しがたいものであれ、原理的な根拠ではなかった(すくなくとも、「タテマエ」としてではなく「ホンネ」としてはそうだったと附記しておこう)。これは若い世代についても同じだろう。ごく最近の若い日本人の海外滞在者、旅行者には、ひと昔まえとちがって、自分は日本人であることを誇り顔に語り、日本を愛することを広言する人が多いのだが、彼らのその根拠も血縁、地縁であり(「ぼくはとにかく日本人でしょう。だから、日本を愛するのは当然じゃないですか」というのが、この場合の典型的な論理である)、それにもう一つ言えば、日本のゆたかさであろうが(これも見逃してはならない事実だ)、たとえば、さきに述べたベイリーのように「わが憲法の精神に勝利あれ」というたぐいの論理ではない。もちろん、そうした若い世代の多くも、日本国憲法について訊ねられれば、それは立派なものだ、世界に冠たるものだ、われわれはそれを護って行かなければならないと即座に語り始めるかも知れない。しかし、それを自分と「祖国」の「同一性」の根拠にする人は、おそらく、まだまだ少数者なのだろう。すくなくとも、私はそうした日本の若者にこれまでに一度も出会ったことはなかった。

ベトナム戦線行きを拒否して日本に亡命を求めて来て、現在、九州の大村収容所(という名は「収容所」ながら現実には監獄とひとしい場所と彼自身が「京都べ平連」あての手紙に書いて来ていることを、余談ながら記しておこう)に収容されている韓国軍兵長金東希(2)の場合、彼が自分と日本のあいだにうちたてた「同一性」の根拠は日本国憲法の原理だった。そのとき、日本は、彼の原理(のみならず、生命)を託し得る「祖国」であったのだろう。四人の脱走水兵も、日本国憲法の原理を、自分の原理と同一視する視点で語った。そのうちの二人は、まだ発表する機会を得ていないが、ことに日本国憲法にふれて、このみごとな憲法を世界のさきがけとせよという意味の強いメッセージを残している。そのとき、日本は、彼らにとって、「祖国」ではなかったのか。彼らが「英語でも教えながら日本で平和に暮したい」と希った気持の底には、そうした意識がたしかにあったように思う。「祖国」は、ある場合には、政治的な意味での「祖国」でないかも知れない。たとえば、一人のアメリカ人が仏教に深く帰依し、そのまま仏教の世界に居ついてしまったというような場合も、私たちはここで考えてみることができる。それはまさに原理的な結びつきだろうが、日本人の場合、すくなくとも個人的には、西洋人の場合に比して、そうした例は少なかったような気がしてならない。全社会的、全国家的な規模なら、それはあったし、日本文化の歴史そのものが、ごく大ざっぱに乱暴に言えば、そうしたことのくり返しであったかも知れない。しかし、個人的になら、どうか。一人だけ、個人として、日本の社会、文化を脱け出て、他の社会、文化に、自分の原理から出発して、入り込んでしまうというようなことは、圧倒的な他文化受容の態勢にありながら、かえって少なかったのではないか(日本の社会のなかにあって、たとえば、生活のもろもろを「唐風」にした人も「西洋風」にした人も数多くいた。しかし、中国あるいは西洋に出かけ、原理的に自らを中国人、西洋人と化し去った人は数多くない)。それは世界が狭くなり、若い世代が「おめずおくせず」海外へ出かけて行く今日でも同じだろう。なるほど、たとえば農村の技術指導というような領域において、あるいは、ルポルタージュを書くという目的で、私は、たとえば西洋人よりもはるかにアジアの現実にとけ込み、現地の人々と同じ暮しをしている若い日本人に幾人も出会った。しかし、私は、自分の原理から出発して、たとえ一時的であるにせよ、自分の全存在を自分とは(血縁的、地縁的に)異質である何ものかに全面的に賭けている日本人に出会うことはきわめて稀だったことも同時に書き記しておこう(その数少ない例外の一人が森有正《ありまさ》だろう)。ことに対比は、自己のぞくする社会、文明、文化に疑問をもち始めているアメリカの若い世代とのあいだで、明瞭になる。アメリカの詩人アレン・ギンズバーグはヒンズー教にこって、ヒンズー教のベナレスで聖河ガンジス河の水浴びをした。同じくアメリカの詩人ゲイリー・シュナイダーは京都の禅寺にこもった。そういったことが、日本の若い世代の文学者に少ないのは、これはどういうことだろうか。もちろん、ベナレスを書くためにならば、彼もまた、水浴びをするのにやぶさかではないだろう。そして、そのとき、彼の頭に去来するのは、ヒンズー文化の原理対日本文化の原理というような大問題であって、ヒンズー文化の原理対自分個人の原理というような小問題ではないのにちがいない。そして、そのとき、また、自分をそのなかにふくめて、人類の原理というような関係のなかでは、ヒンズー教をとらえてはいないのだろう。私自身がまさにそうだった。ベナレスの焼きつくような陽光のなか、燃え上る野天火葬場の死体を見ながら、私は、ふいに、本来なら自分の問題であるはずのものを日本文化(あるいは、日本社会、あるいは、日本政治……)の問題にまでひろげて考えてしまっている自分を感じた。そして、それでいて、私の考察は、自分という一人の人間をふくめた人類の問題にまではひろがって行かない。問題は、本来的には、私という人間のことなので、ほんとうのところは、日本のことなどどうだってよいのだ、と、そのとき、私は思った。しかし、私は、やはり、日本をひきずって歩いていたように思う。ガンジス河の汚い(もっとも、ベナレスの住民に言わせれば、あの水ほど健康にいいものはない)水に入るのは私個人というよりは、日本人である私だった。

これには、これまで私が述べて来たことのほかに、多くの理由があるだろう。たとえば、西洋が世界を支配し、アジアの貧困をもたらし、日本はそのアジアの一員で、しかも、アジアを踏み台にしてまで息せききって西洋を追いかけた後進国であるという事実――私がベナレスにおいて、西洋の原理追究者ほど個人的になれないのは、むしろ、当然のことだったろう(ヒンズー教はたしかに面白い。しかし、この途方もない貧困はどうしてくれる。この貧困は、いったい、誰がもたらしたものなのか。それは西洋だが、わが日本に責任がないと言いきれるか。――私は、むしろ、過去の自分たちの「罪」を忘れて、傲慢に個人的になれる西洋人に憤りをおぼえた)。文化的に言うなら、たとえば、この底の浅い、優等生的な西洋文化の模倣、近代化――この視点に立つとき、自分とヨーロッパのふれあいを話すはずのものが、いつのまにか、ときにはあまりにも安易に日本とヨーロッパの文化論になってしまう。あるいは、自分のそのふれあいから出発して人間全般に共通する普遍的な問題になるはずのものが、これもまた、いつのまにか、「日本人論」になる。ほめるにせよけなすにせよ、話はいつもいつも「日本人というのは……」の周囲を旋回して、日本人をふくめた人間、人類全般の普遍的な問題にまでひろがって行かない。私にとってふしぎなのは、本来、普遍的な立場を主張するはずの人たちが、結局は、たとえば、西洋という「普遍」を尺度にして日本の「特殊」を論じることで終ることであるのだが、それも考えてみると、「後進国」日本の宿命なのかも知れない。

かつて日本人の海外居住者、滞在者が「大和魂」、「日本精神」を自分と「祖国」の「同一性」の原理的根拠にしなかった、というよりは、容易になし得なかったのには、そうした「大和魂」、「日本精神」が「特殊」な原理であり得ても、「普遍」のそれとはなり得ないことを彼らがたとえ無意識的にせよ知っていたということがあるのだろう。現代日本の若い世代についても同じかも知れない。日本国憲法はすくなくとも戦争放棄の項目で世界でもっともすぐれた憲法であるとしても、彼らはそれをまだ、自分の原理としてばかりでなく、人類普遍の原理として誰よりも自分に対してさし出すほどの信念と勇気をもちあわせていないのだろう。ことに、今日、多くの現実主義者は語る。この憲法は「特殊」だ、と。世界の「普遍」は、軍備をもち、必要とあらば、戦争をすることだ、と。

あるいは、ここで、原理を裏づける生活的な事実を勘案してみることができる。原理がいかにみごとなものであっても、たとえば、「祖国」がその原理の名のもとにさし出す生活がそれとうらはらのものであるなら、革命家のように強烈な意志の持主か狂信者でなければ、ふつう、人はそれを自分のものとしてもちつづけることはできない。あるいは逆に、生活がすくなくとも日常的にゆたかなら、人は、「祖国」の原理と自分の原理を簡単に同一視し、原理を既定の判りきった事実として受けとり始めるだろう。つまりもうそこでは、原理は、一つの生活上の事実、あるいは、疑うべからざる真理となって、もはや、人はそれを原理的に追究して行こうとはしない。たとえば、根本的にその原理をうたがったり、あるいは、現在の「祖国」の原理がはたしてほんとうにその名に値するものなのか、「祖国」が原理の名によって、その具体的な実現への手だてとして自分の生活のまわりにはりめぐらす制度が真にそうであるのか、あるいはまた、自分の生活そのものが原理の実現であるのか、深く考えてみることをやめてしまうのである。簡単に言ってしまえば、これは原理が原理であることをやめてしまうことだが、この現象を、私たちは、アメリカ人の大多数の民主主義への信念によみとることができる。それは、一口で言えば、自分たちは今幸福な生活をいとなんでいる、したがって、民主主義はよいものだとする考え方だろう。この考え方は、古代アテナイ人の民主主義観にもあったようで、ツキジデスの伝えるペリクレスの戦死者追悼演説のなかで端的に示されていることだが(このことについては、私は、これまでに二、三度、書いた。たとえば、『原理としての民主主義の復権』)、現代の日本もすでに民主主義を国是として生きること二十余年になり、生活もまたゆたかなものとなって来ているためなのだろう、民主主義に対するそうした考え方が出現して来ているのは否めない事実であるにちがいない。その考え方は、現在の日本の政治に対する批判(たとえば、学生運動の「暴力」)をすべて反民主主義的なものとして斥《しりぞ》けることに特徴的に見られるものだが、その場合の民主主義とは、結局、「話し合いのルール」と「選挙」という制度的なものにすぎないようだ。ベトナム戦争反対運動に対して、「反対なら選挙に訴えればよい」と評した小説家や、由比忠之進《ゆいちゅうのしん》の焼身自殺について同じ主旨のことばを述べた官房長官の無邪気な民主主義は、まさに、ちまたにひろがりつつある考え方の例証であるのだろう。社会主義社会についても、同じことが言えるかも知れない。私は過去二回のソ連旅行の体験のなかで、同じ現象を認めたが、現在の若い世代の文学者のさまざまな発言は、彼らの社会におけるそうした現象に対する遠慮がちな批判、あるいは、焦《い》らだちなのだろう。その意味で、私は彼らに大きな共感をもった。そして、中国の文化大革命もまた、たとえその結果はどうであれ、すくなくとも当初の企図において、同じ視点から見ることができる。

けれども、いったん、うたがいの眼をもち始めたらどうか。あるいは、うたがいをもたざるを得ない状況に生活が追い込まれたとしたら、そうした状況にいる自分に気がついたら、どうか。アメリカの黒人の場合がその一つの例だったことは言うまでもないだろう。四人の脱走アメリカ兵の場合も、彼らが海軍に入り、イントレピッド号に乗組むというような生活に入り込まされなかったならば、かつて彼らがそうだったように無邪気な民主主義者でありつづけ得たかも知れない。いや、問題は彼らのみではない。今、アメリカ全体がそうした生活のなかに入り込まされてしまっているのだろう。すくなくとも、若い世代のかなりの数の者たちは、自分の状況をそんなふうに鋭く感じとっているにちがいない。そのとき、彼の開眼のバネとなったのは人種問題でありベトナム戦争なのだが、ベイリーの例を使って言えば、彼は私の手もとに残した「手記」のなかで次のようにも言う。「十年前、こんな警察国家、これほど偏見にみちた政府、この軍事機構、そしてこの到来しつつある革命、それらのものがアメリカ合衆国に出現しようなどとは、誰が信じただろう？十年前にはぼくでさえ信じなかっただろう。だが今は、それはみんなひどく現実的なのだ。」

このベイリーの例は、しかし、他人事ではないだろう。日本がゆたかになるとともに、無邪気な民主主義制度への信頼も強くなり、同時に、それへの疑念も強くなって来ているのにちがいない。多くの点で、日本がアメリカと問題を共有して来始めていること――その事実は、現在、ベトナム戦争を通じて、さらに明瞭になって来ているように私は思う。

いや、問題の共有は、アメリカとのあいだだけではないだろう。

2

たしかにちがいはあった。これまでに述べて来たことだけでも、それはあきらかだろうが、たとえば、ほかにも、四人の米脱走水兵はたぶんこうした場合の日本人よりも陽気であり、すくなくとも表面的にはそう見え、あるいは、また、四人ともにかなりゆたかな中産階級の出身者でありながら、田舎の大学を中退した一人を除けば、他の三人はみんな大学へ行っていなかった(日本でなら、彼らはまちがいなく大学へ行っていただろう。彼らは決して大学へ行く能力に欠けていたわけではない。それは各人が書いた「個人声明」が示しているだろう。四人が四人とも、みごとな声明を書いた)――というようなちがいがいくつもあり、それはそれで重要なちがいだったにちがいない。しかし、そのとき、私たち――彼らの行動を積極的に支持し、目的実現のためにさまざまな努力をした日本人たちは、ちがいよりも、さっき使ったことばをここでも使えば、むしろ「同一性」をより切実なものとして感じとっていたようだ。

それは、まず、彼らがきわめて平均的なふつうの人間であったことから来るのだろう。

彼らは、今日のたいていのアメリカ人がそうであるように、あるいは、日本でもすでに多くの人間が実質はともかく意味の上ではそんなふうに感じているように、中産階級の出身で、彼らの背後には、物質的にも精神的にもさして幸福でもないがとりわけ不幸でもない、はやりのことばを使って言えば、「マイ・ホーム」があった。四人は「個人声明」のなかで、それぞれに書く。「私、マイケル・アントニイ・リンドナーは、普通の中流家庭に生れた普通のアメリカの若者である。私の両親は、愛情のゆるすかぎりで厳しかったけれどもたいへん開放的でもあった。私には結婚して美しい家庭をもった姉と、学業を続けている弟とがある」(リンドナー)、「私の家は平均的な中流家庭だった」(クレイグ・ウィリアム・アンダーソン)、「私は、今から二年前、高校卒業後まもなく海軍に志願しました。私はこれまでの人生の大部分をメリーランド州バルティモアで幸福にすごし、学校の成績も普通のものでした」(ジョン・マイケル・バリラ)、「私は中流の家庭に生れ、必要なものは何でも、欲しいと思うものの大部分は与えられて来た。私は軍隊とともに育ったといってよいかも知れない。というのは、私の父親は海軍中佐なのだから。私にはアメリカの大学にいる十八歳の弟と十七歳と十五歳の妹がいる」(ベイリー)。

　政治的にも、彼らはかくべつ政治的な人間ではなかった。革命運動はおろか、反戦運動にも縁がなかった。すくなくとも、海軍に加わった当初においてそうだったと言うべきだろうが(一人を除いて、三人は、ベトナム戦争について、また、軍隊について、まったくアメリカ政府の言うことを信じていたと語った。ベイリーは言う。「私は十八歳の誕生日の直後に海軍に入った。だが、私が加わったのは募集ポスターに描き出されているような海軍だった」)、私たちのまえにあらわれたときでさえ、彼らは反戦運動の存在は知っていたが、たとえば、その大立物の名はかいもく知らなかった。いや、今日でも、彼らはまだそれを知らないでいるのかも知れない。

そして、彼らは、まさにことばのさまざまな意味において、東京の新宿にもニューヨークにもロンドンにもパリにもモスクワにも、いや、カイロやテヘランやニューデリーにおいてさえ、私が実際に見かけたことのある現代青年だった。私はかつて貧乏旅行をして歩いたときヨーロッパ、アジア各地のユース・ホステルで毎夜種々雑多な国々の若者と「国際的ザコ寝」をしたのだが、私は彼らといて、久しぶりにその「国際的ザコ寝」のにおいをかいだ。事件の発表の直後に、ある週刊誌がすかさず彼らは「酒と女の好きな若者にすぎなかった」と書きたてた。まさにそうだったろうと私は思う。彼らは、すくなくとも、目的達成の日までひたすらに身をきよめる、あるいは、そんなふうに自称する古風な革命家ではなかった。日本の小説家の頭のなかに幻想として宿る純白の雪を背景にした二・二六事件の行動家のイメージとは、おそらく、もっともかけ離れたところに彼らは立っていたにちがいない。そして、それゆえに、彼らは私のなかにい、また、私は私自身を彼らのなかに見出すことができた。

　彼らはたしかに絶望していたが、脱走兵を描いた安手の小説や映画のようにそれらしく絶望していたわけではない。彼らはむしろ陽気であり、その底で、いや、陽気さそのもののなかで絶望していた。そして、彼らと行動を共にした人たちと彼らはその陽気さと絶望とともにこまかな日常生活のヒダのなかにとり込められていて、その意味でも、彼らは、ふつうの人間だった。

　ベイリーは脱走のあいだ克明に日記をつけていて、ある日の記述はこうだ。「十一月一日　十時起床。例の文学青年が案内に来て、飯を食う。地下鉄に乗り、Nの家へ。共同声明を仕上げる。一人ひとりの声明も完成する。鶏を二羽食べる。新しい服をもらい、下着をかえる。脱走してから初めてだ。N家を離れたのは朝の七時。その晩、記者会見用の映画をとる。晩の十時から朝の六時まで。」ここにあるのは、さながら全体小説の一節だろう。自分の「原理」を主張するための声明作成、映画撮影から「鶏を二羽食べる」、「下着をかえる」ことまでがここにあって、それをベイリーは淡々と描写する。あたかも、そのすべてが大事であるように。そして、たしかに、そのすべてが、ふつうの人間にとって大事なのだが――私には、こうした彼は判る。「英雄」が判らない私にも、彼は判る。いや、判ると言ってしまっては言いすぎかも知れない。私に私自身が判り、あるいは判らないのとまさに同じ程度に、彼が判り、また、判らないと言おうか。私と彼とは同じ平面の上に立っていて、そのとき、二人のまえにそびえているのは国家権力の壁だった。

たぶん、状況の「同一性」が、すくなくとも、「同一性」の意識(そのなかには、怒りも悲しみも絶望も入っていた)が、そこに一つの、強力な接着剤として働いていたのだろう。その接着剤は焼身自殺をとげた由比忠之進と私たち日本人とアメリカ人の混成チームのあいだにも、また、羽田で死んだ京大学生山崎博昭と由比忠之進と私たちのあいだにも、強力に結びつける原理として働いていたのにちがいない。あるいは、(一九六七年)十月八日、十一月十二日の羽田事件の他の「暴徒」たちとのあいだにも、それはあった。『朝日ジャーナル』十一月二十六日号は指摘する。「一一・一二の前日、由比さんは身を焼いた。一一・一二の翌日、ベ平連(「ベトナムに平和を!」市民連合)はアメリカ水兵の脱走を発表した。第二の羽田の流血をはさんで、三日間連続しておきたこれらの事件を、別箇のもの、とわたくしたちは考えたくない。……現代の常識では、とても受け入れられぬ方法をあえてとった三派、人間尊重のヒューマニストとして、とってはならぬ自殺という行為をとらざるを得なかった由比氏、安定した自らの地位を、あえて危険にさらしたベ平連の人たち、この人たちを生んだ社会的情勢は一つである。」

その通りだろう。その情勢とは、もちろん、「誰ひとりとして、この戦争を正当化する論理をもちあわせていない」と脱走兵の一人バリラが適切に述べているベトナム戦争であり、その戦争のなかにいやおうなしにひきずり込まれているという状況だろう。そして、そうした情勢に対して——リンドナーは素朴に、率直に述べる。「ベトナム戦争を支持する側に私が身をおいたことは、道徳に反し、まったく非人間的だったと思う。いかなる理由があれ、他の人間の生命を奪うことは、私が流血にいたらしめている相手方のみならず、私自身にたいする罪である。」その相手方のみならず自分自身に対する罪の自覚が、さまざまな人たちを結びつける原理としてあった。

それは、たとえば、山崎博昭にもあったのだろう。私が四人の米脱走水兵とつきあい、彼らの書き残したものをよんでただちに想起したのは彼のことなのだが、彼もまた、書き残された日記などから判断すると、革命家タイプの学生ではなく、むしろ、ふつうの誠実で真面目な悩める学生の一人であったようだ(「僕は本質的に日和見《ひよりみ》なのですよ。勇気をもって一方を肯定すれば他方からの攻撃。要するに僕は生きてゆく資格がないのです。弱い人間なのです」)。彼は、おそらく、先験的につくられた世界革命路線の観念的な図式から説きおこし、そこに羽田闘争を位置づけるというようなやり方で羽田へ行ったのではなかったのだろう。学生運動の指導者のなかにはまだまだそうした人たちが多いにしても、多くの学生は、むしろ、「相手方のみならず、私自身に対する罪」の自覚から出発して行ったのではないか。いや、本来なら、それはあらゆる革新運動のなかに、根本原理としてあるべきはずのものだった。しかし、それは、往々にして、上からおおいかぶさって来る革命路線の図式におきかえられてしまっていた。

その「罪」の自覚は、あるいは、「愛」という名で呼ばれるべきものであるのかも知れない。アメリカで今もっとも強力に人種差別に反対する運動を行ない、ベトナム反戦の運動に強力に荷担しているのは「SNCC」(「スニック」=学生非暴力行動調整委員会)の人たちだが、その創始者の一人、白人の若い女性ジェーン・ステンブリッジは次のようにも言う。
「……せんじつめるとそれは人間関係ということになるわ。結局は政府などとは何の関係もないことなの。それは私たち……というより私がこれからも孤立して生活するかどうか、……ひとつの『私たち』が生れるかどうかという問題だと思う。学生運動は自己目的じゃない……それはこの一人の人間とあの一人の人間の衝突です。大事なのは『私はあなたの横にすわります』っていうことなの……愛っていうことだけでも急進的だと思う。政治的な声明は急進的じゃないし、綱領なんかも急進的じゃない。監獄へいくことだって急進的なことじゃない」(ハワード・ジン『反権力の世代』武藤一羊訳)。そして、ハワード・ジンはことばをつづけて述べる。「これら(SNCC)の若者たちは昔の奴隷廃止論者にたいそうよく似ている――彼らはともに世間で尊敬されているものにたいして、健全な不満の念をいだいており、煽動者《せんどう》やトラブル・メーカーとなることを恥としない。彼らはそれを民主主義の本質と考えているのだ。ウィリアム・ロイド・ガリソンがあまりにも粗暴すぎるという非難に挑戦して、彼の友人は、国民があまりにも深く眠りこけているので『粗野でならず者のようなゆさぶりをかけなければ国民をめざめさせることができないのだ』と答えたものだった。同じ意識的な激しさが、ジェームス・フォーマン、ジョン・ルイス、ボップ・モーゼス、その他のSNCC指導者の活動の背後にあるのだ。」私はボップ・モーゼスを個人的にかなり知っていたが、このもと中学教師の投獄と拷問のくり返しに耐えて来た活動家は、きわめてものしずかな男で、世界を先験的、観念的な革命路線の図式で裁断して行くたちの人間ではなかった。

いいだ・ももは羽田事件と山崎博昭にふれて書いた最近の論文のなかで(「革命的人間の王道」『現代の眼』一九六七年十二月号)、今もってはやりの「九九匹対一匹」(前者を政治、あるいは組織、後者を文学、あるいは個人とする)という便利で安易な図式(そう、今もって、人は、その図式の上に安全にもたれかかり、一切の政治行動を拒否しようとする)が崩壊にひんしていると述べているのだが、私は、これは正しい指摘だと思う。彼は言う。「〝山崎問題〟の本質は、ほかならない〈一匹〉が羽田の現場にみずから出かけていって殺されたということにほかなりません。そして、九九匹がそれぞれ一匹ずつにされてしまっている、羊がその裸に剝《む》かれた体を寄せあうほどにも他者への通路をもつことができない、こんにちの大衆社会状況のもとにおいては、ひしめきあう九九匹はおしなべて潜在的にそれぞれそのような一匹でありうるのです。山崎博昭は孤独な実存であることにおいて若い世代としての普遍的存在であり、けっして特異者ではないのです。」たぶん、彼は普遍的存在であるゆえに、四人のアメリカ兵ともつながっていたのだろう。彼らも、また、それぞれが孤独な「一匹」、「九九匹」という名の「一匹」だった。ベイリーは手記のはじめにこう述べている。「いまの瞬間まで、ぼくは自由だと思っていた。いまは、捕まるのは日時の問題なんだとわかっている。それはとてつもなくでっかい世界で、割れ目や亀裂がたくさんあるにちがいない。だがぼくは、いつも肩ごしにうしろばかりふりかえるたちの人間じゃない。ぼくは生きるためには完全な自由を持たなければならない。」そして、「手記」の末尾に次のようにも書き記す。「ぼくら自身でそれができなければ、ぼくらはすべてを神にゆだねるしかない。」

この「九九匹」のまえにあるのは(私もまぎれもなくその一匹なのだが)、ベトナム戦争であり、その戦争を遂行する、あるいは、それに荷担する国家権力なのだが、この国家権力は民主主義という原理、いや、制度の上にどっかりと腰を下ろしている。この問題については、私はこれまでに何度か憤りをこめて書いた(たとえば、「原理としての民主主義の復権」)からここではもはやくだくだしく述べないが、「九九匹」が今直面しているのは、民主主義が民主主義の名によって、原理が制度によってふみにじられている現状——つまり、私の言う「国家民主主義」の壁なのだろう。由比忠之進は、そうした民主主義に対して、自分の民主主義の原理を自らの身を焼きつくすことによって証しようとした。四人のアメリカ兵もまた脱走という行為によって、自分の原理の正当性を確立しようとした。これは私たち、四人を支持したベ平連の人たちにも言えることであるのかも知れない。いや、脱走兵の場合も私たちの場合も、それは自分ひとりの個人的な原理であったばかりではなくて、おのおののぞくする「祖国」の憲法の原理でもあった。ベイリーは言う。「わが憲法の精神に勝利あれ。」私もまた、彼らについての記者会見の席上で、「私たちは日本国憲法の精神にしたがって行動して来た」とくり返して述べた。

そして、この場合の「九九匹」の民主主義の原理とは、世界中の誰もが平等に、自由に、平和に、幸福に、自分の意志にしたがって生きる、そのための政治を自らの手でつくるというようなもっとも基本的なことがらなのだろう。この基本点においては、羽田の「暴徒」も一致していたのにちがいないのだが、これは、考えてみると、「人間の原理」という名で呼んでしかるべきものであるのかも知れない。「九九匹」は、ここで、民族、国籍の別をこえて一致していた。それはおそらく「インターナショナル」というような呼称で呼ばれるべきものではないのだろう。「ナショナル」とか「インターナショナル」とか、そういったものをこえて、より本源的に人間に内在するものとして、私はその原理を受けとろうと思う。たしかに、私は、これまでに述べて来たさまざまな人々、事件のあいだに、それらを結びつけるたしかなありどころとして、そうした原理を感じとることができた。そして、それを現在の世界の複雑な状勢のなかで、自分の指針としていた。

おそらく、究極のところは、「一匹」に化した孤独な「九九匹」のもつ武器はこうした「人間の原理」しかないのだろう(スターリン主義に対するもっとも有効な武器も、最終的には、この原理でしかない)。私は四人の脱走水兵にふれて書いた。「彼らと会い、何日かをともに生きたとき、私は、いわば、むき出しの人間を感じた。国家権力というもののまえになんの組織もイデオロギーの助けももたずむき出しに立っているはだかの人間——私は、まず、当然のことながら、弱さ、無力を感じた。けれども、同時に、私は、そこに人間の重みを感じたと言っていいだろう。それを強さだと言いきる自信は私にはまだない。しかし、すくなくとも、人間が人間として生きようと決意するときにまわりのもろもろに感じさせる重量感を彼らはもっていたように思う。そして、もう一つ言えば、彼らの存在を通して、彼らを支持し行動した私たちもまた、むき出しの姿で素手で権力のまえに立っている自分を感じ、自分の弱さ、無力を感じ、同時に、自分たちの内部にひょっとすると内在するのかも知れない人間の重みにふれ得たのかも知れない」(「人間としての思想と行動」)。この「人間の重み」、あるいは、「人間の原理」を、「ヒューマニズム」という名で呼ぶことができるかも知れない。一つのイデオロギーとして強力にそれを世界に存在せしめようという意志がそこにあるなら、私はその呼称に賛成してもよいと思う。

3

世界は多くの点で同じようなところに来てしまっている。いや、世界の本質は変らないにしても、その世界のもろもろを「人間の原理」の問題としてとらえなければならないところに来てしまっているのだろう。これはたんに「ナショナリズム」、「インターナショナリズム」の視点からものをとらえるということではない。おそらく、多くのことがらにおいて、世界はそういったものをこえたところに来ているのかも知れない。

そして、おそらく、特殊的なものは、「人間の原理」の問題として事物をとらえることのなかで明瞭になって行くものなのだろう。私が米脱走水兵のなかに「アメリカ人」を認めたのは、「人間の原理」の問題として彼らの行動をとらえて行く過程のなかでだった(これは「インターナショナリズム」の視点からではなかったことをくり返しておきたい)。

しかし、いわば、次に述べて行くような負項の結びつき、「同一性」を私たちは見逃して行くことはできない。それは悲しい「同一性」で、私たちを絶望させるにしても。

作田啓一は「われらの内なる戦争犯罪者」というみごとな文章によって、「石垣島ほど陰気なケースはまれである」という「石垣島ケース」を分析する(『展望』一九六五年八月号)。その分析の立場は、「戦争犯罪が集合的人格のせいでも劣等な仲間のせいでもなく、まさに私自身の中に内在する性質によって生じたとみなす立場である。その性質は戦後二十年経ってもあまり変らず、私自身の中に生き残っているから、もし私が戦争犯罪をかつて犯さなかったように、今も犯していないのは、ただその機会に恵まれなかったためにすぎない。」つまり、「われらの内なる戦争犯罪者」から分析を出発させようとする。「……さしあたって、私たち(作田氏と共同研究者)の関心は外の不正ではなく、内の罪に、私たち自身の中の性質に向けられる。」

私はこのやり方は正しいと思う。と言うより、共感すると言ったほうがいいだろう。私自身、のちに述べるように、長いあいだ、戦争犯罪の問題に関心をもち、「われらの内なる戦争犯罪者」に眼をむけて来たつもりだったのだから。

ただ、ここで、このみごとな文章をよみ終えて、一つの根本的な疑問が胸のうちにわき上って来るのを感じる。それは、この「われらの内なる戦争犯罪者」の「われら」が終始「日本人の問題」としてのみ取り扱われていて、「人間の問題」としてとらえられていないことなのだが、それでは、問題のもっとも重要な部分がスルリと落されてしまったような気がしてならない。つまり、本来なら、日本人をもちろんそのなかにふくめて人間に内在し、人間が勇気を出してそれに直面しなければならないはずのものが、またしても、日本人の特殊性にすりかえられてしまったような気がするのだ。「もし私が戦争犯罪をかつて犯さなかったように、今も犯していないのは、ただその機会に恵まれなかったためにすぎない」のだとすれば、それは、日本人以外の他の民族についても言えることではないのか。

もちろん、私は日本人の戦争犯罪の責任をまぬがれようとしてこうしたことを述べているのではない。私が言いたいことは次のようなことだ。日本人の問題としてまずことがらを出発させるのはよい。それは正しい態度だろう。しかし、そこから出発して、それを日本人をふくめた全人類の問題としてとらえないかぎり、いや、そこまで問題の追究が倫理的・論理的帰結としておもむいて行くようなやり方でないかぎり、日本人のやったことは日本人の問題、他国人のしたことは他国人の問題ということになって、たとえば、アメリカ南部の白人の黒人に対する残虐な犯罪、ベトナム戦争における、いや、ベトナム戦争というアメリカの戦争犯罪を、私たち日本人の問題として受けとめることにならないのではないか。つまり、日本人が黒人に対して残虐な加害者にならないのは、たまたま日本人が白人でなかった、「ただその機会に恵まれなかったためにすぎない」という反省がそこから倫理的・論理的帰結として生れて来ないのではないのか。この反省を欠くとき、黒人問題を日本人自身の対「部落民」、対朝鮮人、対中国人観に一つの直線上で結びつけて考える、あるいは、ベトナム戦争というアメリカの戦争犯罪を過去の日本人の犯した戦争犯罪(個々の戦争犯罪のほかに、私は、このことばに、侵略戦争それ自体という犯罪をふくめて考えている)に結びつけて考える、つまり、それを他人事としてではなく自分の問題としてとらえる視点は逆に確立されて来ないのにちがいない。そして、これもまた逆に、問題を日本人をふくめた人間全体の普遍的な問題としてとらえることで、むしろ、日本人の特殊性もまたそのなかであきらかになって行くのだろう。先験的に既成の事実として確立されたかのように見える特殊性(私は、「日本人は……」式の発想の多くに、特殊性を前提とし特殊性を結論とした一種の循環論法を感じて仕方がない)ではなく、より精密な検証を得た、したがって真に考察に値するそれが見出されるのではないか。

「石垣島ケース」にふれて、作田は書く。「この事件に計画性、合理性の要素が完全に欠如しているところに、かえって私たちは、日本人の罪の問題にかんしての陰気な連想にとし入れられる。この事件にはまた、悪魔的なサディストを思わせる人物は一人もいない。概して日本の戦犯にはそういう人物はいないが、この事件もまた、多くの処刑者を出したのにもかかわらず、きわ立った独立の行為主体としての能動的な人物は一人として登場しない。誰もが何となく犯罪的行動に駆り立てられ、傷害、殺人、強盗を犯し、誰も責任の自覚がなく、ずるずるべったりに処刑された。独立の行為主体がいないようなので、検察側は共同謀議だという推定を下したようだが、じつは共同謀議という名にふさわしい積極的な討論による決定などは行なわないうちに、事件がずるずると進行していった、というのが真相のようである。この決定の不在、あるいは決定のある特定の(『日本的な』と言ってよいかも知れない)様式の中に、私たちはかえって事件の陰険さを感じる。私たちはある種の集団の中に巻き込まれると、誰しも狂人になってしまうようだ。その集団をどう定義するかは、このドキュメントをこえる課題なので、今は立ち入らないが、私たちは日本人の原罪とでもいうべきものを、『集団犯罪』の中に発見できるような思いがある。」正しい指摘だろう。しかし、そのたとえば「集団犯罪」なるものがはたして日本人だけの原罪なのだろうか。あるいはまた、決定の不在、ずるずるべったりの荷担を、「日本的なもの」として片づけ去ってよいものかどうか。アメリカ南部の白人——ことに、「貧窮白人《プーア・ホワイト》」の黒人に対する残虐行為のなかに、そうした原罪をよみとることはむしろ容易なことではないのか。私は、作田とおそらくちがって、「石垣島ケース」のなかに日本人の特殊性よりも、むしろ、普遍性を見出したと言おうか、それが原罪だとすれば、悲しいことに、今日の社会に住む人間の原罪のように思えて仕方がないのだ。たとえ、その発現にあたって、多くの「日本的なるもの」があったとしても。

「石垣島ケース」は、たしかに、ふつうの日本人が明瞭に荷担の意識もなくずるずると「犯罪」にひきずり込まれて行った場合だった。しかし、それはふつうの日本人だけにかぎられたことではなかった。かつて、ふつうのドイツ人にもあり得たことだし、現在、ふつうのアメリカ人にもあり得ることなのだろう。すでに書いたことがあることだが、二年前、エール大学の心理学者が行なった怖るべき実験にもう一度ここでふれておきたい。「『体罰と学習』の心理学の実験をするという名目で、さまざまな年齢、社会的背景の人々をアト・ランダムに集める。隣室に生徒がいて簡単な質問に答えて行くということになっていて、集められた被実験者は『教師』で、『生徒』がまちがった答を出すと、『教師』は『生徒』に『体罰』を加える。その『体罰』によって、『生徒』の学習効果がどれだけあがるか――『体罰と学習』の実験の目的はそこにあると、被実験者は教え込まれている。さらに、この実験がいかに重要であるかについても、人類の科学の進歩にいかに貢献するかについても。『体罰』は電気ショックによって行なわれることになっていて、被実験者のまえには、ちょっとしたショックにすぎない十ボルトくらいから死の危険さえ招く四百ボルトにいたるまでのスイッチがならんでいる」(「平和の論理と論理」参照)。そうして「アト・ランダム」に集められたふつうのアメリカ人のうち何人が四百ボルトのスイッチにまで手をのばすか——実験の目的は実はそこにあった。もちろん、実際に、隣室に「生徒」などいたわけではない。「生徒」の「解答」と称するものは実験者、つまり、エール大学の心理学者の手によってわたされるしくみになっていて、それとともに、それは実際のところは巧妙にテープにとられた声であり音にすぎないものだが、「止めてくれ」、「おれは心臓がわるい、死んでしまう」という懇願、哀訴、あるいは壁を必死に叩く音、おしまいには、死を思わせる異様な沈黙までが聞えて来る。そして、もう一方では、同時に、被実験者に対して、「それぐらいは大丈夫だ、あいつはウソを言っているのだ」、「この実験は科学の進歩のために必要なのだ」、「何ごとが起っても、エール大学が責任をとる」といったたぐいの激励が加えられる。さて、そうした状況下で、何人が四百ボルトという死のスイッチにまであえて手をのばすか——結果は、そうした人たちは狂人であり、全体の数の十パーセントぐらいにしかならないという専門家の予測に反して、六四パーセントにのぼる人がそうした「犯罪」を犯した。

もちろん、「権威に弱い」、「自主的判断に乏しい」、「無責任体系のなかに生きる」日本人なら、その数字はもっとたかまったかも知れない。それをもってして、日本人の特殊性の立論の基礎とすることができたかも知れない。しかし、ここで私にとってもっと重要なことは、日本人に比べて権威に強いはずの、自主的判断がもっとできるはずの、責任意識が強固なはずのアメリカ人が六四パーセントというおどろくべき数字を示したという事実なのだ。ここまで来れば、日本人とアメリカ人のちがいは、むしろ、量的なもの、それも、ほんのわずかなものであるにすぎない。人間とはこういうものなのだ——そこから、私たちは、ことを始めて行かなければならないのだろう。私はそんなふうに思う。

十年以上もまえになる、私は、戦争末期に日本のある国立大学医学部で行なわれた生体解剖事件について、当事者の一人に会い、現場にも出かけて、克明なノートをとったことがある。それからずっと私はこの事件のことが気にかかってならないのだが、それは、私が会った当事者もふくめて、私となんら変るところのないふつうの日本人——そのなかでも知識人と呼ばれるべき人々がどのようにしてそのような犯罪を犯し得たのか、そのことが私の念頭を離れなかったからである(つまり、私自身がそうした残虐な犯罪を「かつて犯さなかったように、今も犯していないのは、ただその機会に恵まれなかったためにすぎない」のではないか)。

ことに、ベトナム戦争が始まり、ベトナム戦争反対の運動に荷担するようになってから、私は、何度となく、そのノート・ブックをひろげてみた。いくつものおどろくべきほどの類似が、その大学の医者たち、ふつうの日本人とベトナム戦争に加わり、好むと好まざるとにかかわらず、その犯罪行為に荷担しているアメリカ兵士、ふつうのアメリカ人とのあいだに存在していた。たとえば、そこには、上司の命令ということがあった。命令に従うのが義務だという態度もあった。あるいはまた、「医学の進歩」という、あるいは「自由を護る」という大義名分もあった。あるいは、「敵」に対する憎悪(生体解剖の対象のB29乗員が行なった無差別爆撃が、たくさんの日本人を殺したのは事実だった。また、解放戦線の攻撃によって、多くのアメリカの同胞が殺されたのも、これもまた事実だろう)、それもたしかにあった。生体解剖の場合、捕虜たちはすでに死刑を宣告されているのだという前提もあった。したがって、彼らはすでに「人間」ではなかった。たかだか、「生きている死体」にしかすぎなかった。アメリカ人にとって、ベトナム人はどうなのだろう。多くのアメリカ人にとって、彼らは無知な、自分の運命さえ自分で決めることのできないやからにしかすぎない。人間の一部ではあっても、すくなくとも、自分と対等の人間ではないにちがいない。そして、もう一つ——ある日、ノート・ブックをひもといていた私は、息もとまるぐらいおどろいたことがあった。つい数日前、ベトナム戦線へこれから行こうとするアメリカ兵の口から出たのとまったく同じことばがそこに記されていたのだったからだが、それは次のようなことばだった。「おれが行かなくても、他の人が行くからな。」

　戦後の戦犯法廷で、生体解剖事件に関して、多くの医者たちが、同じ状況下におかれたなら、自分も同じことをしただろうと証言したという。そこでは、「ヒポクラテスの誓い」

を日本の医者たちが知っていたかどうかが、一つの争点になった。周知のように、「ヒポクラテスの誓い」は医学の悪用を自らに禁ずるという誓いで、アメリカでは医者になるにさいしてこの誓いをするというのだが、日本の医者たちはたしかただ一人を除いて(この一人の証言が被告たちに不利に働いたことは言うまでもない)こうした誓いの存在を知らなかった。しかし、その「ヒポクラテスの誓い」を知り、実際、誓いもしたはずのアメリカの医者もまた、はたして同じ状況下で、被告たちとは同様に動かなかったと保証する術《すべ》はないだろう。ベトナム戦争にさいして、医学の非人道的使用法を「グリーン・ベレ」に教えることを拒んで禁固一年の刑に処せられた軍医がいたが、数ある軍医のなかで、そうした行為に出たのは彼一人だった。

生体解剖事件は、決して、戦闘の混乱のなかで起った事件ではなかった。戦争は末期に近づいていて、空襲はあった。しかし、そこでは、人間——ふつうの人間がまだ日常生活をいとなんで行けるだけの余裕はあった。人はそこでは、たとえば、まだ、出世のこと、教室員の順序のことを、毎日毎日の食糧のことともに懸念していたのだろう。それでいて、その平凡な日常生活のなかで、解剖に従事したある医者は、南京虫駆除の薬の研究をしていたのだが、毎回の解剖ごとにコルベンに一杯、「生きている死体」の血液を自分の研究に飼っている南京虫のためにもち帰った。あるいは、夜間爆撃機搭乗員の視力増進の研究のためと称して肝臓をとり出した。あるいは、食塩水を致死量まで注入する研究。肺をとったあと、執刀した主任教授が軍関係者にたずねた。「この俘虜どうしますか。」軍関係者は答えた。「殺して下さい。」

日常生活はもっと卑俗なかたちでも進行していた。一説によれば、この事件の根底には、性病があった。ある軍のおえら方が性病にかかり、それが縁でその大学に出入りしていた軍医を知り(つまり、彼が治したのだ)、そして、二人が散髪屋で仲よく頭を刈っているところでその話が始まり――それが、そもそもの共同謀議のはじまりだったと、私が会った当事者は語った(余談だが、西南の役後、薩摩側に致命的に不利な証言をした旧薩軍の士官にも性病が関係していた。のちになって、『薩南血涙史』の著者が問いつめたところ、彼のいつわりの証言の背後には、彼が性病にかかって動けなかったところを官軍に捕り、以後、親切にしてくれたという事情があると自白した)。この事件に、神をもち込んで考えようとする人もいた。しかし、神よりも何よりも先に、私たちはこうした日常性という化物に直面して行かなければならないのだろう。そして、今日、事件関係者は、またふたたび、ふつうの人間として、日常生活のこまかなヒダのなかに生きつづけているのにちがいない。ふたたび医者として――私が彼らでなかったことは、たしかに、ほんの偶然によるのではないか。あるいは、ふ、つ、う、の、ア、メ、リ、カ、人、がそうでなかったことも。

アメリカ人なら、もっとみごとな共同謀議をやってのけたなどとは、私は思わない。すくなくとも、狂人か天才か悪医かでないふつうのアメリカ人が関与しているところでは、日本人の場合とたとえちがいがあったとしても、そのちがいは質的な差異ではなく量的なそれなのではないか。おそらく、ものごとをふつうの人間の領域にまでひき下ろしてとらえるとき、歴史をとびこえて、あるいは、体制のちがいを超越して、さまざまな同一性がいやおうなしに私たちの眼に見えて来るのだろう。私は自分がふつうの人間である(ふつうの人間にすぎない、とは私は思わない。ただ、ふつうの人間である、と思う。私はふつうの人間にそうした価値観を入れて考えない)ということを人一倍意識しているたちの人間なのだろう、古代ギリシアというと、ペリクレスやソクラテスよりも、たとえば、メロスの大虐殺にいやおうなしにおそらくずるずると荷担させられてしまったアテナイの一市民の姿が私の眼に浮かんで来る(ソクラテスは、メロス派遣の一兵士となれば、はたして、どうしただろうか。彼は国家の命令に忠実に虐殺に加わったか、それとも、国家の命令といえども拒否したか――私にはその疑問が気にかかってならない)。あるいは、ソクラテスの裁判にずるずると荷担させられてしまって、一回目の投票において彼を無罪とし、二回目の投票にさいして死刑に票を投じたアテナイ市民の姿(私は、彼らを主題として、『大地と星輝く天の子』(講談社)と題した長い小説を書いた)――私もまた彼らではなかったのか。あるいは、私もまた無邪気にスターリン万歳を叫んだかも知れない。ハンガリア事件弾圧のために一兵士としておもむいたかも知れない。

そして、歴史は動いているのだろう。私がかつてメロスの大虐殺に心を痛めたのは、それは、ひとえに、中立を主張し、それゆえにアテナイの侵略を受け、男の住民のすべてを虐殺されたというメロス人に自分の姿をよみとっていたからだろう。それから年うつって、今日、私は、むしろ、その侵略、虐殺に参加している、いや、参加させられてしまっているアテナイ市民に自分をなぞらえているのだ。四人の米脱走水兵も、たしかに、アテナイ市民の後裔だったのだが、彼らは自らの行動によって、そのつながりを断ち切った。

たしかに、歴史は動いているのにちがいない。ということは、ある意味では、これまで傷一つ見えなかったさまざまなものの表面に、内在していたひずみがはっきりと出て来たことでもあるのだろう。たとえば、民主主義は全世界的規模にひろがることで、内在していたさまざまな問題、矛盾をさらけ出した。黒人問題一つを例にとってみよう。それが最近になって誰の眼にも無視できないほど大きなものとなって(その背後には、もちろん、黒人自身の強力な運動の展開があった)、アメリカの民主主義が実はこれまで黒人を外に放り出すことによってそれだけで完結していたものであったという事実が多くの人々の眼にあきらかになった。そして、世界の多くの領域において、かつての日本の「アジア解放」の善意も「大東亜戦争」のどのような大義名分も朝鮮併合と中国侵略という事件を挿入するだけでもろくも崩壊するように、さまざまなものが、今、「第三世界」の存在と動きをなかに入れて考えてみるだけで、ガタピシして来るのにちがいない。たとえば、ベトナムは、マクナマラの洗練された現実主義的戦略の妥当性を大きくゆり動かした。あるいは、キューバは、古典的な力と力の政策に大きなゆるぎをあたえた(私は、アメリカによるビッグス湾侵攻事件とミサイル撤去事件とをまったく次元のちがうものとして見たい。後者が力と力の対決のメカニズムに運動原理をおいた事件であったのに対し、前者は、ある意味では、そうしたメカニズムに対する原理的な挑戦であった。そして、後者において、アメリカは勝ち、前者で、敗れた)。キューバは、また、社会主義陣営の硬直した政治、ものの考え方、あるいは、もののやり方も大きくゆり動かしたことも否めない事実だろう。いや、ことは政治の領域に限られるものではなくて、それが何であれ、私は、「第三世界」、あるいは、アジア、アフリカの存在と動きにつきあわしてみて、そうすることでものごとの妥当性を議論するべきところに、世界は今ようやくさしかかって来ているように思う。かつては、そうした世界の人々の存在と動きは考慮の外におかれたものだったのだから、その意味でも、世界は、はじめて、その善悪をふくめて、人間全体を問題にする、いや、問題にしなければやって行けないところに来ているのだろう。

ここまで来ると、私は、たとえば、フランスの社会についてまったく正当な森有正の次のような発言に、どこかで、ひっかかるものを感じる。「教会や宗教のモラルでない、宗教に支えられていないライック(世俗的存在)のモラル、国民道徳にさえ支えられていないモラル、これの伝統がたとえばフランスの社会では非常につよい。これがあるためにフランスではどこまでいっても、たとえば宗教の社会的勢力が弱まっても、社会生活に倫理性がなくならないんですよ。それで私にわかったことは、そういうモラル・ライック(世俗的倫理)といわれるものが実は『社会』ということの意味だということです。モラル・ライックというのは社会を構成するおのおのの個の経験によって、各個人にまで、その支柱の根底においては分析されてしまうその社会を構成している人間存在と結びついている。この結びつき方がモラル・ライックになっているわけで、それが向こうでいう社会ということの意味になっている。……こういう意味でのモラルがないということは、極端にいえば、社会がないということです。……こういう倫理性をもった人間の社会の上に立った社会主義とか社会思想、あるいは民主主義を、もしそれがない——私ははっきりないと申します——日本へ適用したらどういうことになるか。これは混乱以外の何ものでもないわけですよ」(「座談会 経験・個人・社会」『展望』一九六八年一月号)。

私がひっかかるのは、ここに言われていることがまちがっているからではない。私は森有正の指摘は正しいと思う。ただ、私は、おそらく彼とはちがって、ことがらを「フランス対日本」の対比だけでなく、むしろそれを「フランス対ベトナム」、「フランス対インド」、「フランス対レバノン」、「フランス対メキシコ」……のさまざまな対比のコンテクストのなかで見ようとしているのだろう。そうしないかぎり、たとえば、彼の言う「モラル・ライック」がなぜベトナム人をふくむものになっていなかったか、「その社会を構成するおのおのの個の経験」がどのようにしてベトナム人を外に押し出したままで「モラル・ライック」という一つのモラルを形成し得るまでに確固として存在し得たか(私がここで政治的なことを言っているのではないことを念のために附記しておこう)、そうしたことはあきらかになって来ないのにちがいない。そして、さらに、「フランス対日本」をそうした他のさまざまな対比のなかにおくことは、西洋という普遍者の、奇妙なことばを使って言えば、「無・アジア経験」(つまり、「アジア」を排除したかたちでの「経験」)と、たとえば日本の(森有正流の言い方をすれば、まだ、「体験」にとどまっていて「経験」のかたちにはなっていない)「西洋体験」との対比をあきらかにし、日本社会の姿をより明瞭に浮きぼりにしただろうと私は思う。ことがらを植民地の問題だけに限っても、フランス社会の「モラル・ライック」、フランス人個人の「経験」をベトナムとつき合わせることは、森流の言い方をして行けば、日本のいわば非モヽラヽルヽ・ラヽイヽッヽクヽ的モヽラヽルヽ、あるいは、日本人の非経験的体験を朝鮮、台湾、中国につき合わせることを意味していて、それによって、日本のそうしたモラルや日本人の体験の姿がはっきりと私たちの眼に見えて来たのではなかったろうか。あるいは、そのとき、ひょっとして、私たちは、ベトナム、朝鮮、台湾、中国に存在したかも知れない「モラル・ライック」、「経験」にぶち当る幸運にめぐりあえたかも知れない。

　そして、また、より根本的に、次のような問題も、重大な問題として起って来るだろう。たとえば、ベトナムの存在を外に押し出した「モラル・ライック」は、そもそも、ほんとうの意味での「モラル・ライック」であり得るのか。それは、あたかも、黒人の存在をカッコに入れ「見えない人間《インビジブル・マン》」(黒人作家ラルフ・エリソンの小説の題名による)に化すことで成立し、それ自体完結していたアメリカの民主主義のモラルのようなものではないのか。あるいはまた、ふつうのアメリカ人がそうした「見えない人間」についての「経験」をみごとにもたない(アメリカ社会はその内部に黒人と暮した長い年月をもつが、そこにあるのは、いわば、個々の「体験」の集積だけで、そうしたものはいくつ集まろうと「経験」を形成しない。第一、そこには、黒人の歴史はない。黒人はたんに「長い年月」をもつだけで、アメリカ史は黒人の歴史を排除することで成立している)人間だとすれば、そもそも、そうした人間の「経験」とは、いったい、何なのか。ベトナムの一項を入れてみれば、フランス人の「経験」にも、また、これまでの「西洋対アジア、アフリカすなわち無」という対比を考慮に入れれば、西洋人の「経験」にも同じことが言えるのだろう。森有正の定義によれば、「一人の人間とは何か、客体的には人間であり、主体的には自己であるが、これは直接的、観想的には絶対にわからない。ただ、ある経験がそこにできてきたときに、その全体が意味するものが『人間』あるいは自己というものだということが言えて、しかもそれは一人の人間、個人、考えている主体である一人の人間、自己を定義する。経験が定義するのは一人の人間なんですよ。それ以外には一人の『人間』ということは意味がない。さらに言いかえると、人間というのはそういう経験に冠する、それを命名する名辞」なのだが(私もこの見解にかなり同意する)、さて、今日の問題は、さきに述べたような「経験」しかもたない人間が、彼の「経験」を大きくはみ出た世界、そこに生きる人間に直面しているということにあるのだろう。かつてなら、はみ出した部分を彼は無視することができた。しかし、今日では、もはや、そうはいかない。

つまり、今はじめて、人間はたがいに人間の姿を、いやおうなしに、いわば、全面的に認め合うことを始めたのだろう。そして、その過程は、個人がぞくしている(もしくは、そんなふうに考える)社会が「経験」にはめ込んだワク組みを、容赦なくつぶして行こうとする。これは、「ナショナリズム」を前提とする「インターナショナリズム」の過程とはちがうものなのにちがいない。さきにも述べたことだが、私たちは、今、「ナショナリズム」対「インターナショナリズム」というような対比をこえたところで、むしろ、より直接的に、そして、よりむき出しに人間に対しているのだろう。これはすでに見て来たように、たとえば「インターナショナリズム」というようなことばがどことなく暗示するようなはなやかな発見ではない。むしろ、どうしようもなく重苦しい発見なのだろう。

吉本隆明は自己のナショナリズム観にふれて、「井の中の蛙は、井の外に虚像をもつかぎりは、井の中にあるが、井の外に虚像をもたなければ、井の中にあること自体が、井の外につながっている、という方法を択《えら》びたいとおもう」(「日本のナショナリズム」参照、『現代日本思想大系4 ナショナリズム』所収)と述べたが、私の場合、井戸そのものがすでにないのかも知れない。したがって、どこにも虚像はなく、虚像という救いはなく、井戸のワクがないゆえに外界の風は情け容赦なく吹き入って来る。

4

それでは、「祖国」に背を向けてまで自分の原理を護り抜こうとするふつうの人間と、それが命令であり義務であるなら四百ボルトの死のスイッチにまで手をのばすふつうの人間に共通するものは何だろうか。それは、まず、日常性なのだろうと私は思う。米脱走水兵ベイリーの日記を想起していただきたい。あるいは、生体解剖事件の背後に茫洋《ぼうよう》として、また、確固として横たわる日常性——どちらにもある日常性は、かたく、分かちがたく、ベイリーと生体解剖事件の当事者たちを結びつける。そして、おそらく、私自身もまた、第一にまず、そこにおいて、彼らと結びついていて、私は自問する。私が今彼らでないのは、たまたま偶然にそうなのにすぎないのではないか。

実際、私はそこに足をとられてしまっている自分を感じる。私が何を考え、何を行なうにしても、私はそこから完全には切り離し得ない自分を感じる。この世界が日常性の集積であるとするなら、私はたしかにそうした状況の一部なのだろう。

こんなふうに自分を考える私は、たとえば、「思想というものは、極端にいえば原理的にあいまいな部分が残らないように世界を包括していれば、潜在的には世界の現実的基盤をちゃんと獲得している……思想というものは本来そういうものだ、そういうことがなければそれは思想といえないのだと思います」と主張する吉本隆明の考え方に大きな違和感をもつ。そして、このことばは『展望』が昨一九六七年四月号で行なった鶴見俊輔との対談「どこに思想の根拠をおくか」のなかで発言されたものだったが、同じ対談の席での「思想を原理として定立すれば、世界をすでに獲得しているというような考え方に立たない」鶴見の発言により大きな共感をもつ。鶴見は言う。「私は思想として原理的に定立するのは、あくまで思想のわくぐみの次元のこととして考えるのです。それを現実とからめて考えるときには、かならず適用の形態で、こういうふうにも適用できる、別のふうにも適用できると、あいまいさが思想の条件として出てくる根拠があって、そのあいまいさは思想からどうしても排除できない。数学のように内容を全部捨象してしまうか、あるいは宗教の基本的な命題のように、意志によって定立する、それで終りというような領域でならばあいまいさは入ってこないけれども、思想が状況とかかわる場合には、どうしてもあいまいさは排除できないと考えるのです。」それに対して、吉本は答える。「範疇として固定化するわけではなくて、原理的な思想の中へ状況の問題、あるいは大衆の問題が絶えず繰り込まれていかなければならない、そうしなければ原理としての明晰さは保持できない。それを繰り込むことができれば、世界は要するに獲得されているのだと思うわけです。」

私は、おそらく、吉本のこのことばの前半に賛成だと思う。たしかに、「原理的な思想の中へ状況の問題、あるいは大衆の問題が絶えず繰り込まれていかなければならない」のにちがいない。けれども、私の場合、たとえ私がそうしても(そして、私はそう努力するつもりだが)、「世界は要するに獲得されている」ことにはならない。たとえそうしたところで、世界には、鶴見流の言い方をすれば、あいまいさが残る。それは、そうした原理の持主であるはずの私自身が世界の一部、状況の一部であることから来るむしろ必然の帰結だろう。

思うに、吉本にとっては、世界、あるいは、状況は、一個の地球儀のようなものであって、彼はあきらかにその外にあって、地球儀のすべてをとりこぼしなくつかみとろうとしているのかも知れない。私もまた、おそらく、世界のすべてをとりこぼしなくつかみとろうとしているのだろう。文学者である私は「全体小説」を自分の小説の理論としてもつが(私は「全体小説」によってしか、世界は描き出されないと思っている。どのように小さな状況についても根源的にはそうだと考えている)、その意味では、吉本と似た地点に立っているのかも知れない。ただ、その地点が、吉本の場合はあきらかに世界、状況——地球儀の外にあるのに対して、私の場合は、そのなかにふくまれてしまっている。少し極端な比喩を使って言えば、吉本の場合は、世界をつかみとるためには、自分は静止して、一方向、つまり、地球儀の方向だけを見ていればよいのかも知れない。私の場合、その同じ目的のために、たとえば、視線を一定方向に対して向けるばかりでなく、ときには反対方向を見ることも必要なら、自分で状況のなかを歩いてみる、いや、自分をふくめて状況そのものを変革させることが必要だと私は考えているのだろう。しかし、どんなふうにしても、自分の視線が向けられていない個所に私はかげの部分を感じ、あいまいさを感じる。

それは人間についても同じかも知れない。ふつうの人間——「大衆」ということばをそこに使えば、私は「大衆」のイメージとして、自分自身をそこにふくめて、「あいまいさ」を排除するにはあまりにもさまざまなイメージをもつ。鶴見はその対談のなかで、彼の大衆像を次のように示す。「私にとっては、何だあいつはわけもわからないくせにとぶつぶつ言いながら、半身の姿勢で戦争に協力していたような人たちが、大へん重要な大衆のイメージです。」あるいは、「戦争中に、万年二等兵でいる三十歳ぐらいの兵隊がいて、そういうのは先に立って人をなぐったりしないんですよ。一等水兵ぐらいがなぐる。あとで、あんな子供ももったことのない連中が、人をなぐってたまるかなんて、かげでぼそぼそ言うわけです。私は反戦論者だったから、一人で孤立していて、こわくてたまらない。そういうとき、こういう人たちのあいまいな感情が安らぎの場だったわけだ。」こうした大衆像に対して、吉本は次のように自分のそれを定着する。「ぼくのもっている戦争中の大衆のイメージはそういうものじゃないんだな。赤紙一丁くれば、インテリゲンチアみたいにぶすぶす言わないで戦争に行くわけですよ。国家の命ずるままに、妻子と別れて命を捨てるために出ていくというのが先験的なのであって、その内部に、あの上官はおもしろくないとか、そういうぼそぼそがあるわけです。赤紙一丁で命を捨てるために出ていく、反体制運動でも同じで、わっとやれば指導者の意図を越えてしまう。これがぼくのもっている大衆のイメージですね。」

私の場合は、どうだろう。おそらく、私の小さな戦争体験から言って(あの戦争のとき、私は小学生、中学生だった。つまり、私はまぎれもなく大衆の一員だった。その体験を踏まえて、「『難死』の思想」を書いた)、鶴見の大衆像と吉本のそれをあわせもつものではないか。戦争初期、私、私自身をそのなかにふくめて、「ぼそぼそ」言いながら「わっと」やる大衆の姿を見たと思う。そして、戦争末期、私自身をふくめて、その「ぼそぼそ」が負項のエネルギーとなるまでに堆積していたのではないか。戦争が終ったとき、私は泣きもしなかった。正直言って、涙は流れなかった。ただ、「終った」と思った。そして、すくなくとも私のまわりの大衆は、私と同じだった(「平和の倫理と論理」参照)。

つまり、こんなふうに述べることは、私は、たとえば、大衆像なら大衆像を確固なものとして定立していないということだろう。そうかも知れないと自分で思う。それは私自身のなかにあいまいさが残っているからにちがいない。吉本は、大衆と知識人の関係について、鶴見との対談のなかで次のように言う。「中国では(日本の大衆が自民党政府にかげで文句を言って税金をごまかしたりしながら、選挙になると、自民党に投票するのと)その逆の方向が出てきたんですよ。ふだん何かぶすぶす言っていて、究極では毛沢東が采配《さいはい》を振るとわっといってしまう。そして、いつもあとにやっぱりインテリゲンチアが取り残されて身動きできない。しかし、ぼくに言わせれば、思想を明確に原理的に提出しえているならば、知識人はそんな場面で絶対にうろうろしないと思うんです。そういう場面で指導者に対してチェックできるし、大衆に対しても原理的にチェックしうるのが知識人の一つの原理だとぼくは考えているのです。知識人を原型として描けば、指導者をも大衆をもチェックできる存在を指すと思う。」私の場合はどうだろう。私はときとして自問する。私も、たしかに、できるかぎり、「思想を明確に原理的に提出し」ようとするだろう。それは知識人の役割、いや、この世界における存在理由なのだし、私も自分が知識人であることを否定しない。しかし、たとえそうしてみたところで、私には「そんな場面で絶対にうろうろしない」保証はない。ということは、私が知識人でありながらふつうの人間――大衆の一員であるということなのだろう。あるいは、すくなくとも吉本氏の考えるような純粋な知識人で私はないのかも知れない。私は、どのように「明確に原理的に提出し」得る思想があろうと、それが私と「大衆」を切り離すテコになるものだとは思っていないのにちがいない。私が「大衆」を「チェック」できるとすれば、それは私が私自身を「チェック」できるときにかぎられていて、それは「指導者」についても同じで、つまり「指導者」と「知識人」と「大衆」は明確な切れ目なく連続して存在していて、それが状況を形成し、まぎれもなく、私はそのなかにいる。いや、その三つが連続してかたちづくる状況は私の内部にもあって、私はそこからできるかぎり「思想を明確に原理的に」外の状況へむかって提出しようとする。その努力と過程が私を「知識人」にするのであって、先験的にあるいは、「原型」として私がそうであるわけではない。いや、誰もがそうではないのだと、私は思う。

吉本によれば、吉本が今「原型」として定義したような「知識人」でなければ、「自立」し得ないものだという。彼はその定義につづけて、次のように述べる。「ぼく流の言葉で言えば、それは自立しているということであって、その世界を包括しえていれば、いかなる事態であろうと、だれがどう言おうと動揺することはない。」政治運動によりそくして言えば、「それ自体一つの世界を包括しうる運動」でないものは、たかだか「同伴運動」であって、「自立」した運動ではあり得ないのだと彼は主張する。私はこのことばに共感をおぼえる。いや、同意すると言ってもいいだろう。ただ、私は次のいくつかの疑問を重大な留保条件として自分につける。第一、私はおそらく吉本とちがって、世界のなか、状況のなかにいて、まぎれもなくその一部なのだが、その私が世界を「包括」するとは、そもそも、いかなることなのか。第二に、私は吉本とちがって、「思想を原理として定立すれば、世界をすでに獲得しているというような考え方に立たない。」そして、そんなふうにして、世界をわがものとすれば、それで自動的に、また、永遠に、自分が自立できるとも思わない。世界のなかにいる私は、そうした便利な道具としての思想をもちあわせていないのであろう。こうした私は、次のような鶴見のことばに注意ぶかく耳をとめる。「戦前(戦中をのぞき)戦後の進歩派・革命派の思想運動は、科学認識のつみかさねが、そのまま、革命的行動にむかうかのような前提をもった。それはちがう。戦争の最中の私の経験から言って、戦争の敗北についての見とおしをもつことから、戦後の再建へのプログラムにしたがって戦争中に行動をはじめることに向かう途には、両者が最も近くなったそのところにおいてさえ狭い明白な峡谷がある」(「根もとからの民主主義」『日常的思想の可能性』所収)。つまり、私は、状況の外でなく中にあって「思想を原理として確立」することに全力を投じようとするが(そうしないかぎり、私は「知識人」ではないだろう)、たとえ、定立し得たとしてもそれで「世界をすでに獲得している」こととはならず、まして、それによって「自立」が自動的、また、永遠に達成されたとは思わないのだ。そして、もう一つ言えば、世界を獲得しようとして状況のなかで動く私の精神の動きが私の「思想を原理として定立」させているものであり、「自立」をかたちづくっているものなのだろう。私にとって、「自立」は固定した固体ではない。それは過程であり運動なのだろう。そうでないかぎり、流動して行く状況のなかでは、ただひたすらに押し流されて行くものでしかない。私は過去にそうした例を数多く見たように思う。

そして、私にとって、原理がそうしたものなら、経験もまた、同じように、過程であり運動であるのかも知れない。私が森有正に不満をもつのは、吉本隆明が思想や原理に対するときと同じように、経験を少しばかり静的にとらえすぎているのではないかということである。状況、あるいは、日常性との連関において、私はそんなふうに感じる。つまり、森は、状況との安易な癒着を警戒するあまり(状況と安易に癒着した経験は体験であり得ても、経験ではあり得ないだろう)、経験を状況から過度に切り離しすぎているように、すくなくとも、私の眼には見える。私にとっては、思想、原理と状況との関係が経験と状況についても言えるのだろう。こう言えばよいか。状況のなかで、状況の一部である私の「体験を経験として定立」させようとする精神の動きが経験を形成するもので、それは、たぶん、永久に過程であり運動であって、いったん定立してしまえばあたかも先験的にそこにあるようなものとして存在するわけではない。そして、森の説くように「ある経験がそこにできてきたときに、その全体が意味するものが『人間』あるいは自己というものだ」とすれば、状況のなかで、その一部である人間をいわばカッコつきの「人間」として定立しようとする彼自身の精神の動きが「人間」をかたちづくるものであるように私には思える。この意味では、私の「人間」像は森のそれに比べて、「あいまいさ」ということばをここでもう一度使えば、「あいまいさ」をはるかに多くふくんだものであるにちがいないが、それを私はむしろ「人間」の本質の一部として認めたいと思う。ここで念のためつけ加えておけば、「人間の原理」と私が言うとき、「人間」と「原理」をそれぞれこれまで述べて来た意味で使っているのだということをあきらかにしておこう。

原理と状況、あるいは、経験と状況のあいだがらは、相互に交通し合うものなのだろう。一方が、たとえば、完結性（あるいは、それへの努力）、論理的斉合性（あるいは、それへの努力）、明晰（あるいは、それへの努力）を照射するなら、他方は、日常性の特質、たとえば、あいまいさ、だらだらのくり返し、継続、凡庸性、そのなかの微小な変化……そういったものを投げかけるだろう。日常存在の凡庸性について、三木清は次のように述べる。「言葉の媒介を通じて初めて存在は十分なる意味で公共的となる。そして世界を相互いに公共的に所有することによってまた初めて社会は成立する。言葉が社会的であるというのは、言葉によって社会が存在するということである。……然るに存在が言葉によって表現されて社会的となり、『ひと』という範疇に於て成立する世界へ這入って来る時、それはひとつの著しい性格を担うに至る。我々が存在の凡庸性もしくは中和性と名づけるものがそれである。……存在が斯《か》くの如く中和性に於《おい》て在ることによって我々の特に社会的なる実践は可能になる。……言葉はその根拠性に於て理論的でなく却《かえっ》て実践的である。……言葉が本来社会的実践的であるということを理解するのは、ロゴスと共に先《ま》ず第一に論理或いは理論を考えることに慣れている今の人々にとって極めて大切である」（『マルクス主義と唯物論』)。こう考える三木にとって重要なのは、「過去の歴史の理解の方法」である「解釈学」よりも、彼の考えにそくして言えば、いわば歴史をつくる学である「修辞学」なのだろう。彼はその事情を、「解釈学と修辞学」と題した小論文のなかで、アリストテレスの『修辞学』を下敷にして説得的に語っている。「今日、修辞学はほとんどまったく閑却されている。アリストテレスの諸著作のうちでも修辞学に関する書は恐らく最も研究されないものに属している。これに対して現代の哲学においてははなはだ大きな意義を獲得するに至ったのは解釈学である。解釈学はもと文献学の方法であるが、今日それは哲学の一般方法にまで拡げられ高められている。」「しかしまた今日、解釈学的方法に対する不満が広く感ぜられるようになってきたことも事実である。我々は解釈学の立場を超えることを要求されている。」「解釈学が歴史の方法であるという場合、歴史とは出来上ったもの、過去の歴史を意味している。しかるに歴史というべきものは本来現在の歴史であり、我々自身が現在の行為において作るものであるとするならば、解釈学は歴史の論理として不十分であることを免かれないだろう。解釈学は歴史的なものは表現的なものであるということを明らかにしたが、それは表現についても理解の立場に立って行為もしくは制作の立場に立つのではない。……歴史性の意味が過去の歴史と、その理解の立場から現在において歴史を作る行為の立場に移して考えられねばならぬように、表現の意味も解釈学的立場から離れて表現作用そのものの立場において捉えられねばならぬ。」その「表現作用そのものの立場」は、古代ギリシア社会という、ことばがことばとして固有な力をもち得た、「説得」が社会の基動力として存在し得た社会の「活発な社会的実践生活のさなかに発達させられた」修辞学の立場だった(私は、古代ギリシア社会の活動の基盤は「ひま《スコレー》」であり、基動力は「説得《ペイトー》」であると考える。それについては、『日本の知識人』(筑摩書房)のなかにくわしく書いた)。より具体的に言えば、「解釈学が主として書かれた言葉、記された文書に向かうに反して、修辞学は主として話される言葉に属し、かつそれは法廷、国民議会、市場等における活動と結び付いて形成された」ものだが、ここで、三木は、こうした修辞学を通じて、状況の凡庸性にたちむかい、それに働きかけ、変革し、「歴史を作る」という問題に正面からむきあうことになる。

　三木にとって不幸だったのは、彼がこの小論を書き、彼自身が「解釈学の立場を超えることを要求」する状況のなかにいたことを自己確認したのが一九三八年だったことだろう。つまり、三木は、ことばがことばとしての固有な力をもち、「説得」が可能だった古代ギリシア社会(人がその言論のゆえに死を強制された例は、古代アテナイの場合、ほとんどない。ソクラテスの場合でさえ、取引の余地があり、事実その企ては彼の拒否にあうまでなされた)と正反対の社会に生きなければならなかったのである。ことばには、三木の生き、死んで行った社会では、存在を凡庸化するということばに固有な役割をはたすことはもはや許されてはいなかった。それに許されたことは、ことば以外のものによって先験的に決定された一定の方向に狂気の極にまで状況とともに動いて行くことだけだった。ことばをかえて言えば、三木にとっての悲劇は、彼が修辞学の必要を痛感し始めたのが、修辞学の存在自体がおびやかされ始めたときだったということだろう。いや、ここで、さらに悲劇的なことを言えば、そうしたときになってはじめて、逆に、私たちは修辞学の必要を感じ始めるのではないか。実際、歴史の変革、あるいは、「歴史を作る」という意識は、歴史の手づまり状態ではじめて私たちの胸のうちに痛切な問題として起って来るのだろう。

そのせいだろうか、いや、原理と状況、経験と状況についてすでに述べて来たことからあきらかなように、より内面的な動きから、私は、三木同様に、修辞学の必要を自分に感じる。私の言う「人間」は修辞学的な立場に立つ人間であり、私自身がそうした「人間」の一人なのだから、それはまさに当然のことなのだろう。ただ、私は、ここでひとつの重要な留保条件をつける。すなわち、その修辞学が、たとえば、ベトナムをふくみ、黒人を包含し得るものであること。

この留保条件については、今さらことごとしく論じる必要はないのにちがいない。古代ギリシアは、たしかに、ことばがことばとして固有な力をもつ社会だった。しかし、その前提として、ギリシア語以外のことばを喋る民族は「野蛮人《バルバロス》」として斥《しりぞ》け、また、ギリシア経済を支えた奴隷は人間のことばをもたぬ「生ける道具」だった。西洋社会の修辞学の背景にも同じことがごく最近に至るまで言えただろう。いや、それはまだまだ現在の問題だと言える。

一例をあげてみよう。かつて、古代ギリシア社会の奴隷の例が暗示するように、労働者階級は修辞学の外にいて、そこから疎外された階級だった。しかし、今日では、西洋の多くの社会において、曲りなりにも、修辞学のなかにくり込まれてしまっているように見える(そこには、もちろんソビェット革命のような根本的変革はなかったから、大局的に見れば、資本主義社会の支配階級の修辞学のなかにくり込まれてしまったと見ることができる)。そして、そこへ完全にくり込まれて、満足して、実はその彼らの修辞学がそこから疎外された他の民族の犠牲の上にかたちづくられているものだという状況認識を失ってしまう。それがアメリカの労働者階級の多くの部分の場合だが、実際、彼らの視野には、ベトナムも中南米諸国も、いや、国内の黒人さえもが入って来ていないようだ。

いや、こうしたことは対岸の火事ではないだろう。日本の社会にもさまざまな例をあげることができる。端的な例で言えば、羽田事件の学生たちを一方的に「暴徒」として非難したジャーナリズムや「反対するなら選挙で」ととなえる人たち――彼らは、すでに、民主主義はたんに制度の問題にすぎないという支配階級の修辞学にくり込まれてしまっているのにちがいない。

ここで、さらに重要な問題が、ひとつ、起る。それは、一口に言えば、私たちの手もちの修辞学で、いったい、ベトナムや黒人をふくんでやって行けるのか、という問題だろう。この手もちの修辞学のなかには社会主義社会の修辞学も入っていて、たとえば、今日、「新左翼《ニュー・レフト》」という名で呼ばれる人たちは、そうした手もちでない修辞学のうちに活路を見出そうとしているかのようだ。黒人たちも、また、おそらく、そうなのだろう。何人かの黒人運動の指導者は私にむかって社会主義への希望を語り、同時に、完全な自由と平等を基盤とする「人間権《ヒューマン・ライツ》」の達成を熱情的に説いた。私もまた、そうした「新左翼」の一人なのかも知れない。そして、そんなふうな新しい修辞学の確立をめざして運動を展開しないかぎり、現在の修辞学でさえが完全に実現されて行かないと私は思う。そうしないかぎり、たとえば、民主主義について言えば、それはたんに制度の問題として終ってしまうだろう。いや、制度そのものさえ整備されることはないのにちがいない。

ここまで来て、問題は、また、日常性の問題にたちもどる。日常性を特質とする状況のなかで、そうした運動を、自分の内なる運動をふくめて、どのように押し進めて行くのか。ずるずるべったりのくり返しと継続のなかで、それをいかに持続させて行くのか――この重要な問題を通して、私は、ふたたび、この文章の根本的な主題、つまり、「人間」にたちもどって来たように感じる。

日常性そのものを現代という時代にからめてもう少し考えてみよう。ここで考えたいのは、一つは、日常性と土着性ということだ。日常性が血縁、地縁、伝統その他のもろもろを通じて強い土着の根をもつことは言うまでもないが、同時に見逃してはならないのは、その普遍性であり非土着性だろう。ことに現代社会ではその現象は目立って、私たちの日常性はたしかに土着性を今もって強力にもつが、それでいて、垣根はすでになく、外界からの風は激しく吹きつけて来ているようだ。

第二に、さらに重要な現代社会の変化がある。それは、ことを日本をふくめる先進資本主義国にかぎって言えば、労働者階級の生活水準が上昇し、彼らがもはやすくなくとも「絶対窮乏」状態にはいないということだが、この変化は状況に次のような二つの大きな変化をあたえているにちがいない。

一つは、労働者自身における階級的経験の減少。もう一つは、階級的思想を原理として定立することで、世界をそのまま階級的に把握できるという可能性が急速に減じたこと。この二つの現象は、階級それ自体はいぜんとして存在しているにもかかわらず、労働者の階級意識を弱化させ、すべての矛盾に眼をつぶらせるようになる。この現状をどうすればよいのか。それには、次のようないくつかの手だてがあると私は思う。

一つは、たとえば、階級的思想を状況の外にあって、状況とは別箇に独立して先験的に存在する原理としてとらえる静的な態度をやめることだろう。それよりは、むしろ、思想自体が状況の一部であって、状況のなかでそれを原理として定立させようとする動きが思想をかたちづくるという立場に立つべきなのにちがいない。経験についても同じことが言える。もはや、私たちはここで、先験的に確立された階級的経験にたよることはできなくなりつつある(階級的経験の歴史の極端に短い日本の場合、長い歴史をもつ西洋に比べてことにそうだろう)。自己の内なる絶対的な階級的経験に依存して、それで闘いを押し進めることは、できなくないにしても困難になりつつあることは否めない事実だろう。今日、大企業に勤める一人の労働者の場合を考えてみよう。彼が朝、団地の2DKでめざめるとき、彼の意識は、また、彼が実際に行なう体験は、同じアパートの大企業の会社課長、高校教師、新聞記者のそれと大差ないにちがいない。満員の通勤電車のなかでもそれは同じだろう。工場のなかで、彼は階級的体験をもつかも知れない。しかし、その体験の記憶は、作業服から背広に着かえるとき、かなり消失してしまうものかも知れない。そして帰宅して、2DKで、テレビ……。個々にバラバラに階級的体験はあっても、それは経験のかたちをとってなかなか彼の体内に蓄積されて行こうとしない。それが現状なら(すくなくとも、明日の現状かも知れない)、私たちは彼とともにその現状に徹すべきだと私は思う。私はすでに「体験を経験として定立」させようとする精神の動きが経験を形成するものだと書いたが、階級的経験についても同じことが言えるだろう。そして、その精神の動きは、先験的に定立された階級的原理(によって、世界はすでに獲得されない。あるいは、そうされることがむつかしくなって来ている)や階級的経験(は減少しつつある)によってのみ自動的に押し出されて来るものではない(私は決してそうした階級的原理や経験の重要性を否定していない。ただ、それだけにたよることは、一種の先細りの悪循環におち入ることになる)。ここで同時に必要なのは、いわば「人間の原理」によって問題をとらえなおすことだろう。それによって、彼は自分のおかれている社会的状況をより大きな視野のなかで意識しなおし、階級的体験を経験として強く自分の内部に定立させて行こうとすることになるかも知れない。一例をあげてみよう。たとえば、今、彼の住む団地の下水道に問題が起ったとする。そうしたとき、彼がこれまでにとって来た態度は、(1)泣き寝入りする、(2)自分だけなんとかしてうまくやってもらう、(3)自分のぞくする労働組合に訴えて運動を起す――極端に言えば、その三つかも知れない。三つのうち、階級的原理と経験がうかがわれるのは、もちろん、第三の方法だが、そのとき、労働組合がそっぽをむいたら彼はどうするのか。

こうした問題は今いくつも起って来ているように思える。最大の問題は、ベトナム反戦運動だが、私たちはここで、自分の賃金値上げに関しては戦闘的ではあるが、他の領域のことがらに関して、たとえば、ベトナム反戦についてはまったく冷淡なアメリカの労働組合、いや、労働者のことを考えてみることができる。問題は、第三の方法が駄目な場合、第一、第二の方法にもどることなく、自分で、他の団地居住者、つまり、大企業の会社員、高校教師、新聞記者、あるいは、他の工場の労働者とともに、たとえば、下水道についての住民組合をつくることができるかどうかにあるだろう。ベトナム反戦についても、まさにそれは言える。

すべて労働組合単位に還元してしか、ものを考えられないということは、これは進歩ではなくて、むしろ、労働組合という手もちの修辞学に完全に足をとられてしまった例だと私は思う。と言っても、私は労働組合運動の政治にもつ重要性を否定するわけではない。私の言いたいことは、ただ、労働組合が動かなければ、自分で動くということだ。それによって、むしろ、自分のおかれている社会的状況、そのなかでの自分の位置、つまり、階級が彼の眼に明瞭になって来るのにちがいない。そして、また、こうして動くことによって、階級を新しい視点でとらえなおす、すなわち、同じように搾取されている存在としての大会社の会社員、高校教師、新聞記者が彼の眼に浮かび上って来るだろう。それは、会社員、高校教師、新聞記者にとっても同じだ。さらに、もう一つ重要なことは、「人間の原理」の立場に立つことによって、アメリカ労働者の視点からほとんど完全に脱落している、労働者をふくめて他国の民族の犠牲の上に自分たちのゆたかな生活は成立しているかも知れないという認識が彼の胸にはっきりと芽生えて来るのにちがいない。その認識は、彼がたとえばベトナム反戦に自ら動くことで、さらに強化されるだろう。

現代社会のもう一つ顕著な特徴をあげよう。それは細分化され、「マス化」された人間に対する不信、あるいは、不安からさまざまな傾向が出現して来ているということだが（たとえば、ヒッピー族もそうなら、一種の擬似貴族主義、反民主主義へのあこがれもそうだろう）、その一つは「もの」に対する信仰だろう。これは現在の社会が必然的にもつテクノクラシー的傾向と結びついて、人々の心のなかに、目立たないが着実な速度で次第に力を得て来ているように見える。人間は駄目だが、人間のつくり上げた「もの」だけはすばらしい、それだけは確実なもので――というこうした考え方は、やがて、誰が何のためにつくったのか、あるいは、つくった結果はどうなったか、という重要な問題を無視してしまう方向に進む。あるいは、現在存在している「もの」だけが確実なら、現在の政治制度だけが確実なものとなる。いや、すべては制度という「もの」の問題だけのことになって、民主主義もただ制度のことだけのことがらになる。そして、そのとき、人々の視野から当然のことのようにして落されるのは、制度の背後にある人々自身の日常性であり、それと結びついた原理であり経験だろう。「人間の原理」、「人間の経験」、いや、「人間」自身だと言ってもよい。

(1) 「一九六七年一一月一三日、べ平連の小田実、鶴見俊輔、吉川勇一は、東京・学士会館での記者会見で、横須賀寄港中の米第七艦隊所属航空母艦『イントレピッド』号(「ジ・イントレピッド」とは勇気ある人の意味)の四水兵の脱走について明らかにし、四人が声明をよみあげる記録映画を発表した」(『資料・べ平連運動』河出書房)。

(2) のちに彼は「べ平連」の私たちの努力で「北朝鮮」(朝鮮民主主義人民共和国)へ行った。日本に居住したいという彼の望みと私たちの努力はかなえられなかった。

デモ行進とピラミッド

1

私が民主主義の具体的なイメージとして思い浮かべるのはデモ行進である。デモ行進というより、そのなかにいる自分である。選挙の風景ではない。まして、国会議事堂ではない。

デモ行進と言っても、たとえば、一万人がプラカードをかかげて歩く、それをヘリコプターか何かから撮った写真のことを言っているのではない。私が思い浮かべるのは、その一万人のなかにいる自分のことである。自分の姿かたちというより、自分の内部のことであり、自分の視点のことであり、その自分の眼がとらえた世界のさまのことである。

デモ行進のなかに入って歩いているのだから、全体を見るわけにはいかない。ときどき背伸びをして前後左右をたしかめてみはするが、それにしても私の眼のとどく範囲は知れていて、ヘリコプター上のカメラマンのように全貌をとらえているわけではない。このデモの大きさがどれほどのものであり、どこからどこまでが秩序正しく整然と歩き、どのあたりから隊列が乱れて若者たちがジグザグ行進をやり、何人がヘルメットをかぶって何人が花をもっているか、あるいは、規制の警官は何人いて、どこに機動隊が待ちかまえているか——そうしたことがらはヘリコプター上のカメラマンには見通しであっても、私の眼には見えない。もちろん、私はこのデモ行進が過去のどの地点から始まり、未来のどのような地点にむかって進んで行くものであるか、大まかには知っているつもりでいる。しかし、どんなふうな事態がデモ隊の進路をゆがめるか、私は知らないのだし、その事態にこたえて、私自身をふくめてデモ隊がどのような方向をとって進むのか、私にはまだ予測できない。いや、正直に言って、ときには、自分の現在の位置がどこなのか、はっきりとはつかめない場合もあるかも知れない。私は「ベ平連」(「ベトナムに平和を！」市民連合)の運動を自分でやり出したおかげで日本の各地で(たとえば、福岡で、佐世保で、広島で、京都で……)デモ行進に参加したことがあるが、そうした見知らない土地では、私がいま街のどこを歩いているのかが判らなくて、判らないまま私は歩いていて、それが判らない以上は、デモ行進の到達点までの距離を、私は自分の感覚と経験によってしか知ることはできない。その私の眼には、頭上をうるさく飛び交い、デモ行進の写真をとるヘリコプターのカメラマンの位置は神——民主主義の神の位置に見える。その玉座を、私は決して自分のものとはしていない。

いや、私は、デモ行進を歩道の上に立って終始眺めつづけている野次馬ほどにも、広い視野をもっていないにちがいない。彼らはおそらく人間で、民主主義の神ではないが、それにしても、彼らはデモ隊の人数を数え上げることはできるだろう。デモ隊のなかにいて、その人数の一人になっているというただそれだけのことのゆえに私にはなかなかでき難いそれができる。昨日のデモより今日のほうが小さいな。みんなくたびれて来ているんだな。もっとマジメにやれェ！　そんな声が私の耳にきこえて来る。

それでは、私の眼に何が見えているのか。まず見えるのは、私のまわりの人間のことだろう。いっしょにずっと歩いて来ているのだからそれはいやでも判る。まわりの人間が友人、知人の場合ももちろんある。しかし、年齢（赤ん坊から七十歳の老人まで）、職業（学生もいれば労働者もいれば家庭の主婦も、大学の教師もいる）、考え方（政治的なことについて言えば、まさか右翼はいないだろうが、民族主義者もインターナショナリストもいる）、性癖（いかにも修身の先生じみた老人もいればヒッピーもいる）、種々雑多な「べ平連」のようなデモ隊となると、知っている顔より知らない顔のほうが多いだろう。ただ、いっしょに歩いているのだから、背丈ははっきり判る。からだが肥《ふと》っているか痩《や》せているか、これも判る。歩き方がはやいかおそいか、歩くときどんなくせをするか、みんな判る。

いっしょにシュプレヒコールを叫ぶ。声が大きいんだな、と思う。恥ずかしがり屋だね。饒舌より沈黙を貴ぶたちだな。なんとなく判る。そして、考えてみると、このデモ行進に入って歩いているのだから、ベトナム戦争に反対していることは判る。わざわざ出て来て歩いているのだから、その反対の程度はかなりなものにちがいない。それは判る。なるほど、判る。そんな気持でデモ行進の目的地まで歩き、そこでそのとなりの人と別れ、ひとりになってハタと気がつく。いったい、彼(または、彼女)について、私は何を知っているというのか。まず、名前を知らなかった。年齢についても正確には知らない。どこに勤めている人間か、家族がいるのかいないのか、どこで、どんなふうな家に住んでいるのか、月給はいくらで、会社では係長なのかどうなのか、学歴は何で、大学はどこを出ているのか、どんな係累が先祖にいるのか、それはえらいのかえらくないのか、お父さんが勲一等をもらった人物であるのか、それとも治安維持法で牢屋《ろうや》にほうり込まれた人間であるのか、あるいは、そのどちらでもなくて、彼自身がおそらくそうであるようにふつうの市民であったか——それらすべてのこと、たぶん、世の中ではそれを知らなければその人を知ったことにならないということがらについて、私はまったく知らないでいる。

しかし、それでいて——デモ行進の帰途、私は考える——私は彼について、べつの多くのことがらについてなら知っている。たとえば、彼の背丈について、からだつきについて、歩き方がどうだったかについて、声が大きかったかどうかについて、フランスデモのとき手をとりあったのだがその掌のぬくもりについて、私は知っていたし、それらのことのうちかなりのものを知るためには、デモ行進でいっしょに歩くことが必要だったのだろう。いや、私が知ったのはそうした微細な、いわば、私的なことがらばかりだったわけではない。もっと公的なことについても、私は知っていたと言えよう。たとえば、彼がベトナム戦争に反対かどうか、その反対の程度が政治家の公約のように口先だけのものでないこと──ひょっとすると、私と彼とは機動隊によって殴られるかも知れないし、逮捕されるかも知れない。そうした彼の反対の意志のたしかさを私は知っていながら、それでいて、私は彼の名前さえ知らない。ふしぎなことに、権力は彼をとらえることによって、彼の名前を知ることができる。しかし、彼と志を同じくしたはずの私はそれを知らないでいる。それでいて(私はさっきから何度このことばを使っていることだろう)、口先だけの公約しかしなかった政治家についてなら、その名前はもちろん、学歴、職歴について、ときにはこれはちまたの噂話を通じてだが、妾の有無、その数についてまで私は知っている。知っているというより、いやおうなしに私は知らされてしまっている。いや、もう一つ言えば、警察は、私のデモ行進での隣人を逮捕した翌日、もちろん黙秘権ということはあるにしても、彼の氏名、勤め先を公表し、私は新聞紙上で、これもまたいやおうなしに彼のそうしたもろもろを、氏名についてなら敬称ぬきで知るのだ。もちろん、「公務執行妨害」というふうな罪名とともに。

この一連のことがらには、私に、さまざまなことについて、考えなおしを要求する。たとえば、ある一つのことがらについて「知っている」とか「知らない」とかは、いったい、どういうことなのか。世の中のふつうの規準で、これこれのことについて知っていればそのことについて「知っている」ということになっているのが、どれだけふたしかなことなのか。政治家についてなら、彼のもろもろのなかですくなくとも公的なことがらについては私たちは知っていることになるのだが、ほんとうにそれをどれだけ知っているのか。彼がベトナム戦争に反対だと言っても、どれだけ真剣に反対なのか、たいていの場合、私たちは知る術《すべ》をもたないのである。もちろん、彼は国会のなかで一票を投じたとは言うだろう。しかし、その一票がどれほどの重みを彼の全存在にもつものなのか、私たちは知らない。デモ行進で逮捕された会社員は彼の職を失うかも知れないのだが。

そして、その会社員について私の知っていることと言えば、まず、彼の背丈、歩き方、声の大きさ、掌のぬくもり、つまり、そうした私的なことがらだろう。しかし、もう一つ、知っていることがらはあって、それは、彼のベトナム反戦の意志のかたさだ。その意志のかたさが公的なことがらなら、私はそれをたしかな事実として知っている。

とすると、ここで、何が「私的」なものであり何が「公的」なものであるか、そのことについて私たちは考えなおしを要求されているのだろう。政治家はその公約、学歴、職歴を私たちのまえにあきらかにして、そのすべてが「公的」なものとしてあるかのような印象をあたえようとする。しかし、ほんとうのところは、その公約も学歴も職歴も、まったく彼個人の問題にしかすぎない「私的」なものなのだ。それに反して、会社員の掌のぬくもりは、たしかに、彼個人にしかぞくさない「私的」なことがらではある。しかし、それでいて、そのぬくもりはベトナム戦争ということがらにまでひろがって行くようなぬくもりであって、いったい、そうなると、「私的」、「公的」はどこでどうつながり、またわかたれるのか。会社員は、デモ行進に参加することによって、ベトナム戦争という「公的」なもののなかに掌のぬくもりという「私的」なものを突き入れようとしたのにちがいない。そうすることで、逆に、「公的」なものも「私的」なもののなかに突き入って来る。その過程は、大学を根拠地としてベトナム反戦の運動に参加し、そこから逆に闘争を平和な学園にもち帰ったここ一年ほどの学園闘争の経過に似ていなくもない。自分をそのなかにふくめた状況の全貌が自分にはあきらかでない点をふくめて、そうだと言ってよい。

2

「デモ行進の思想」というようなものがあっていいと私は考える。デモ行進の体験に根ざした、そこから出発するものの考え方、たとえば、民主主義観というようなものがあっていいにちがいない。あるいは、人間観、論理、倫理。

デモ行進のなかで歩いていて、一つ感じるのは、自分のからだのなかのピラミッドが音をたてて崩れ去ることである。おそらく、人は誰しも体内にピラミッドをもっているのだろう。それは次のようなピラミッドだ。

たとえば、あなたがある革新政党のえらい人だとする。革新政党でもこのごろは立派なビルディングが本部だから、委員長だか書記長だかのあなたは本部のそうした人のための室にいる。外界の風はそこまで吹き入って来ない。そこまで来るためには、玄関があってロビーがあって受附があってエレベーターがあって長い廊下があって応接室があって控室があって、右翼が乗り込んで来ることはなかなかむつかしい。いや、そうしたのが来れば、あなたはただちに部下の右翼係に命令して彼に会わせるだろう。「お話はその人に言って下さい。」あなたは右翼に電話でそんなふうに言ってすませる。うるさい何トカ派の学生が来たら、左翼係。弁舌の立つのをそろえておこう。いや、このごろの学生は「ゲバルト」好きだから、右翼係同様に屈強で、しかも、頭のいいやつだ。こうしたあなたの城の本拠までたちどころに達するものがあるとすれば、それは、逮捕状をもち、家宅捜索令状をもった警官たちだけだが、あなたは、自分の城の快適さに慣れてしまって、そうしたものさえがもはや自分のところにまで達し得ないのだという錯覚にかられる。あるいは、その快適さを維持するために(たとえ、それが幻想であれ、幻想は崩したくはないし、その幻想の下で重要なことができる!)、きわめて「合法的」に生きようとする。

これが私の言うピラミッドの姿だが、おそらく、それは、たとえば、官僚体制ということばで言いあらわすよりも広い意味をもち、また、多分に人間ひとりひとりの精神の問題なのだ。直接的な政治のことがらを離れて考えてみてもよい。人間、誰しもいやなことはいやなことだ。死体がころがっていれば、葬儀屋にまかせよう。事故を起せば、事故係にまかせよう。保険屋に電話をかける。押し売りが来れば、これは誰もがよくやることだが、女房にむかって、おい、おまえ、出ろよ。いやよ、あなた出てよ。おたがいがいがみあうのがいやで、じゃあ、犬を飼おう。自分ひとりの心のなかにも同じピラミッドはあって、私たちは、架空の事故係や女房や犬にさまざまなことを押しつけているのではないか。自分で全面的にそのことに正面からぶつかる代わりに。

デモ行進に出ると、そうしたピラミッドは呆気《あっけ》なく崩れて平らになる。あなたがおえら方であったところで、自動車に乗っていてはデモ行進にならない。まず、あなたは歩く。それだけで、あなたの背丈はたちまちとなりの見知らない若者と同じになって、もはや、あなたはピラミッドのいただきからの、あの全体を見わたす展望をもっていない。あなたはみんなと同じふつうの人間で、二本の足でいっしょに歩くしかない人間で、あなたの横にはあなたのための事故係も犬も右翼係も左翼係もいない。右翼が近づいて来てもあなたは生身《なまみ》の自分をさらけ出さなければならないだろうし、何トカ派の学生にむかっても正面からむきあわなければならない。いや、そこでいやおうなしにもっともむきあわなければならないのは、デモ行進を規制しようとする警察機動隊のジュラルミンの楯《たて》だろう。彼らは、その気になれば、あなたがどのようにえらい人間であろうと、容赦はしないにちがいない。デモ隊に対する放水は区別なくあなたを濡《ぬ》らす。あなたのからだのなかのピラミッドを水びたしにする。どこにも、もはや、逃げ場はない。

そうした状況のなかで、あなたが感じるのは、自分がひとりでむき出しに権力のまえに立っているという感覚ではないのか。デモ行進の指導者は、なるほど、「ここに結集した一万人の市民は……」と叫びたてているかも知れない。しかし、その一万人は決してあなたを護るためにピラミッドをかたちづくっているのではない。どれだけの数の人間がそこにいようとも、結局、あなたはひとりなのだ。それは異様にきびしい、また、さびしい感覚で、私自身、何度かそうした感覚をもった。もっとも、そんなふうな感覚は、たとえば、メーデーのお祭りさわぎのデモ行進のなかでは生まれて来はしないだろう。そうしたお祭りさわぎのデモ行進は、ピラミッドがそのまま移動して行くようなもので、あれはデモ行進ではない。

その感覚がきびしく、さびしいのは、一つには、あなたがピラミッドをもたず、むき出しで権力のまえに立っているのに、権力のほうはピラミッドで対しているからなのにちがいない。いくらあなたが「佐藤政権打倒」を叫んでみたところで、あなたの声はピラミッドの頂上の佐藤栄作氏の耳にはとどかず、あなたが相手にしているのは、実際にはあなた以上に惨《みじ》めな生活を送っているかも知れない機動隊員なのだ。そして、今もし、あなたがその機動隊員に捕えられたとするなら、あなたはたちまち国家権力のピラミッドの奥ふかくとらえられてしまって、気がついたときには、犯罪者としてピラミッドの頂上に引き出されているのかも知れない。

一万人の市民がデモ隊のなかにいたとしてもあなたはひとりだ。ということは、あなたの行動を決めるのはあなた自身であり、あなた自身以外にはないということだろう。それはまさに「自立」だが、あなたのその姿勢には、そうしたことばがともすればいざないがちな強いイメージ――強者のイメージはない。もちろん、あなたがそこに踏みとどまっている以上はあなたは決して弱者ではないはずなのだが、そこに雄々しさがまぎれもなく見られるとしても、それはあくまで人間的な、等身大の雄々しさであって、巨人のものではない。そして、連帯があるとすれば、むしろ、それは、自分がひとりだという自覚から来るだろう。ひとりである自分がデモ隊のなかには無数にいるという自覚——それが辛うじて連帯をかたちづくり、その連帯は強い。それしか自分にはあり得ないと人間が自覚したとき、それは強い。

3

こうしたデモ行進という民主主義のイメージに対して、人は、同じ民主主義のイメージとして、投票所の風景、あるいは、国会のさまを思い浮かべることもできる。ほんとうに私は日本国民と言わず世界の人間すべてひとりひとりに会って、あなたはどちらのイメージを思い浮かべるのかとたしかめてみたい気がするのだが、このイメージのちがいはひょっとすると途方もなく重要なことがらではないのか。

後者の人たちにとっては、民主主義とは、つまるところ、多数決に基礎をおいた政治の運用だろう。原理は多数決、目的もまた多数決という一種の循環論法がここには見られるのかも知れない。こうした人たちにとっては、民主主義はたかだか政治運用の技術、よく言って、一つの政治イデオロギーにすぎないものにちがいない。「すぎない」ということばが政治イデオロギーを軽視するようにひびくなら、たんに「である」と言いなおしてもよい。その多数決を原理とし目的としたイデオロギーを実現するものとして議会という制度があることは言うまでもないだろう。人々はその制度の整備に心をくだき、同時に、そうした制度がいつのまにか巨大な国家権力のピラミッドをかたちづくっている事実を見逃す。そして、さらに、そのピラミッドを支えているのが実は自分の手である事実にまったく気がつかないでいる。いや、気がついている人もいるかも知れない。そのピラミッドが戦争を起し、あるいは、戦争に荷担し、その戦争に反対するデモ行進の鎮圧にすさまじい暴力をふるっているという事実を知っている人もいるかも知れない。しかし、その人たちは言うだろう。多数決できまったことだからな。選挙で選んでしまったのだからな。ときには、そうしたピラミッドにがまんがならない人もいる。しかし、たいていの場合、彼は直接国家権力のその巨大なピラミッドにたちむかう代わりに、たとえば、反体制側のピラミッドをかたちづくろうとする。時間をかけてチミツに、また安全にそれはつくって行かなくてはならない。巨大なものに仕上げなければならない。そのためにはチミツに、安全に――そのうち、その努力はいつのまにか目的となってしまっている。

デモ行進を民主主義のイメージとしてまず思い浮かべる人たちの場合は、どうか。民主主義は何を意味しているのか。私の場合で言うなら、私にとっては、民主主義は一つの政治イデオロギーというよりは、私の生き方の原理であり、論理、倫理だったし、今もそうありつづけていると言ってよい。それは政治の領域ばかりでなく私の世界のもろもろの領域にひろがる原理で、たとえば、私は自分の文学の背後にもそうした原理の存在を微妙に読みとるのである。

その原理がどのようなものであるかについては、私はすでに十分に述べて来たように思う。それをここでいま一度まとめるかたちで言うなら、原理の一つは、私がよく冗談まじりに口にすることばだが、人間が「古今東西チョボチョボ」であり、平等であるという私の事実認識であり、もう一つは、そうした認識にもかかわらず自決し自立して、自分がよしとした目的を達成しようとする私の精神の動きなのにちがいない。二つの原理は決して円満に結びついた原理ではなく、むしろあい対立し、しりぞけ合うものを多分にもっていて、私の民主主義はそれら二つの異質物の対立の微妙な均衡の上に成立して来たと言えるだろう。そして、二つのものの対立の接点に、現実の政治の場での手だてとして多数決がある。

ここではっきりすることとは、むしろ、はっきりさせておきたいことは、多数決は私の民主主義の実現にとって不可欠の要素であるにしても、それが根本の原理ではないこと、また、私の民主主義がそれを目的としてのみ動くものでないということだろう。多数決は私にとっては、不可欠な手だてであり道具ではある。しかし、そこからのみ私の民主主義が出発し、そこにのみ帰着する根元ではない。根元はあくまで私自身のなかにある。私自身の自決、自立のなかにある。もちろん、そのとき、私は、私自身が「古今東西チョボチョボ」の人間の一人であり、それぞれが平等な権利と義務をもち、搾取することも搾取されるはずもない存在であること、すくなくとも、そうした存在になろうとしている人間であることを十分に認めているのである。

多数決が私の民主主義の根元でないなら、その一つの制度的なあらわれにすぎない議会がそうでないのはさらにあきらかなことがらだろう。私はそれを私の民主主義にとって、その実現にとって、きわめて重要な手だてであり道具であるとみなすのだが、同じ重要性を、デモ行進にも坐り込みにもあたえる。すくなくとも、原理的に、私はそうして来たし、これからもしつづけるだろう。

4

デモ行進のイメージと議会のイメージ――二つの民主主義のイメージのうち、どちらを支配階級が好むかは判っている。一九四五年、アメリカが私たちにもたらした民主主義も、主として後者のイメージを通しての民主主義だった、いや、そのはずだった。

それがそうならなかったのは、過去のイドラを叩きつぶそうとした初期の占領軍の政策があったとしても、主として状況の罪だろう。なるほど、私たちは、明るい議会制民主主義のイメージをふんだんにあたえられはした。（たとえば、私がそのころ手にした文部省発行の教科書『民主主義』には、選挙と議会についてはいくらでも述べられていたが、デモ行進、坐り込みなどについては「秩序正しく」整然とやるべきだということぐらいしか言及されていなかったように思う。）けれども、状況は、そうしたイメージにそぐわないものであった。第一、私たちは国家に裏切られたあげく、国家に絶望していた。民主主義的な選挙によって選ばれた議会に依拠するものであれ、国家は私たちの「敵」であった。第二に、状況は極度にわるく、私たちは生きて行くためにいやおうなしに自決し、自立していた。国家はそのときどのようにも救いの手をさしのべてくれなかったから、そこにあったのは、一種の直接民主主義的な状況で、それを一口で言うなら、選挙よりは「米よこせデモ」であった。

こうした状況のなかで育った私が民主主義を、たとえば、その「米よこせデモ」のイメージを媒介として体内にとらえて行ったとしてもふしぎはないだろう。さきにも述べたように、その民主主義はたんなる制度としての民主主義でもなければ政治イデオロギーでもなかった。それは生き方の原理であり、論理、倫理だった。それゆえに、あえて言うなら、私の「民主化」はすみやかなものではないにしても、より全体的であり、より深いものであった。すくなくとも、そうなり得るはずのものだった。

　これは私ひとりだけの場合ではなかっただろう。かなりの数の日本人が、多かれ少なかれ、そうした意味でのまるごとの「民主化」をとげようとしていたように思う。私にはこれをデータをあげて証明することはできない。ただ、あの状況を生きた体験から、そして、もう一つ、この四年間のベトナム戦争反対の運動の体験から、そんなふうに言い切ることができるように思う。

　後者について言うなら、ベトナム戦線からのアメリカの脱走兵を助ける環がふつうの市民のあいだに大きくひろがり得たことを一つの例としてあげることができる。それはすぐれてデモ行進＝民主主義的な行為であるように思う。実際、脱走兵を現実にかくまっている人たち(その多くが、決して若くない人たちで、この日本の社会にいわば定着して生きている人たちだった)と話して、かなり多くの場合、私は、彼らの政治観、というより、人生の生き方そのものへの考え方がデモ行進＝民主主義的な発想に根ざしたものであることを知った。

　しかし、そうは言っても、私自身の場合をふくめて、その全体的な「民主化」が、そのひろがりと深さにおいて徹底し得ていなかったことも事実だろう。まず、状況の変化があった。敗戦から日が経つにつれて、いやおうなしに自決、自立の道をとらざるを得ない絶対的な窮乏状態から、私たちは徐々に脱け出ることができたのだが、それは、同時に、ぎりぎりの直接民主主義的な状況を私たちが失って行ったことを意味していた。そうした状況に代わって私たちのまえにあらわれたのは、いわば、議会制民主主義的な状況――議会、そして、選挙だけが政治の唯一の可能性である、すくなくとも、そんなふうに私たちが錯覚する状況だった。私たちはその新しい状況のなかで、自分の民主主義をデモ行進のそれから議会民主主義にとり代えて行ったように思う。その過程の途中で、国家権力の強固で巨大なピラミッドがきずかれて行ったとしてもふしぎはない。

いや、それを言うなら、同時に、デモ行進そのもののピラミッド化を言わなければならないだろう。私たちにとって不幸だったことは、当時のデモ行進のすべてがある一つの強力な政治イデオロギーの支配下にあったことなのにちがいない。その政治イデオロギーは、当時、きわめて強固な官僚主義的ピラミッドをつくり上げていたイデオロギーだった。「個人より組織」。イデオロギーはそんなふうに命じ、そこでは、自決も自立も、あるいは、「人間古今東西チョボチョボ」という重要な事実認識も失われた。独善的な前衛の代行主義が、さもなければ、大衆ベッタリの大衆追随主義がそこに生まれて来てもむしろ自然な帰結だったろう。そして、ピラミッドがひたすらに「合法性」をめざすとき、デモ行進がそこに行なわれても、それは一種の儀式化されたものになってしまった。

そして、より根本的には、国家権力のピラミッドであれ、反体制側のピラミッドであれ、それをきずいたのは実は私たち自身だという事実を、私たちが体得していなかったことに問題の根元があったのだろう。日本国はかつての日本とはちがい民主主義を国是とする国であり、それを実現する諸制度をもつ以上、ピラミッドをきずいたのはほかならぬ私たち自身だった。反体制側のピラミッドについても、それこそがまさに外にむかって「民主化」を要求した運動であったのではないか。そして、国家権力のピラミッドであれ、あるいは、反体制側のピラミッドであれ、それが人間抑圧の機構として働くなら、そこにほかならぬ自分の手が加害者の手として働いていること――その事実を、私たちは、長いあいだ、見ていなかった。

ベトナム戦争が、また、それに対する日本の荷担が、心ある多くの人たちにとって、そうしたからくりを自分の眼で見出す機会だった。いや、彼らは(私自身があきらかにその一人だが)、その機会を坐して待ったわけではなかった。自分でベトナム反戦の運動に乗り出すことで、いわば、デモ行進のなかで体得したのだが、それは同時に、自分のからだのなかのピラミッドが崩れることでもあった。いや、それを人々は自分から突き崩そうとする。たとえば、若者たちは大学へたち戻って、大学というピラミッドばかりでなく、自分の内部の、いつのまにか大学という大ピラミッドによってかたちづくられた小ピラミッドを突き崩す。日大闘争がベトナム反戦運動から大きな刺激を受け、それ自体「二百メートル・デモ」から始まったことは、こうした事情を象徴的に示している事実のように私には見える。

若者たちは、闘争のなかで、「戦後民主主義」の破産を主張している。それは、議会＝民主主義のイメージに容易にもたれかかってピラミッドをつくり上げて来た民主主義への告発であるにちがいない。私もその主張に同調し、それはたしかに「破産」に値し、また、こちらから積極的に「破産」させなければならないものだとつけ加えよう(ピラミッドは、人々の内部のそれをふくめて、手をこまねいていて、自然に「破産」するわけのものではない)。私がそうした主張に同意するのは、彼らの主張が、多くの夾雑物《きょうざつぶつ》をふくみながら、自分たちがめざす民主主義がデモ行進＝民主主義の民主主義であることを明瞭に示しているからである。そして、この民主主義については、それは、まだ、今やっと始まったばかりなのだろう。それをどのようにして実現して行くか、たとえその実現の過程が永久革命の過程であり、実現への努力そのものが民主主義をかたちづくるものであるとは言え、問題はこれからなのだと、私は誰よりもまず私自身にむかって告げる。

〈附記〉　私は、このごろはやりの「戦後民主主義」ということばに違和感をもつ。それは、一つには、そのことばが、あたかも私たちがかつて「戦前民主主義」をもったかのようなひびきをあたえるからである。自由民権運動にはたしかにその芽はあったとしても、たとえば、「大正デモクラシー」は、デモ行進＝民主主義のものではなかったように思う。二番目に、「戦後民主主義」と言うとき、人は、どこかに完全で、純粋にすばらしい別種の民主主義が手つかずのままころがっているような印象をもつのではないか。そんなものはどこにもありはしない。素材となるのは、現実に私たちがそのなかで生きている民主主義で、私はそれを「戦後民主主義」というふうに他人事のように言いあらわすことはできない。そう言えば、自分だけは別の民主主義にぞくしているかのような感じがする。実際のところ、戦後の日本の社会に生きて来た私には、それしか私の民主主義はない。それが「破産」したとすれば、私の民主主義が「破産」したのであり、たしかに、私の内部のピラミッドは今「破産」しかかっていて、また、私はそうさせようと懸命に努力している。

彼の死の意味

小説家の死はふつうは個人的なことがらである。せいぜいいって、文芸上のできごとである。彼が自殺をして、その死が彼の美学的信条の論理的な帰結と考えられる場合にはまさしくそうだ。しかし、小説家の美学が彼の政治信条とわかちがたくむすばれあっていて、彼が全力をつくして自分の自殺という行為を、たんに美学的にだけでなく政治的に事件にしようとするような場合はどうだろう。三島由紀夫氏の英雄的な、あるいは醜悪な、割腹自殺はそうしたケースだった。

去年十一月の突然の死にいたるまで、三島氏は国際的に著名な小説家として知られていた。けれども小説家であったり、小説を書いたりすることは、後年の彼にとってはたいして意味をもっていなかった。彼がなりたかったのは「武士」である。彼は戦後日本の混濁した状態に対する恥辱感にみちみち、伝統的なサムライ精神をもって復活する(あるいは再誕する)「武士」でありたかった。

この「武士」は感じ始めた。国民はみな、魂——大和魂を失ってしまった。そしてこの堕落した状況から日本を救うことのできるただひとつの道は、一にしてより偉大な大義、天皇への、無私の忠誠を基にした旧秩序の再建(あるいは新しい秩序の創造)である、と。「武士」三島氏はまた、切迫した危険として、この社会の無秩序な形勢に利をえた社会主義革命実現の可能性を見た。こうした状況に対応して、彼は若い信奉者たちからなる彼自身の小さなカイライ軍をつくって、自衛隊(日本軍の婉曲《えんきょく》な表現)のスタッフの訓練をうけさせた。けれども彼は、どんな革命の可能性もつみとるべき最初の、そして、最終的な力は、自衛隊それ自体のほかにはないと思った。「武士」は夢みた。彼らは革新陣営をたたきつぶすだけではなく、天皇制にもとづいた古き日本を再建することができるだろう、あるいは新しい日本を創造するだろう。そのとき天皇制は、戦前よりいっそう強力なものになるかもしれない。

自殺直前の最後の演説で、三島氏は日本の世界に名だたる「平和」憲法を背骨とする戦後民主主義に対して、クーデタを実行することを自衛隊にせまった。それから彼は可能なかぎりドラマチックに、人びとのまえに彼の政治信条をヒレキして自殺してみせたのである。

三島氏のデスペレートな行為への対応の仕方にはいくつかの態度がある。ひとつは彼を単純に気狂いとするもの。総理大臣佐藤栄作や、防衛庁長官中曾根康弘をふくむ政府のトップクラスの人びとの一般的な態度がそうだった。三島氏を気狂いだときめつけることで、彼らは三島氏が生命をかけて公衆にあきらかにしたきわめて重大な問題、「自衛隊は合憲か。そうでないなら、なぜわれわれは憲法を変えようとしないのか」という問に対して返答をさけることができた。この問題は日本政府がずっと触れることをさけてきた、かんじんの対決点なのである。自衛隊——それは現在アジアでは中国についで第二の最強の軍隊である——と、「平和」憲法はまぎれもなく矛盾している。憲法はきわめて明快に日本の一切の武装を禁じている。

三島氏の死は革新陣営、とくに若い年代層にとってひとつの衝撃、あるいは挑戦だった。彼らの「革命か死か」型のライフ・スタイルは、政治的信条やイデオロギーが三島氏の対極にあるにもかかわらず、奇妙に三島氏のそれに近い。彼の絶望的な行為、思想、そして、そのライフ・スタイルが、若い信奉者だけではなく、一般に若い世代に重大な影響をもつであろうことは否定できない。

文学者たちは、三島氏の美学的教義がわかちがたく彼の政治的信条と結びあっているというみえない事実に目をつぶって、彼の自殺を純粋に美学的な用語だけでとらえようとする。彼らは三島氏の美学をたたえる。しかしそうすることで、非常に多くの場合、彼の政治的主張をもたたえることになっていることを、彼らは認識していない。この奇妙な美学と政治の結合は戦前に広く流布し、日本のファシズムと軍国主義の成長にとってもっとも強力な理論的根拠のひとつとなった。

それから、ふつうの人びとの三島氏の死への反応がある。「悪い時代がまた始まった。」私は街なかや店先でよくこうした言葉を聞いた。人びとは直観的に、彼の行動のほんとうの意味をつかんでいるように私には思われた。人びとは、一九三六年二月二六日に青年将校たちによってひきおこされた、失敗に終ったクーデタとその後引続いた状況に、現在の状勢がよく似た展開をみせていることに十分気づいているかのようだった。クーデタは当時の腐敗した政体を転覆し、天皇直接支配による新しい国家の誕生を意図していた。軍指導者の対応はきわめて巧妙だった。彼らはこうした天皇への無私なる献身の必要性は暗黙のうちに認め、このクーデタを軍国主義的な目的に十分に利用したが、厄介な叛徒たちそのものはうまくかたづけ去った。

三島氏の死後、同じ方法がとられているのがわかる。すでに佐藤氏と中曾根氏はしだいに意見を変えだした。まだ彼らは三島氏がやはり気狂いであるとはみなしているが、同時に、今日の日本の歎かわしい状況に対する三島氏の見方や感情には、共感を示すようになってきているようだ。

ものごとの理解にあたって、三島氏はともすれば瞬間に焦点をおこうとした。彼は物事をその連続のなかで把握することを嫌った。彼は瞬時の重みと光輝を最高に評価することはできたが、しかし人びとは生きねばならず、生きつづけなければならないという事実を認識することを嫌悪した。瞬間は高められ、結晶化され、だから純粋で、美しく、悲劇的にみえる。けれどもその瞬間がながびくと、われわれは現実世界のくだらなさや不純、醜さ、不合理にさけがたく直面させられる。しかし、その醜悪な表面の下にかくれて、美は存在する。そして、そこでこそ、真実の、あるいはより真実であるところの悲劇がはじまる。三島氏が認めたがらなかったのはこうした事実だった。彼はまったく賢明に、こうした認識を通して世界とかかわりあうことをさけた。彼のしたことは、世界の複雑に織りなされた現実から彼の作品に結晶化するに足る純粋で美しい瞬間だけを切りとってくることだった。

三島氏は失敗に終った二・二六クーデタの青年将校たちをたいへんに讃美した。彼にとって事件をもっとも象徴するイメージは、その日の朝の雪だった。雪は白く、まるで青年将校たちの純粋性を象徴するかのように白く、現実の世界のすべての醜さを瞬間の美しさでおおう。三島氏はある作品のなかでそれをたくみに説得的に描いている。しかし雪はとけはじめ、汚れ、そして、企てられた反乱そのものをふくめて、現実世界の裏面があらわに顔を出す。こうしたことすべてについて、彼は注意ぶかく言及をさけた。私は三島氏がかつて、蜂起参加を命令され、なにも知らされずに乱に加わった兵士たちの運命について考える時間をもったかどうか疑わしく思う。反乱の失敗ののち、彼らは満州か中国に送られて、そこでただ中国人との戦闘で殺されるためにだけ生きた。三島氏の主な関心は青年将校たちにあり、彼らの私心のない天皇への忠誠は、三島氏自身の生き方だけでなく日本人すべての生き方の指導原理でなくてはならない、と彼は信じた。

第二次世界大戦が終りに近づくにつれて、人びとは空襲のなかで虫ケラのように死んだ。自然の災害で人びとが死んでゆくのと同じように。私は十三歳の少年として明日は自分が黒焦げの死体になるかもしれないとおそれながら、この悲劇を目撃した。私が生まれ育った大阪にとりわけはげしい大空襲のひとつがあったのは、日本の降伏の公式発表があったつい一日前のことだった。たくさんの人びとが死んだ。そして、死体がばらばらにちぎれて散乱しているなかで、私は一枚のビラをみつけた。それはアメリカの爆撃機が落したもので、日本人に宣言していた。「あなたがたの政府は降伏した。戦争は終った！」私は自分に問いかけていた。この人たちは、みんな、何のために死んだのだろう。まったく無意味な死だった。

戦後、私はしだいにこの無意味な死のほんとうの意味を発見していった。国家と人びとのあいだに、大義名分と個人の生き方のあいだに、そして、もちろん、天皇とわれわれ一般日本人とのあいだに、あきらかな裂け目を見ることで。三島氏は同じ無意味な死と裂け目を見たにちがいない。けれども彼は解決のしようのないそうした裂け目を見つけ出していても、決してその意味を理解しなかった。裂け目そのものに、美学的であれ政治的であれ彼の思考の基盤をおくことのかわりに、彼は後者を前者に従属させることでその裂け目を満たそうとした。ここで私は三島氏からはっきりと別れる。三島氏の陣営と(おそらく佐藤や中曾根の陣営も)、私の属する陣営はことなっている。私のほうのそれは、明快なイデオロギーのことばでは説明はつかないが、その一番いい名前は、たぶん「人びとの陣営」だろう。

つまるところ、三島氏は天才であったかも知れないが、偉大な作家にとって本質的な何ものか、人間世界の現実と直面し、その意味をつかむ——たとえその意味が、無意味な死の意味するもの以外のなにものでもないとしても——その能力に欠けていたのだ。

(英文よりの翻訳・都末納訳)

「生きつづける」ということ

1

問題は「生きる」ということより「生きつづける」ということにあるのではないか、と思うことが多くなった。そこから、いろんなことがらについて考えなおしたほうがいいのではないか、それが、今、必要なことではないか。私の思いはそんなふうにつづく。

いつ、どこで、そうした思いにとりつかれるのかというと、たとえば、満員電車のなかで、精いっぱいに足をひろげ、ふんぞり返り、座席の上のつかの間のわが世界を必死の形相で保持する、どこからどう見てもサラリーマンとしか見えない中年男の顔を見たときである。それも表情、身なり、身のこなし方から見て、彼はいずれは名の知れた企業の士であってそれ以上でもそれ以下でもないのだろう、年のころは、まず、四十五、六か、疲れてはいるが、顔色もまったくさえないが、それでいて、どこかに中年男の貫禄、一流企業の士のプライドもそこはかとなく彼の疲労の底にあって、彼はその必死に保持したつかの間のわが世界のまんなかでまず「日経」を読み、ついで「夕刊フジ」、ついで、いささかいかがわしい「週刊何トカ」に眼を通し、その何頁目かのスキャンダル記事に視線を走らせ、郊外の団地まで一時間半——団地で彼を待ち受けているのは、言わずと知れた奥さんであり、一人、二人、三人の子供、つまりは「家庭」というものであり、彼の顔を見ているうちにその家庭のありさままでが私の眼にありありと見えて来るのだが、ここでひとつ言っておかなければならないのは、家庭が家庭だけで単独に私の眼に見えて来たことはないという一事だろう。家庭はいつでも彼が勤める会社のイメージをともなっていて、その二つがたがいに裏うちするものとして存在しているゆえに、私は、ますます、問題は「生きつづける」ということにあるのではないか、と考えているのにちがいない。ついで、世のもろもろについて、その認識から考えなおしたほうがいいのではないか。いや、それは、今、何よりも必要なことではないか。

もちろん、私のその思いには、彼が勤め、日夜働き(「日夜」というのは、べつにことばのアヤではない。団地にいたところで、ほんとうは彼は会社にいるのである)、それゆえに彼がコジキにならないですんでいる、すくなくとも彼がそんなふうに感じている(これもまたほんとうのことを言うと、日本のサラリーマンである彼をかくも会社に忠実にあらしめているものは、会社をやめたら食えなくなる、一家ケン族こぞってコジキになるというまことにあからさまな飢えへの恐怖ではないか）会社がベトナム特需《とくじゅ》、つまり、ベトナム人を殺すことでしこたま金をかせぎ、公害をまき散らし、今また「三次防」とか「四次防」とかいうものにもぐり込もうとしている企業であるのかも知れない、いや、多かれ少なかれそうであろうという認識も入っているのだが、そうかと言って、この文章を書いている私が彼とまったく切れている、そんなふうなもろもろとはまったく無縁な人間だと涼しい顔をするつもりはないのである。第一、私は彼と同じ満員電車に乗っていて、私もすでに三十八歳という中年の年齢にさしかかって来ていて、すでにそこまで生きつづけていて、まず、くたびれている。からだのあちこちに故障も出て来ている。それでどうにかこうにか席を見つけて人を押しのけながら坐ると、それは彼のすぐ横手で、コンチクショウ、とはじめは思ったりするが、なにしろ坐っていると楽である。気持もよい。そのうち、彼がさっきからひそかに視線を走らせている「週刊何トカ」に何気ないふうに眼をやる。私は私がそんなふうな存在であるゆえに、そのとき自分の顔が彼の顔とほとんど見分けのつかないほど似たものになって来ているのを知っているがゆえに、問題は「生きつづける」ことにあるのだと思う。個人的なことを言えば、私は会社員でないし、家庭ももたないが、それでいて、会社と家庭の混合イメージは私の顔からでも透けて見えているのにちがいなくて、そこから、問題を考えなおしたほうがいいのではないか。

そんな混合イメージを私の眼に浮かび上らせ、そうしたことを考えさせる顔はほかにもいくつもあって、たとえば、元自衛官小西誠氏を告発し、どこからどう考えても正当としか思えない彼の行動を「犯罪」と決めつけた検察官(彼も中年男だった)もそうなら、おまえのデモ行進の隊列は五十センチ分はみ出している、法律違反で逮捕するぞ、と息まいた中年の機動隊の隊長殿の顔もそんなふうな顔であった。

私が、どうしてそんな顔にこだわるのかというと、ひとつには、その中年男たちの顔が、自分のしていることにさして正義も熱情も感じていないらしい顔であるからなのにちがいない。まずくたびれがめだって、顔色もさえず、見ているほうも憎しみよりもうらがなしさがこみ上げて来る顔なのであるが、それだけなら、生きつづけるということはたいへんなことですな、とため息まじり、同情まじり、ついでのことに同じ顔の持主と化しているかも知れない私自身に対する自己レンビンもこきまぜて言っておけばすむことだ。ただ、この顔にはそれだけですませられないところがある。この顔で何とやら、ということばがあるが、まさに、このくたびれた、うらがなしい顔は、そのままの顔で、人を罪におとし入れることも、人をジュラルミンの楯で殴りつけることも、公害などわが社の関知するところにあらずと言いきったりすることも、それこそ何でもやってのけるのである。

そうだとすると、やはり、問題は「生きつづける」ことにあると、ことさらに「問題は……」に力を入れて言うほかはない。そして、ここでつけ加えておかなければならないといささか辛い気持で思うのは、この「問題は……」ということばのなかに「たいへんなことですな」という感慨もいぜんとして入っていないこともなくて、こんなけしからぬ連中は問題だからすぐ放り出してしまえ、という方向に私の心は動いて行かない。それはまことにやっかいしごくなことで、それだけいっそう私の心は重いのだが、ほんとうにそんなふうに放り出してしまうことでことの結着はつくものではないのである。第一、どこへ放り出せばよいというのか。そして、その放り出してしまえという彼らのなかに、私自身、あるいは、この文章を読むあなた自身が入っていないという保証はどこにもないのだ。

　これは、こわいことである。そんなふうに、このところ、しみじみ思う。若い人で、私がそのことばほどことがらの本質をつかみとっていることばはないと思ったことばを言った人がいた。その人はこれまでにいろんなことをして来ていて、「活動家」という名で呼ばれていい人だが、そうした経験が背後にあるせいなのだろう、このごろ、中年男を見ているとこわくなると言った。若い人だって同じじゃないか、と私はことばを返したくなるのだが、なるほど、テレビの画面などにさえない顔つきで出て来て、ボソリボソリ、自分の言うことを自分でもたいして信じていないような声と口調で、わが社は有毒な廃水を流したことはございません、問題の病気は農薬によるものですな、などと主張する人間はたいていが中年男なのである。もちろん、これは、若い人間がまだそこに出て来るまでえらくないということであるかも知れないが。あるいは、まだそこまで生きつづけていないせいであるかも知れないが。――

たしかに、私自身までがこわくなる。たぶん、若い人間の場合よりもさらにこわくなる。それはひとつには、今さっきも述べたように私も中年男で彼と私のつながりのほうが若い人間と彼のつながりより深いと私自身が感じるからなのだが、この年齢の問題にはもうひとつの側面があって、それは世代のことだ。

子供のとき、いや、青年になってからも、そんな顔なら、私はいくらも見て来たような気がする。そのときにも私はこわさを感じていたのにちがいないが、この顔の持主たちは、どうせ、過去の遺物だ、自分たちの時代が来さえしたらと思っていたようなところがあった。「過去の遺物」とはあらためて説明を要しないことがらであるにちがいないが、一言で言ってのければ、戦前派であり、旧憲法下で育って来た人間たちのことだ。ところで、新憲法で育って来た自分たちが中年男になったころには、つまり、日本という社会を自分で動かす時代になれば、いくら何でもこんな顔をして人まえに現われて来ないだろう、自分でも信じていないこんなウソ八百をヌケヌケと言いはしないだろう――私は、ひょっとしたら、そんなふうに思っていたのではないか。

さて、今、その時代になった。

私は、佐藤栄作があんな顔でテレビに出て来てもまったくおどろかない。こわいとは思うが、そのこわさにはおどろきはない。

ただ、その公害とわが社は関係がないと言いきる無名の初老の技師にはおどろく。無名の中年の工員にはおどろく。無名の若いガードマンにはおどろく。そして、こわいと思う。それは、ひとつには、くり返して言うが、私自身をそこに投影して見るからである。彼らがそんなふうにして生きつづけていることの重みを、私自身の重みとしてからだの底に感じとるからである。

その重みにどのようにむきあうか。

2

「生きる」ということばには、これはもちろん私の勝手な解釈だが、どこかしら瞬間的なひびきがある。生のエネルギーの充実、放電、いや、爆発というようなものをそのことばは暗示するが、いずれにせよ、そこにあるのは一瞬の鋭い生のたかまりなのである。「生きつづける」はもっとぼんやりと時間の流れのなかにひろがっていて、「生きる」に比べればどうしようもなく散文的で、鋭さを欠いていて、たとえば、そこで暗示されているのは、くり返し、それもウンザリさせるくり返しなのだ。「(勝利の)栄光に生きる」とは言えるが「(勝利の)栄光に生きつづける」では、いかにもさまにならない。何やらモタモタとしている上にさもしくて、せっかくの栄光にべっとりとくらしの重みがつく。もっと端的に言うと、胃袋——自分のそればかりではなく、それこそ一家ケン族の胃袋の重みがつく。あんた、またどっかの講演会で稼いで。トシ子の幼稚園の入学金が要《い》りますねん。これは栄光についてばかりでなく絶望についても言えることで、「(敗北の)絶望に生きつづける」とは言って言えないこともないが、それもまたいかにも中年男的な絶望の仕方で、あるいは、絶望した若者が絶望のなかで生きつづけているうちにおなかも出て来てしまえば、頬もぷっくりふくらんで来たというわけなのだろうが、中年男の絶望というのは、すくなくとも詩的な主題ではない。たとえそれが詩になったところで、あんた、早いとこ、ゼツボウの詩な、もう二つか三つこしらえて、どこぞの雑誌へ送ってエな。もううちとこの米びつカラですねん。

私がこんなことを考えるようになったのは、もちろん、中年男になったからだろうが、「ベ平連」(「ベトナムに平和を!」市民連合)というような運動を自分でやり出し、それこそそのなかで生きつづけて来たからでもあるのだろう。ほんとうのことを言うと、中年男になったということからだけでは、この文章の最初のところから書きつらねて来たような考えに心を乱されずに、私はもう少しのん気にこの人生をそれこそ生きつづけていることができているような気がしてならない。

正直に言っておいたほうがよいと思うのだが、「べ平連」を始めるとき、私はこれほどの長さ、運動がつづくとも、私自身がそのなかで生きつづけるとも考えていたわけではない。革命を一生の仕事として生きる職業的革命家や職業的平和運動家の場合なら、あるいは、はじめからそうした性質の運動なら、六年やそこらの年月の長さなどたいした長さでもないのにちがいないのだが、私は自分が職業的革命家だとも職業的平和運動家だとも思ったこともないし(第一、運動でメシを食っている人は「べ平連」の運動のなかには誰ひとりいないのである)、「べ平連」の運動自体、職業的革命家、職業的平和運動家が中心にいるという性質の運動ではないのだ(もし、そうなってしまえば、それは「べ平連」とはまったくちがった何ものかの運動だろう)。ここで「べ平連」のことをくだくだしく述べたてるつもりはないので簡単に言うのにとどめておきたいが、「べ平連」はあくまで運動の外でふつうにメシを食っているふつうの人間が寄り集まってつくっている運動で、しかも、それはベトナム戦争という具体的な当面の政治問題に結びついた運動なのである。いや、こんなふうにもっともらしく言うのはよそう。それは私にはふさわしくないあまりにももっともらしい言い方で、ほんとうのことを言うと、私は六五年の春、「べ平連」の運動を始めたとき、そのうち戦争は終るだろう、と漠然と考えていたのにちがいないのだ。

しかし、戦争はまだ終らず、そのうち、私は私で、そして「べ平連」は「べ平連」で、ずるずると深みに入って行ったという感じなのだが(無責任な言い方のようだが、これが実感なのだから仕方がない)、そのずるずるとした深みへの入り込み方がまったく状況に押し流されたためのものであったと言えば、これもまたウソになるにちがいない。こちらが自発的、自覚的に状況を切り開いたということもあり、逆にその切り開かれた状況がこちらを押して来るということもあり、この何年間か、二つの相乗作用のなかで生きて来た。いや、生きつづけて来た。

たとえて言うなら、「べ平連」は心とからだのすみずみまで自覚した、自発にみちあふれた行者、苦行者の集団の運動ではないにちがいない。インド共産党の先覚者たちがまず心をひかれたのはマルクス、レーニンとともに古代インドの修験者、行者たちであったということをどこかで読んだ記憶があるが、前衛党にはまさしくそうしたところがあるのだろう。「べ平連」は、あきらかにそうした前衛党ではなく、宗教の比喩をつづけて言えば、在家仏教の運動に似ているのかも知れない。昔、親鸞は彼自身のことを「僧にあらず俗にあらず」と言いきり、そこに彼の思想と行動のよりどころを求めたということだが、彼のひそみにならって言えば、「べ平連」の場合、すくなくともその一員である私の場合、自分はどう考えても僧ではない。しかし、そうかと言って、「俗にあらず」ではない。まさに、「俗にある」のである。

私はこのことばを卑下も逆の意味でのてらいもなく言いたいと思う。それは、ひとつには、私が、たとえば「世直し」というようなものがもしほんとうになされるとするならば、前衛党という行者の集団によってではなく、「俗にある」人間たちの手によって行なわれるものである、逆に、そうした人間たちの手によって行なわれないような「世直し」は真にその名に値しないものであると考えているからである。私がここで「世直し」ということばを使って「革命」というふうなことばを使わないのは、人びと――「べ平連」のデモ行進にやって来るような「俗にある」人間たちが求めているものが、「革命」ということばで言いあらわされるものであるよりは「世直し」ということばがぴったりする何ものかであるからだ。ふつうの政治的意味では、後者は前者にふくみ込まれているだろう。しかし、その人びとが考えるような（私自身もまぎれもなくそのひとりだ）「世直し」は、のちに述べるように生き方のありようの変革までもふくめたもので、それゆえにむしろ前者をそのなかにふくみ込むものであるにちがいない。

「俗にある」ということは、ことばをかえて言えば、「生きつづける」ということであるのだろう。「世直し」にそくして言えば、私がここで述べている「世直し」とは、「生きつづける」人間が求めるものとしての「世直し」だが、その場合、「世直し」の出発点となるのは、「世直し」「革命」のみごとなプログラム、あるいは、それを保証するイデオロギーではなくて、あくまで、私たちが生きつづけている、生きつづけようとしているという基本的な事実なのだ。もとよりこの「生きつづける」ということばは、たとえば、奴隷として生きるのではなくてひとりの人間として生きつづけるということを意味していて、そうした生き方を妨げるものに対してはその「生きつづける」現場でひとつひとつたたかう――大ざっぱに言って、私は、それが今私たちがすくなくともその芽を私たちのまわりに見出しつつある「世直し」のありようなのだと思う。

しかし、それにしても、この「世直し」を求める「生きつづける」と、最初に述べた中年男たちの顔があらわす、くたびれた、そして、それなりに傲慢な「生きつづける」と、どこでどうつながり、また、どこでどう切れるのか。くり返して言うが、私自身、彼らの顔のなかにあきらかに私の顔の投影を認めていて、それゆえにこそ、この「生きつづける」ということがらが私のまえに大きく立ちはだかる。

そして、ほんとうのことを言うと、この問題は、どのような政治運動にあっても、そのまえに大きく立ちはだかる問題なのだが、たとえば、学生運動の場合、運動は若くて、どのようにしてもどこかでくらしからかけ離れているところがあって、あるいはまた、その成員が目まぐるしく変ることがあって、「生きつづける」ということよりも「生きる」ということに根ざした運動であったためだろう、「生きつづける」ということのもつ重みを十分に受けとめて来ていないように見える。現在の学生運動の沈滞のひとつの原因はまさにそこにあると私は考えるのだが、いぜんとして、その傾向はつづいている。他方、労働組合の運動はどんなふうなことになって来ているのか。ひと言で言うなら、それは、「生きつづける」ことに運動の根をおきながら、「世直し」を求める「生きつづける」よりも、疲労と傲慢に同時にみちた中年男たちのあの顔つきに大きく傾斜した運動なのだろう。そして、運動自体が何よりも「生きつづける」ことを求めていて、運動の顔つきもまた、いつのまにか、くたびれたものでありながらそれでいて傲慢にもなっていて、私は、ときとして、こわさを感じる。おそらく、「反戦青年委員会」を生み出した若い労働者たちが感じたことも、私と同じようなことだったのだろう。彼らは学生とちがって、彼らは彼らなりに「生きつづける」ことをひきずって歩いていて、それを「世直し」に結びつけようとした。私はその努力を高く評価するのだが、情勢の悪化とともに、いつのまにか、彼らは「生きつづける」ことよりも「生きる」ことに運動の根を移してしまった。私には、彼らの運動の停滞のひとつの原因は、その運動が「反戦中年委員会」をつくり、「反戦老年委員会」をつくる方向に伸びて行かなかった、そこのところの努力が今ひとつ足りなかったことにあるように思われるのだが、その対象となる中年、老年の労働者は何よりも「生きつづける」存在としての人間なのだ。「反戦青年委員会」をつくり出した若い労働者にとって必要だったことは、そして、今もって、いや、今いっそう必要なことは、彼らの「生きつづける」ということの中身をきめこまかく、また、ねばり強くとらえることではないのか。彼らをどうしようもない存在として捨て去ることはきわめて容易だが、その行為は両刃《もろは》のやいばで、自分自身も「生きつづける」存在である以上、そのことにおいて、彼らと微妙に分かちがたくつながっている以上、そのことにおいて、やがて、自分も年をとり、中年となり、老年となる以上、やがては自分自身も捨て去ることになる。

3

私がいつもふしぎに思うのは、いわば参加の視点から書かれた運動論はあまたあっても、参加の継続という視点から書かれた運動論がないことである。それは、たぶん、運動論というようなものは、運動の前衛とか中心にいる、奇妙なことばをあえて使って言えば、「えらい人」の視点から書かれている、いや、「えらい人」自身が書いているからなのだろう。ここで言う「えらい人」とは、世間的な意味での「えらい人」というのではなくて、たとえば、運動の前衛に立つほどの力量と識見と勇気と献身をもった人間というほどの意味だが、彼らにとって、参加の継続は、あまりにも自明なことであるのにちがいない。しかし、運動の中心ではなくてはし近くにいる、「えらい人」ほどの力量と識見と勇気と献身をもたない人間の場合はどうなのか。「えらい人」が「生きつづける」場はまさに運動のなかにおいてなのだが、彼らの場合はそうではなくて、いや、自分でもそうであるのかそうでないのかよく判らなくて、判らないままで「生きつづける」――その彼らにとって、参加の継続ほど大きな問題はないように私は思う。まして、「べ平連」の運動のように、はじめから「えらい人」がいないことを前提として運動がくみたてられている場合、前衛も後衛もなく、誰もが中心にいて同時にはしにいるという運動の場合、これは運動の、いや、運動に参加している人間ひとりひとりの死活の問題となる。

「べ平連」の運動を始めたとき、私はそうしたことはまるっきり考えていなかったように思う。まえにも述べたように、もうじきベトナム戦争は終るだろう、とのん気に考えていたので、私もまた、運動をもっぱら参加の視点で見ていたにちがいない。今からふり返ってみて、そんな感じがする。継続ということが「べ平連」についてだけでなく、また、運動一般についてだけでなく、他のさまざまなことがらについての私のものの考え方の基本のひとつになった、そこからすべてのものごとを考えなおしてみようと考え始めたのはいつからだっただろうか、はっきり記憶しているのは今から四年前、ジャン＝ポール・サルトル氏が日本に来たときだった。彼は参加の問題を論じたが、参加の継続は論じなかった。私は強い違和感をもった。

ひとりの知識人が、たとえば、何かの宣言に署名することで「参加」する。しかし、事態は変らない。彼はまた署名する。それでも変らない。彼はデモ行進に行く。変らない。またデモ行進に行く。変らない。坐り込みをする。変らない。また坐り込みを…… ここで問題となって来るのは、ひとつは、彼の「参加」という行為自体の継続の問題だろう。同じことのくり返しでいいのか。そうではなくて、「エスカレイション」をともなわなくてはならないものか。そうだとすれば、その「エスカレイション」は、どこで、どのようにして終るものか。それとも、終りがないものか。終りがないものとすれば、ここで、もっとも大きな問題として彼のまえに立ちはだかって来るのは、彼のくらしの問題であり、ことばをかえて言えば、「生きつづける」ということであろう。その「生きつづける」ということと参加の継続は、どこで、どう、つながり、また、切れるのか。これは知識人だけの問題ではなく、また、中年男、老人だけの問題ではないのだろう。あるいは、「べ平連」のデモ行進に来る「俗にある」人間だけの問題ではない。

若い学生の活動家に、どうして高校、中学校の先生たちは動かないのだろう、と言ったことがある。彼は高校生の運動にかかわっている人だったが、私の質問の主旨は、先生たちは自分で自分の運動をかたちづくる必要はないか、ということだった。動きませんね、あの人たちは――彼の答は簡単だった。結婚してますからね。子供がいますからね。なるほど――と、私は言った。それから、彼に、これからどうするのか、と訊ねた。さっきからもう運動は駄目になったとくり返して言っていたので、何気なく私は訊ねたのだが、彼はまたすぐ答えた。ぼくは結婚するんです、今度。

4

「生きる」ということより、「生きつづける」ということが、死を前提にした考え方だと私は思う。「生きつづける」と言ったところで、永遠にそうはできないことを私たちは心の片隅で知っていて、それゆえに、ここで言う「つづく」ということばは、かえって限定を感じさせることばだ。「生きる」ということばがもつような生のエネルギーにみちた感じはそこにはなくて、ここから導かれる考え方は、どうせ死ぬのだから、生きているうちはせめて安楽に暮したい、安楽に暮して死にたい、という考え方だろう。どうせ死ぬのだから、ここでひとつやってやれ(この「やってやれ」のなかには、「革命をやってやれ」も、もちろん、入っている)という激しさは「生きつづける」のなかにはない。とは言っても、私は、ここで、「生きつづける」ということのなかから「やってやれ」という姿勢がまったく出て来ないものだと言っているつもりはない。そこからも「やってやれ」ということ、「世直し」に通じるほどの強いそれが出て来るのだが、その「やってやれ」は死の覚悟を背後にした、死をバネとしたものではないのにちがいない。それは、「生きつづける」ということ自体のなかから出て来るものであるように思える。「べ平連」の運動のなかでの何年かから、私は、むしろ、経験的にそんなふうに思う。

しかし、「生きつづける」ということは(私は率直に認めよう。それは私自身のなかに、同じ傾きを読みとるからだ)、いわば「世直し」とは逆の方向にともすれば人間をひきずって行く。きわめて正直な告白(と言うより、「告発」と言うべきであるが)をすれば、日本の労働者は労働者であるより、何よりもまず「会社員」であり、「企業の士」であるように私には見えるのだが、彼をそんなふうにさせているのも、この彼が「生きつづける」存在であるという事実に他ならない。もちろん、これは日本の労働者だけにかぎられたことがらではないのだが、終身雇傭が打ち倒しがたい制度として定着し(これが、年功序列制とあいまって、日本の近代の躍進の秘密であったことは言うまでもないだろう。それどころか、私は、この二つの制度によって、日本は資本主義社会の最尖端に位置していると考える)、まぎれもなく世界第一等の「企業国」あるいは「会社国」(このことばは、たんに、企業が政治を支配しているということだけではなく、人びとの生活のすみずみまで入り込んで、人びとの論理、倫理をかたちづくりさえしているという状態を意味している）である日本において、もっともいちじるしいように思えてならない。そこへ、日本がまだまだ貧しい社会である、ひとりひとりのサイフの中身があわれなほど少ない、社会保障ができ上っていない、というようなことも加わって、とどのつまり、会社を離れては食って行けない、一家ケン族コジキになるほかはない、つまり、「生きつづける」ことはできない。

ここで階級ということがらを考えてみてもよい。これは、この「生きつづける」ということともっとも密接に関係をもっていて、そんなふうに考えられるべきもので、先験的に決めつけられていいものではない。私がもっとも端的に支配階級を感じとるのは、ああ、この世の中には支配、被支配の関係があるな、ということがらを私に実感として感じさせるのは、きわめて残念なことに、デモ行進を押し返そうとする機動隊員においてなのだ。同じことは、公害の工場に押しかけた住民を追い帰そうとする守衛にも言えて、そのとき、彼らの顔は、どのようにさえないものであろうと、そのまま貧しさを象徴しているものであろうと、支配者の顔であり、そして、どのように押しかける住民の顔が血色がよかろうとも、それは被支配者の顔だ、いや、そんなふうに、住民を追い帰す守衛の眼に見える。彼の眼のレンズには映ずる。

もちろん、私もまた、機動隊員、守衛が、社会の大きな、また、ほんとうのつながりのなかではあわれな被支配階級の一員であることは知っている。ここで、彼らはバカである、盲目である、彼らはまだめざめていない、真の敵にめざめるべきである、銃を反対の方向に向けよ、真の敵に向けよ——というふうに述べて行くことは容易であるし、また、まちがっていない。私自身をふくめて「べ平連」の活動はそうしたものをめざしていることは事実なのだが(もっとも端的な例が、自衛隊員に対する働きかけであろう)、私は、もう少し、機動隊員、守衛の顔が支配階級に見えたことに行為と原理の双方の上で固執したいのである。そうでないと、彼らもまた被支配階級であるという事実(これは、まぎれもない事実だ)から、銃を反対の方向に向けよ、という結論があまりにも安易に導き出されて来るような気がする。現実の場でのその前提から結論までの気も遠くなるような遠さが実感されないような気がする。

たとえば、ここで、近代社会というものを考えてみることができるだろう。いったい、誰が支配階級なのか、どこからどこまでがそうで、どこからそうでないのか。公害の工場門前で、住民を追い帰す守衛は、たしかに、あわれな被支配階級の一員だろう。しかし、彼のうしろで、当工場は公害に関係ないと、力のない声でボソボソとあわれに、しかも傲慢に宣言している係長はどうなのだろう。彼もあわれな被支配階級の一員だ。では、課長は？　部長は？　おれの家を見てくれ。この年になって、まだ団地の2DK住いだ、と彼はあわれな声で言い出すかも知れない。いや、重役までが、ほんとうはこんな会社やめたいんだけど、やめると食えないんで、と言う。社長？――社長もまた、サラリーマン社長ではないか。いささか誇張はあるにしても、これはまぎれもなく、ある意味では近代社会中の近代社会である日本の姿だ。さらに誇張を承知で言えば、「生きつづける」ということが、階級をかたちづくっている。そして、ついでのことに言えば、「企業国」「会社国」の論理、倫理をかたちづくり、その論理、倫理の上に「GNP」をかたちづくる。

ここで、私は、もうひとつ、重要な要素を考えてみる必要があると思う。それは、ふつうにはこうした種類の議論から除外されてしまうことがらだが、ひと口に言ってしまえば、年齢――人間が「生きつづける」なかで年をとるというまぎれもない事実なのだ。「反戦青年委員会」が「反戦中年委員会」、「反戦老年委員会」をつくり出す方向におもむかなかったこと、それが彼らの停滞のひとつの原因であることはすでに述べた。年をとるということは、「生きつづける」なかで人びとを「世直し」からあの中年男のさえない、それでいて傲慢な顔つきにひきずって行くことは否定しがたいことなのだが、それゆえにいっそう、「反戦青年委員会」と言わずどのような政治運動も、自分自身の年をとりつつあるという事実をふくめて、その問題に正面からとりくむべきであった。いや、そんなふうにきいたふうなことを言うのはやめにしよう。そんな言い方はいかにも気恥しくて、私にそぐわない。私はもっと率直に言うべきであろう。私自身の年をとりつつあるということに、私自身がどうたちむかうか。

運動のなかに眼をむけてみてもよい。もう大学四年になったんだから、そろそろ運動をやめんといかん。もう三十すぎたんです、いつまでも若いもんみたいに走りまわっていたら取り残される。政治パンフレットみたいなもんばかり書いていても、駄目だ。あともう少ししか生きられないのだから、もっとまともな仕事をしなければならない。政治で飛びまわるより、じっくり落ちついて傑作を書こう。……いくらでも、私たちはそうした声をきくことができるだろう。そこには、まともな意見も、たんに逃げでしかない意見もそこにある。しかし、いずれにしても、年齢——年をとる、とりつつあるという事実、あるいは、意識の投影を読みとることは容易だろう。

年齢のほかにも、「生きつづける」ことにからめて考えなければいけないことはいくつかあって、そのひとつは性——性のちがいだ。婦人解放運動はそこに焦点を見さだめようとしているように見えるのだが、性のちがいは、「生きつづける」——ことに男たちのそれに微妙にからむ。ここで私生活の領域にわたることはふれるつもりはないが、たとえば、最近、ある大きな企業の労働組合で、それまでその企業になかった女子の停年制(二十五歳という若さだ）設定に、男の組合員のうち、二人にひとりが賛成を表明したという事件があった。このことは組合の調査で判ったのだが、そこにも、私は「生きつづける」ということが、この社会で主力をなしている男たちのそれが、もっとも隠微なかたちで影を落しているように思えてならない。

5

では、いったい、どうすればよいのか。「世直し」を求める方向と、あのさえない、それでいて傲慢な顔つきのあいだで、そのあいだにある「生きつづける」ということのなかで、私たちはどうすればよいのか。

答はないだろう。すくなくとも、明確な、これとそのかたち、その方向を指し示すような答はないのにちがいない。答は現場で、個々に、具体的なかたちで出されるべきものであって、それ以外の答は、どのように理路整然としたものであれ、どのように包括的なものであれ、ここに書きしるすにはあまりにもそらぞらしい気持がする。ただ、私自身に関して私のなしたいこと、「生きつづける」ことのなかで、それこそ「やってやれ」と考えていることを書いておこう。

ひとつは、私自身、どうせ死ぬなら、安楽に暮したい、安楽に暮して死にたい、と考えているのだが、その「安楽に」ということばのなかに、たとえば、私が安楽に暮すことで他人を傷つけ、苦しめるなら、それは安楽に暮していることにならないという認識をできるかぎりとり入れることだろう。いや、それは認識ではなくて、実感——すくなくとも私が今求めているものはそれで、その実感は、私には(すくなくとも、私という人間には)坐して思いをめぐらせることでは得られるものではなくて、私は歩き、動き、そのことで自分は自分なりに傷つき、その傷つき方は自分で自分なりに実感として感じとられるような傷つき方であった。いや、いくぶんかは、そうであった。

この道をつきつめて行けば、あの首相官邸前で焼身自殺をとげた由比忠之進《ゆいちゅうのしん》氏の死にまでつきあたるのではないかと思う。しかし、正直に言って、私にはそれだけの勇気と献身はないだろう。「生きつづける」こと、「世直し」とは逆の方向のそれが私をその道からひき戻す。しかし、私は、あのさえないで、それでいて傲慢な顔つきを自分のものにしたくはない。ここで、私が思い出すのは、山之口貘《やまのぐちばく》氏の詩のことだ。(1) 彼の詩について、飯島耕一氏は次のように書いていて、そのことばは、「生きつづける」ことに徹しながら、どこかかんじんなところでそこからはみ出た山之口貘氏の詩の本質を言いあてたことばとして私の記憶に残っている。「同じように生きること、生活と詩が同じところにある詩として多くの短歌的発想の詩、死への願望を常に含んだ詩があるが、山之口貘はそのような傾向とはまるで縁がなかった。山之口貘を短歌的発想からもっとも遠い詩人として見ることもできる。戦時中の詩にしても山之口貘はその反戦の思想から戦争謳歌の詩を書かなかったのではなくて、彼の詩の方法、彼の文体では、滅私奉公や天皇主義絶対の詩を書くことができなかった、ともとれるのだ」(『日本の詩歌』解説)。

私が彼にひかれるのは、「その反戦の思想から戦争謳歌の詩を書かなかった」のではなく、そこが飯島氏のことばがまったく正当であると考えるところなのだが、「彼の詩の方法、彼の文体」ではそうすることができなかったということのためなのである。こう考えるのは私もまたものを書く人間であるからなのだろうが、ただ、私は、文学の方法と文体においてばかりでなく、くらしの方法、あるいは、文体においても、「生きつづける」ことに徹しながら、自分の方法と文体では、あのさえないが傲慢な顔つきをどのように努力してみても自分のものにし得ない、そんなふうなものとして、私のくらしの方法と文体を確立したい、「生きつづける」ことをあらしめたいと、ひそかに考えているのである。

この道は、さきに述べた由比忠之進氏の死にいたる道に比べて、はるかに微妙なところでしか、「世直し」と逆の方向に行きつく「生きつづける」道すじとちがっていないだろう。私もそれをあきらかに認め、よほどの強い心がなければ(より正確には、ここで必要なのは、やわらかくて強い心であろう。ゆとりをもった、ユーモアにみちた、それでいて、はりつめた心であろう)、その微妙なちがいなどいつのまにか消え去ってしまうものであろうと考えるのだが、同時に、由比忠之進氏の死にいたる道も、微妙なちがいに腰をすえようとするくらしの方法と文体(くらしの文体というのは奇妙な言い方で、くらしのさま、ありよう、風体《ふうてい》と言ってもいいが、あえて、ここではこの言い方を通しておきたい。英語で言うなら、このごろはやりの「ライフ・スタイル」ということばになるかも知れない)を欠いては、あまりにもぎくしゃくと硬直してしまって、ポキリと折れる。由比忠之進氏自身にはそうした方法と文体があって、あのようなみごとな死にまでいたることができたのだが、そうでない場合、ポキリと折れたあげく、まったく逆の方向にクラがえすることもあり得ないことではない。くり返して言うと、ここで言う微妙なちがいというのが私にとって重大で、それは見かけ上はともかく、おそらくは根本的なくいちがいだということで、私が考える「世直し」とは、まさにそうしたちがい、いや、そうしたちがいを生み出す方法、文体に基づき、また、そうしたもののふくみ込むものなのだ。

「生きがい」というものがある。このごろはやりのことばだが、私の眼には、それは、「生きつづける」ことの底にどこかひそむうしろめたさに力をあたえるものであるように見える。そして、それは往々にして、さえないが傲慢な中年男の顔つきに生気をあたえるようなかたちで外から注入されるものなのであろう。ことばをかえて言えば、「マイ・ホーム」を「公」の回路に乗せるものが「生きがい」なのだと私は思う。戦後このかたの私生活優先主義は、誰がどう言おうと、まず、自分の生命、くらし、あるいは、自分の思想、感覚、意志、欲望が大事なのだという強い生き方の原理が根になっていた。その原理を現実の場で支えたのが、よかれあしかれ、あるいは、多かれ少なかれ、経済第一主義の日本の社会全体の動きだったのだが、そこで生まれて来たのがかつての「軍国」日本にかわる「企業国」「会社国」日本であり、「マイ・ホーム」は、おそらく、そうした経済的な私的原理と「企業国」「会社国」日本の公的なイデオロギーとの妥協の産物なのであろう。しかし、それだけでは十分ではない。いや、「マイ・ホーム」だけでは、すでに十分でないところにまで状勢は進んで来ていて、人びとは心のどこかで、こんなふうに生きつづけていていいものかしら、とうしろめたさを感じ始めている。たしかに、戦後すぐのころのほうが、人びとは、自分のくらしの方法と文体を積極的に、うしろめたさをまったく感じることなしに語ることができたのではないか。そこに、「公」の何ものかがあったとしても、「公」が規定するくらしの方法と文体があったとしても、それらは色あせているどころか、自分の方法と文体によって打ち倒すべきものであったにちがいないのだ。今日ではちがう。ふたたび、人びとは、戦争前、戦争中のように、自分の方法と文体を語るとしても(いや、もう、ほんとうは、語らないところまで事態は悪化しているのかも知れない)、それをうしろめたさなしに、まわりに気がねすることなしに語ることはない。そして、人びとは、そのとき、どこかに、きっとまっとうな方法と文体があると信じているのだろう。たんに私的ではない、もっと公的な意味をもつそれが存在する、存在しなければならないと感じているのだろう。ことばをかえて言えば、自分流に生きつづけていることに人びとはうしろめたさとともに不安をおぼえ始めていて、どこかにあるはずのもっとまっとうな、たんに私的でない公的な生き方に自分を重ね合わせたい――そのとき、人びとが救世主のように求めるのが「生きがい」なのではないか。擬人化して言えば、「企業国」「会社国」日本の歩みがそんなふうなものなのであろう。「企業国」「会社国」としての日本をつくりあげているひとりひとりの日本人の心理がそうなって来たとしてもふしぎはない。

もちろん、ここで、べつの意味での「生きがい」を考えてみることができる。それは、ひと口に言えば、たとえば、日本革命を夢みるというような「生きがい」なのだが、この「生きがい」は「企業国」「会社国」日本の生きがいとどこか本質的なところで共通しているものがあるように私には見えてならない。その共通点というのは、まず何よりも「生きがい」を基本にしているということそれ自体にあって、ついで、「生きがい」に自分の生き方の方法、文体をどのようにしてでも重ね合わせるというようなことがそこにはあって、共通点は、山之口貘氏の詩のありように見られるような生き方、「生きがい」をもたないこと、求めないことを生き方の方法と文体の根本にしていたような生き方と対比させてみるとはっきりする。ということは、日本革命を夢みる「生きがい」が、その「生きがい」の持主が「生きつづける」なかで、「マイ・ホーム」をかたちづくるなかで、年をとるなかで、「企業国」「会社国」日本の指し示す「生きがい」に、いつ、いかなるときにでも転化するかも知れないということだが、考えてみると、「企業国」「会社国」日本のもとじめの企業も、かつては「平和産業」を「生きがい」にして生きていたはずのものなのだ。

6

私自身に戻ろう。さて、私自身はどうするのか。

私は「生きがい」を求めないだろう。「生きがい」を求める生き方とはちがったところに、私の「生きつづける」ということの基本をおこうとするだろう。それは、とりもなおさず、自分自身のくらしの方法と文体を、現在の政治の指し示す方向にその方法と文体ではつき従い得ないものにする、まさにそのようなものとして私自身が「生きつづける」ということなのだが、そこから私が考える「世直し」までおもむくことも必ずしも絶対の不可能事ではないように見える。

ただ、念のためにことわっておくが、私はそのことを夢みて、それを「生きがい」とはしない。そうすることは、「生きつづける」私から遠い。「世直し」それ自体よりも遠い。

（1）山之口獏氏の詩の実例として、「生きている位置」の一部をあげておこう。

僕は生きても生きてもなかなか死なないんで
死んだら最後だ地球が崩《くづ》れても
どこまでも死んだまんまでゐたいと願ふほど
それは永いおもひをしながらも
呼吸《いき》をしてゐる間は生きてゐるのだよ。

「殺すな」から

1

自分のからだのうちに何があるのか。べつに気負った言い方、考え方ではないが、そんなことを自分で自分に訊ねるようになったのは、いつのころからか。やはり、ベトナム戦争に反対する運動を始めて、それで数年が経ち、何でオレはこんなことをしているんやろとさすがにのんきな私も考え始めるようになった、そのころからではないかと思う。たとえば、まざまざと思い出すのは、デモ行進をしていて、機動隊のジュラルミンの楯に行手をはばまれたときのことだ。そんなことはしょっちゅうで、おしまいには少しは慣れたが、あれは断じて気持がよいことではない。まずもって、そして、あくまで、こわい。物理的にもこわいが、心理的、そして、もうひとつ言って、制度的にもこわいことで、そこで感じるのは、自分が手ぶらでいるという感覚だった。なにしろ、相手はジュラルミンの楯をはじめとしてコン棒、ピストルのたぐいをもつ。いや、そんなことより、こわいのは、相手が私をその楯で打ちのめし、とらまえたところで意に介さない、それどころか自分のその行為がどのように不当なものであろうと正当化する、正義に基づくものであるとする、あるいは、もうひとつ言うと、たちまちアイマイなものに化し去って私の手のとどかないところにもって行く論理と倫理と制度をもっていて、つまりは、それら三つを基本とする日本国家というものを背負っていて、手ぶらでない。そして、私は楯をもたずコン棒をもたずピストルをもたず、そういう便利で強大な日本国家を背負っていないので、徹底して手ぶらだ。

むき出しの感じで、手ぶらの人間が手ぶらでないもののまえに立っている。生ま身のからだをさらして持ちこたえている。そういう感じがひしひしとしたので、自分のからだのうちに何があるのかと考え始めたのではないか。ことばを変えて言えば、生ま身のからだが持ちこたえている根拠である。その根拠は、なにしろ手ぶらなのだから、からだのうちにしかない。それで、からだのうちに何があるのか、ということになった。

六八年のはじめだったか、アメリカ合州国の原子力空母が、あれには何の目的があったのか、とどのつまり、オレ様はこんなに強大だといばりにとおどしにやって来たというよりほかにないが、佐世保にやって来た。あの時私は佐世保に出かけて、小舟をやとって、エンタープライズのまわりをぐるぐるまわった。乗組員にむかってベトナム戦争に反対する自分の考えを訴え、脱走を説いたのだが、そのときも私は自分の手ぶら性をいやおうなしに感じていた。もちろん、原子力空母という七万トン余の巨大な鉄塊が私に直接立ちむかって来るということはないのだから、それは心理的なもので、巨大な鉄塊に象徴される力のゴリ押しのまえでのひとりひとりの人間の手ぶら性というようなものだが、私は、そこでも、自分のからだのうちに何があるのかと、実際からだのなかをまさぐるようなせっぱつまった気持で考えていた。

ただ、ここで一直線にことがらを述べて行くより、少しちがったことを考えてみたい。それは、人間＝一本のクダ説だ。クダというか、チューブというか――人間というもの、あるいは、とどのつまり、人間のくらしというもの、口から肛門までの一本のクダにつきるのではないか。これは鶴見俊輔さんによると開高健さんが考え出した哲学で、いかにも即物派の開高さんらしい考え方だが、開高さんは、これを、敗戦後、メシが食えなかった状況のなかで考えた。食う物がなくて、正確には食う物を買うお金がなくて、彼は昼飯代りに水をのんだりしていた。水にしろ、メシにしろ、口から食道へ入り、胃袋、腸を経てさらに下方の出口に至るというわけだが、それらすべてを一本のクダのなかでの過程と観《かん》ずることができる。開高さんはメシの代りに水をのんだりしているなかで、自分のからだがクダである、それにすぎないと実感したというのだが、同じように飢えて水ばかりのんでいた体験をもつ私には彼の言いたいことが判る気がする。水、あるいは、メシが上方から下方へクダを移動して行くあいだに、人間のくらしはさまざまに展開するというわけだ。会社へ行くこともあれば、学校で勉強することもあれば、水田に出て米もつくる。もちろん、子供をつくり、育てるということもあるにちがいないが、いくさをして人殺しをしたり、工場で人殺しの道具をつくったりもする。いや、パチンコ遊びもすれば、クーデタもやらかす。もちろん、革命という事業もそこから考えてみることもできる。いや、それは必要なことだ。

開高さんのこの人間＝一本のクダ哲学のしたたかなところは、なまはんかな思い上りを私たちに許さないことにあると思う。美人だ、美人だと言ったところで、たかが一本のクダじゃないかと美女幻想に水をぶっかける。同じことは革命にも革命思想にも言えて、一本のクダを通して眺めて見る。それで雲散霧消してしまうようだったら、そんなものはそれこそ幻想でしょうがない。そんなものでは持ちこたえられない。

ここで、私は、「そんなものではホンモノではない」というぐあいに横丁の隠居然としたもの言いをしたくなる誘惑に駆られるのだが(これは日本の論客の好きなきまり文句で、「ホンモノ、ニセモノ説」はかたちを変え品を変えてしょっちゅう出て来る)、そういうもの言いほど人間＝一本のクダ説にそぐわないものはないにちがいない。それよりは、まず、持ちこたえられるかどうかをものごとの基準にしたい。ということは、一回こっきり、瞬間的なたかまりのなかだけでものごとをとらえるのではなくて、くらしの時間のひろがりのなかにそれをおいてみることだ。

いや、もうひとつ言って、ひろがりは空間にもある。私が自分のからだのうちにあるものを考えるようになったのは、いつもいつも機動隊のジュラルミンの楯のまえでも、原子力空母の巨大な鉄塊を眼のまえにしたときでもない。たとえば、私が加わっているデモ行進を見たとたんに何かおそろしいものでも見たようにあわただしく歩道を歩き去って行く中年のオバチャンを見たとき、私はからだのなかをエンタープライズのまえでのようにまさぐるようにして考えていた。あのオバチャンのまえで持ちこたえるものは何か。

そこで、私は今さらのようにベトナムの人びとのたたかいのことが気にかかった。それは、彼らが、これまでに私が述べて来たことがらにじかにつながって来るものとむかいあってたたかいをかたちづくって来たからだ。まず、腐敗した権力(それは、機動隊のジュラルミンの楯につながって来るものだろう)。エンタープライズに象徴されるアメリカ合州国の強大な武力。そして、ふつうの人間のくらし。たたかいは空間にひろがるとともに時間の軸にそっても働いた。「サイゴン」解放までの長い長いたたかい――そのたたかいのなかで、彼らのからだのなかで持ちこたえ、彼らを持ちこたえさせたものは何なのか。

マルクス主義者なら、からだのうちに持ちこたえるものとしてあるのはマルクス主義だと言うだろう。逆に、そう言えないようなマルクス主義なら、たいしたことはなくて、マルクス主義者ということばに値しない存在であるにちがいない。キリスト教信者の場合も同じことで、私がここで思い浮かべるのは金芝河《キムジハ》さんのことだが、彼の場合、あきらかにキリスト教が彼のからだのうちに持ちこたえるものとしてある。「良心宣言」を読んでいるとそこのところがくっきりと浮かび上って来るような気がするのだが、私がこれまでに会ったキリスト教信者のなかでそういう印象を私にもたせた人が何人もいた。金芝河さんの知人で、彼をキリスト教の信仰に導いた池学淳《チハクスン》さんもそのひとりだが、そんな有名な人ばかりがそうであったわけではもちろんない。正直に言うと、私が日本のキリスト教というものに絶望しなくなったのは、ベトナム反戦の運動のなかでそれらの人にめぐりあったからだが、逆に言うと、それは、ベトナムの人びとのことにも金芝河さんのことにもたいしてかかわろうとしないキリスト教信者たちにあまた出会ったことでもある。もちろん、私はここでキリスト教信者だけを責めているのではない。

2

民族主義にふれて言うなら、ベトナムの「東遊運動」の主唱者ファン・ボイ・チャウ

（潘佩珠）、の『ヴェトナム亡国史』が私の心をとらえるのは、その本を読んでいると、彼の民族主義が彼のからだのうちにはっきりと持ちこたえるものとして存在していることが判るからだが、日本人の例をあげて言うなら、宮崎滔天《とうてん》の場合だろう。彼の『三十三年の夢』を私が好きなのは、ひとつには、文体が文語体でありながら、このごろの小説家群の文章の文体よりもはるかにのびやかで生き生きしているからで、たしかに彼の場合、彼のからだのうちにある民族主義がそれだけ生き生きと生きていたからにちがいない。

自由主義の場合にもことは同じで、徳冨蘆花《ろか》の『謀叛論』を読むとき、私は彼のからだのうちに自由主義が大逆事件のまえで持ちこたえて生きていることを感じとることができるのだが、この場合にも、文体が中身とともに持ちこたえて生きている。そして、それはいつもいつも彼の書きもののなかに感じとられることではなかっただろう。これはたいへんこわいことで、たとえば、私は清沢洌《きよし》の『暗黒日記』に感動しながら、同時に、著者が敗戦後も生きながらえていたら、どうなっていただろうかという根本的な疑問を感じざるをえないのだ。敗戦後は世の中の主流に受け入れられる安全な存在となって、社会的地位も上昇すれば年もとり、つまらぬ反共イデオローグとなりはててしまっているような気もしてならない。馬場恒吾がその実例だが、清沢の『暗黒日記』はその可能性を中身と文体があいまって示していないとは言えないだろう。こういうこわいことは民族主義にもキリスト教信者にもマルクス主義者にもあって、そんなことは今さらあらためて言うまでもないことだが、たとえば、宮崎滔天が日本が中国侵略を始めるときまで生きのびていたらと考えることが私にはある。その思いが私にとって途方もなく重いのは自分のことを考えるからだが(まったく、他人事ではないだろう)、日本の民族主義者(のなかには、「アジア主義者」と呼ばれる人があまたいた)の正念場は、言うまでもなく日本の中国侵略だった。真面目な民族主義者はそこで進退きわまったのだが、そのとき、救いになったのが抑圧されたアジアと抑圧者西洋(の代表者としてのアメリカ合州国、イギリス)の対決としての太平洋戦争であった。大ざっぱな言い方だが、大筋のところはまちがってはいない。

竹内好《よしみ》さんが解説を書き、さまざまな「アジア主義」者の文章を集めてつくった『アジア主義』という本は、民族主義のもつ力をもう一度根本のところからとらえなおした画期的な本であり、その竹内さん自身の解説の文章も彼のからだのうちに持ちこたえるものとしてある「アジア主義」を強く押し出した立派な文章だった。画期的な本であり、立派な文章だったから、かえって、私は、「アジア主義」をもう少し想像力の領域までをもふくみ込んだ時間のひろがり、空間のひろがりのなかにおいてみるべきではなかったかと読んでいてしきりに考えていた。と言っても、ありきたりの左翼流に、誰それには帝国主義についての考察が足りなかった、階級的認識が皆無であった、しかるがゆえに、彼がのちに帝国主義者としての道を歩んだことは歴史の必然であったというありきたりの説を私は竹内さんに期待したつもりはなかった。言い方がかなり誇張した一方的なもの言いになることを承知で言うのだが、そういうほかの原理の論理や倫理の助けを借りることなしに「アジア主義」の論理と倫理をとことんのところまで押して行くことで、「アジア主義」者たちの未来、あるいは、行く末を考える。そこのところがあの画期的な本と文章に欠けていて、惜しいと思った。いや、惜しいというふうに他人事みたいに言うのはやめる。私はいらだった。竹内さん、そこらあたりのことはどうなっているんですと大声で叫び出したくなった。

押しが必要なのは時間のひろがりのなかにおいてだけではない。これはもう竹内さんの本と文章を離れて言いたいことだが、私は今ここで「アジア主義」が当のアジアの人びとの眼によってどう見えていたかという当然の疑問を持ち出すつもりはない。当然の疑問といっても、これは正直言ってこのごろようやく当然になって来た疑問で、人びとの議論のなかでも真面目に考えられるようになってそこから問題をとらえることが始まって来ているのだが、私が言いたいのはもう少しべつのことだ。空間のなかでの「アジア主義」の限界がありはしないかということである。「アジア主義」者のなかで、そんなことになっていはしないかということである。

私は自分の仕事をする部屋の壁に大きなガダルカナル島の地図をはっているのだが、実はそれは自省のためのだ。私が「ガダルカナル」の名前を知ったのは、もちろん、第二次大戦の末期のころで、その知り方は、「日米両軍死闘の地」であり、「餓島」であるという知り方だった。のちになって、ベトナムの人びとのたたかいとのかかわりあいを自分でもつようになってからガダルカナル島をべつの視点で見るようになったのだが(『ガダルカナル』と『ベトナム』という文章を、私はかつて書いた)、それにしても、私の理解はまだまだ抽象的、観念的で、それこそからだのうちに持ちこたえるものとしてあったのではなかったように思う。それがはっきり自分にも判ったのは、次のようなことがあったからだ。そこで知り合いになったドイツ人の青年を運転手にしたててジープでジャングルのなかに少し入って行ったことがあるのだが、そのとき「土人」(ということばをそこで使うのは、あとで考えてみると、たしかに私がそうした思い上った意識でその部落の人びとを眺めていたからだ)の部落に行きあたった。そこで道を訊こうと思ったのだが、たちまち私たちのジープは「土人」にとりまかれる。老若男女、子供をあわせて二十人ほどもいただろうが、私とドイツ人の青年が使う英語などは通じはしない。あれこれ手まねでやっているうちに判ったのか、ひとりの初老の男がジープのうしろの席に勝手に乗り込んで来た。目的地まで案内してやろうというらしいのだが、その男、腰ミノ一枚のはだかなのはよいとしても、大きな山刀をムキ出しで一本もっていた。ジープは動き出したが、実を言うと、ドイツ青年も私もそのムキ出しの山刀が気にかかってならない。うしろからひとふりやられれば、ドイツ青年と私の首は確実に落ちる。それで目的地に着くまで私と彼とは男にむかってやたらにニコニコしたり、手をさし出して握手したりしていたのだが、目的地に着いてホッとしたところで、反省が来た。考えてみると、まず、こちらは大の男が二人、刃物はたしかにもっていないがポケットにピストルをもっていないという保証はない。ガダルカナルをはじめとしてそこらあたりを侵略して「土人」たちをひどい目にあわせたのはまず白人、ついで、日本人で、警戒し、おそれていいのはまず男のほうであって、私たちのほうでない。

眼のウロコが落ちたというのは、そうしたときのさまを言いあらわすことばでなかったかと思う。とたんに、世界がちがって見えた。いろんな思いが同時に起って来たのだが、そのひとつに「アジア」ということがあった。自分はこのところ「アジア」のことを問題にして来ているが、この「土人」ははたして私のその「アジア」の視界のなかに入っていたかということである。「アジアの解放」というようなことを口にし、「抑圧されたアジアの人びと」ということばも使ったりしていたが、その「アジアの解放」を求める「アジアの人びと」のなかには、たとえば、たしかにベトナムの人びと、タイの人びと、フィリッピンの人びとは入っていた。しかし、それはあくまでズボンをはきシャツを着ている「文明人」のことであって、ジャングルのなかで腰ミノ一枚でいる「土人」のことはどう考えていたか。たいしたちがいはないではないかという気持がしきりにした。何とたいしたちがいはないかというと、たとえば、世の中に今もってよく出会う、中国のことで「アジア」のことをわりきろうとする人たちとである。それでは、中国のこと自体が判らないだろうと私は思う。すくなくとも、中国がやろうとしていることのなかでもっともかんじんなことが判るはずがない。いや、同じことは、私がもっともかかわりが深かったはずのベトナムの人びとのたたかいにも言えて、そこで、私はもう一度、ベトナムの人びとのからだのうちにあるものを考えていた。たとえばまず、彼らのからだのうちにマルクス主義があったとすれば、腰ミノ、はだかの「土人」――いや、もうこのことばはここらあたりでやめにしたい、ジャングルの住民たちのまえで持ちこたえるものであったかどうかということだ。彼らの民族主義についても同じ。キリスト教と言わず仏教と言わず、宗教についても同じ。あるいは、自由というものについての考え方についても同じ。そして、そうすることは、とりもなおさず、私自身のからだのうちにあるものを考えることであった。それが彼ら――ジャングルの住民たちのまえで持ちこたえられるものであるかどうか。

3

私はたいして変った人間ではないつもりだ。私のからだのなかにはさして異常なものは入っていないにちがいない。ただ、なみの人間、もうひとつ言って、なみの日本人であるだけに、自分のからだのうちにあるものをさぐり出すことは、日本人一般、あるいは、もう少し大きく言って、この世界に生きている人間全体にもかかわれば、そのひとりひとりにもかかわって来る。そういう取りえは私にはあるのではないかと思う。

ここでまず考えておきたいのは、やはり、戦争とのかかわりあいのことだ。この世界は第二次大戦後の世界で、そこのところをぬきにしては私のからだのうちのことも語れないと私は考えるのだが、ことに、日本人の場合、いくさの影はぬぐい去ろうとしてもぬぐい去れるものではない。もちろんここでひとりひとりの戦争体験の有無ということがいやおうなしにからみあって来るのだが、ひとりひとりの場合のちがいをこえて、やはり、いくさの影は、「戦無派」を自称する若者のからだのうちにもあると私は思う。それからもうひとつ、私は今、「第二次大戦後の世界」というふうに言ったが、日本人の体験したものは第二次大戦だけではない。それ以前にすでにいくさはあって、いや、日本人はひき起していて、そちらの「十五年戦争」をそのまますぐ第二次大戦に収斂させて行ってはならない。そうさせまいとする志《こころざし》もたしかに私のからだのうちにある。

そういうことを考えてみて、まず、私のからだのうちにあるのは、やはり、「戦争はいやだ」という気持ではないかと思う。まとめあげて言ってしまえばそんなふうなことになるが、もっと生ま身《なみ》のからだという気持の入れ物の実感にそくして言えば、それは「殺すな」ということなのにちがいない。この気持は私のからだのうちにあるばかりでなく、今の日本人のたいていのからだのうちにあって、戦後の日本の世の中の論理と倫理のひとつの基本をかたちづくって来ているのではないかと思う。もちろん、これは戦後の世界全体におしなべて言えることだが、ざっと見わたしてみて、日本人の場合ほどには論理と倫理の背骨をかたちづくってはいない。日本人の多くが、私自身をふくめて、この気持を強くもつようになったのは、やはり、空襲の被害をあっちこっちでもろに受けたからで、そのもっともきびしい体験が原爆体験であった。そんなことは今さらくり返していうまでもないことだが、いくさのまえで、そして、圧倒的な武力のまえで、私たちはまったく無力で、ただ「殺すな」と必死に叫ぶよりほかにない。「殺すな」という一語には、そうした自分の無力の認識が裏うちするものとしてあった。

「殺すな」が、私たち日本人ひとりひとりのからだのうちにさまざまに変化し、風化しながらも根強くあるのは(私はここで根強く残っているという言い方をしないでおこうと思う。それよりは「殺すな」はもっと積極的なありようを示していて、「ある」と言うほかはない)、アメリカ合州国のベトナム侵略も「殺すな」にじかにふれて来る問題なので、日米両国のえらいさんたちのあまたの宣伝、誘導にもかかわらず最後まで人気をもつことができなかった、その一事で判ると思う。「パリ協定」ができたあとの人びとの反応をテレビで見ていると、圧倒的に多いのが「よかった、もう殺し合いをしなくて」だったが、さて、ここで、「『ベトコン』だって殺しているではないか」ということにもなる。このあたりが人びとの気持の底にひっかかっていたことのひとつで、ベトナム人のたたかいとアメリカ合州国の侵略を同一視する論理と倫理が、そこから生まれて来るのだが、実際、運動のひろがりの過程で、私はそうした論理と倫理の展開に何度となく行きあった。えらいさんが言うのではない。ベトナム戦争反対の集会に来るような真面目な人びとがその論理と倫理を言った。「パリ協定」ができ上ったあとで、「ベトコン」はなぜたたかいをやめないのかと訊かれたこともあるし、「サイゴン解放」の直前、「孤児救援」と称する合州国の安っぽい策動が人びとのあいだで案外な人気を獲得できたのにも、私たちのからだのうちの「殺すな」の論理と倫理の一面が大いに作用しているのにちがいなかった。そして、もうひとつ言うなら、人びとの反響が、「パリ協定」の成立のときのほうが「サイゴン解放」のときよりもはるかに大きかったのも(政治家や財界のえらいさんたちの反響はちがう。

私が問題にしているのは、あくまで、街の人びとの反響だ)、ここらあたりに理由があるのかも知れない。「パリ協定」は「殺すな」にじかに突き刺って来たのでそれでよく判ったのだが、「サイゴン解放」には「解放」とか「革命」とか、わけの判らないものが平和の到来という「殺人の終了」にくっついて来たので違和感があった。いくぶん誇張して言えば、人びとの気持はそうしたものではなかったかと思う。

さっき、私はからだのうちにあるいくさの影のことを言ったが、ここでつけ加えておきたいことがひとつあって、それは、いくさと言っても、ふつうその影を印しているのは、やはり、第二次大戦のほうだということだ。太平洋戦争と言ってもよいが、一口に言うなら、そのいくさは敗けいくさであった。つまり、戦争体験と言っても敗戦体験で、それがさっき言った自分の無力の認識とひと筋につながっている。ということは、「ベトナム戦争」ということばをきくと、すぐさま眼に浮かんで来るのはいくさのなかで殺される農民の悲惨なさまであって、圧倒的に強力なはずの侵略者を打ち破る人びとのたたかいとしてのいくさではないということだろう。ベトナムの人びとは、そこでは、ただひたすらに侵略の対象としての被害者であって、侵略をまっこうから打ちくだく主体ではない。

そして、さらにここでもうひとつ言っておきたいのは、太平洋戦争の敗戦体験があまりにも強烈だったので、十五年戦争のことが人びとのからだからどこかに消し飛んでしまっているということだ。これは子供のときの私自身の体験から言っても確実に言えることだが、太平洋戦争以前、日本人の大半は日本が戦争しているとはたいして感じていなかったにちがいない。まして、日本が中国を侵略しているなどとは夢にも考えていなかった。

結果は、戦争の被害者としての意識だけが強烈にからだのうちにあって、加害者としての意識が希薄、いや、ときにはかいもく欠如しているということになった。これは中国侵略(そのまえにあるのが、もちろん、朝鮮侵略であり、台湾の植民地化だ。いや、もうひとつ、忘れがちなことを言っておこう。「南洋」の植民地経営)についてばかりでなく太平洋戦争のなかでのアジア侵略にも言えて、さっきのガダルカナルの住民の場合にことをひきつけて言えば、年配の日本人の百パーセント近くがその南太平洋の孤島が「日米両軍死闘の地」であることを知っていても、そこにも人間が住んでいて、その死闘がどのような被害を彼らにもたらしたかを誰も知りはしないし、知ろうともしない。こういうことのありようは、「××市の空襲を記録する」本はいくらも出るのに、「××市民のアジア侵略を記録する」本というのがまるっきりあらわれて来ないのがよく示しているが、ここで指摘しておきたいのは、この加害者意識の希薄、あるいは、欠如が、ベトナム戦争のなかでのベトナムの人びとを侵略者とのたたかいの主体としてとらえる意識の希薄、あるいは、欠如とうまく対応しあっているという事実だ。それは「殺すな」を仲だちとして、ベトナムの人びとのたたかいをアメリカ合州国の侵略に同一視する態度にそのままつながっている。彼らは悲惨だ。無力だ。罪もない。同じように、自分たちも悲惨であり、無力だった。ゆえに罪はない。

ここで、ベトナムの人びとは彼らにその悲惨を強いた侵略者に対して起ち上ってたたかっているのだと反論されると、この論理と倫理の展開はぐあいがわるくなって来るのだが、そのときには、「殺すな」の原理が動きだすだろう。その論理と倫理を使って、アメリカ合州国軍も殺しているが、「ベトコン」だって殺しているではないか、とにかく殺すことだけはやめてくれ――このケンカ両成敗の論理と倫理は、まるで、侵略と圧制に対して起ち上ってたたかうのがわるいことであるような印象を人びとにもたせるのだが、この論理と倫理は「サイゴン解放」の直前の新聞の報道によく見られた。

無力の認識にしろ、ケンカ両成敗の理論にしろ「殺すな」はそんな方向にねじ曲げられて行ったのだが、そのとき、私たちの心には、ベトナム戦争に自分の戦争体験を無条件に二重写しさせることで過去をアイマイにするという働きがあったと私は思う。無力の認識にしろ、ケンカ両成敗の理論にしろ、そこでくっきりと浮かび上って来たのは被害者としての私たちの姿で、加害者としてのそれではなかった。

4

無力の認識はいろんな方向に私たちを導いて行ったように思う。そのひとつは、どうせ、みんな、無力やないか、同じことやないかという平等の認識をかたちづくる方向だったのだが、ここでも、いろんな分かれかたをした。

たとえば「一億総ザンゲ」というえらいさんたちにとってまことに好都合な論理と倫理を支えるのに、この「無力における平等」はなかなかの役割をはたしたにちがいない。戦争をいっさいのものを無力化する一種の運命と観ずることで、天皇もまた無力な自分同様戦争を阻止することはできなかった、同じように無力であったと考えることは可能だろう。

しかし、「無力における平等」は、それとはちがった方向にも私たちを導いて行った。自分も無力ならえらいさんも無力だという認識は、そんなえらいさんが自分の給料の十倍もとることはないということにもなって、平等の論理、倫理、あるいは、制度、慣習をかたちづくる支えになる。民主主義の基盤は「平等」で、そうした論理、倫理、制度、慣習を欠いては民主主義は成り立たないものだが、もうひとつかんじんカナメのことも「無力における平等」からかたちづくられようとしていた。自分も無力ならえらいさんも無力という認識は、自分のことは自分できめるよりしようがない認識につながっていて、実は、それが民主主義のカナメになる自由——いや、もう一歩を進めて「自決」だ。

敗戦後すぐ世の中に民主主義がたちまちひろがって行ったのには、こうした事情があったように私は自分のそのころの実感にそくして思う。そのころの民主主義は、まず何よりも「自決」であって、のちになって一般化するような多数決ではなかった。すくなくとも、多数決だけが、民主主義のすべてであるというような考え方で、人びとは民主主義を受け入れたのではない。多数決は「自決」を行なうための手だてである、ひとつの手だてにすぎないことを、私たちはよくわきまえていたように思うのだ。そのうち、手だてが目的となってしまった。

ここで話を引き戻して、私のからだのうちに何があるかというはじめのところに立ちかえって言うと、「殺すな」につづいては、それは民主主義ではないかと思う。その基本になっているのは「平等」の認識であり、その認識にじかに結びついたかたちでの「自決」だが、そこまで問題を基本のところにまで踏み込ませて考えるようになったのは、やはり、ベトナム反戦の運動を始めて、民主主義をからだのうちにある持ちこたえるものとして意識するようになってからだ。いま、問題は事実よりも持ちこたえさせるものとしてあらしめたいという志だろう。その志をもったとき、民主主義はまず「平等」と「自決」の原理に、私にはなった。それまでは、私は民主主義のことをたいして考えていなかったのではなかったかと思う。私は自分を民主主義者とみなしていたが、すくなくとも、それをからだのうちの持ちこたえるものとして、私を持ちこたえさせるものとして十分にはとらえていなかったのだろう。今日の世界が第二次大戦前の世界とあきらかにちがっていることがひとつあって、それは、今日の世界ではどんな独裁者も民主主義を語るということだが、私の民主主義認識が独裁者のそれと根本的に対立したものであったかどうか、言いきる自信はない。皮肉めいた言い方になるが、民主主義者をまっこうから否定し得ないという認識が独裁者をふくめてたいていの人間のからだのうちにあるというわけだが(「××国風民主主義」とか「指導される民主主義」とか、さまざまなものが苦肉の策として立ちあらわれて来る。民主主義をいかに民主的に否定するかという苦肉の策だ)、たかだか言って、私のからだのうちにあったものはそうした認識にすぎなかったような気がする。

さらにもうひとつ、これも今日の世界が第二次大戦前の世界とちがうのは、民族自決、独立がいちおう正しいこととされて来ているということだろう。全世界の地図を見ればこれはたちどころにあきらかになることで、まとめていえば、「第三世界」の出現だが、ここで、「いちおう」という形容句を使ったのは、世界にはあちこちで植民地が残されている(早い話、ホンコンがそうだ。観光と買い物の旅行に出かける日本人の団体旅行者の大半はそんなことは考えたこともないにちがいない)、民族自決が現実にはおろか原理的にもまだ認められていなくて、力ある者が勝手にことを決める状態がつづいている(アメリカ合州国の黒人、インディアンがいい例だろう。いや、そんなことを言えば、日本のなかのアイヌや朝鮮人のことはどうだ)、名目は民族自決を達成し、独立を獲得したのに、実際にはそうでない(この実例はあまりにも数多い。「第三世界」の大半がそうだ)――これらのことがあるからだが、ここで、もうひとつ、ぜひともつけ加えて言っておきたいことがある。これは「第三世界」の外の人間におしなべて言えることだが、そして、それゆえにまさに日本人についても適切に言えることだが、「第三世界」のことが、その自決も独立も、あるいは、そこでの人びとのくらしのことも、たいしてからだのうちにあることがらではない。私自身の場合について言っても、ベトナム反戦の運動を始めるまで、私はたかだかアジア、アフリカも日本のように独立した国になったらいい、なるべきだというぐあいに考えていたのだろう。アジア、アフリカは日本のようにではなくアジア、アフリカのように独立するべきだし、それ以外に道はないというふうに問題を一歩踏み込ませたかたちでは考えていなかったにちがいない。日本のように独立したアジア、アフリカとは日本はうまくやって行けるだろうと、私には前提していたところがあって、あとで述べるように日本のようには独立しない、あくまで自分の独立の道を求めるアジア、アフリカ、「第三世界」と日本とのかかわりあいを考えることはなかった。それはとりもなおさず日本のありようそれ自体を根本のところでとらえなおすことだったにちがいないが、次のようにも言えばことははっきりするだろう。ベトナムの人びとのたたかいのまえで自分のからだのうちに何があるのかと考えるまで、「第三世界」は「第三世界」としてあきらかに私が生き、くらす日本の外にあった。もちろん、私のからだの外にあった。そして、その外にあるものをなかに突き入れて来たのはベトナムの人びとのたたかいだった。

5

私の人生哲学(のなかには、世直しの哲学も入っている。私の考える世直しは人生のなかにあるもので、あくまで人生のための世直しで、世直しのための世直しではない。そういう世直しのために人生があるのではない)は、ないもののねだりをしても始まらない、と言って、そこであきらめて安住していてもしようがない、手もちのものから出発して手づくりで新しいものをつくり出すというので、この哲学も私のからだのうちにある。そして、これにも、ないないづくしですごしたいくさのときの体験が色こく影をおとしているにちがいない。

しかし、世の中がゆたかになるにつれ、私は、やはり、この哲学を忘れ始めて来ていたように思う。そのことが今さらのように判ったのも、ベトナム反戦運動のなかでだった。

これまでに述べて来たことが原理にかかわることがらであるなら、これは手だての問題だろう。ないものねだりをするより、手もちのものをたしかめ、それでたたかう。いや、この二つの過程は相互的なもので、たたかうことによってたしかめる。手もちのものがヤワなら、外界の異物とのぶつかりあいの衝撃によってたちまち雲散霧消してしまうだろう。ヤワでないなら、着実にからだのうちに持ちこたえるものとして存在し始める。

手もちのもののなかには、どうあってもマイナスとしか考えられないものがあるだろう。たとえば、国が小さいということだ。その場合でも、大きな国の力をないものねだりして欲しがってもしようがない。それよりは大きな国の力のゴリ押しにぶつかり、それとたたかうことで小さな国のありようを持ちこたえさせるものにする。たたかいのやり方それ自体についても同じことで、ゲリラ戦の原理はそこにあるのだろう。ベトナムの人びとのたたかいが示したことは、およそ、そうした手だてについての基本的な考え方の実現でなかったかと思う。

しかし、より正確には、私がベトナムの人びとのたたかいをそんなふうにとらえたと言ったほうが事実にそくしているだろう。くわしく語ることはまたの機会にしたいが、私は、自分の考え方にマルクス主義が大きな影を落していることを認めながら、やはり、「非マルクス主義者」として自分をとらえるのだが、そして、そこに自分のよりどころを求めるのだが、そこまで考えを押し進めるようになったのはベトナムの人びとのたたかいに直面してからだった。正直に言うなら、私はかつては漠然とは自分の「非マルクス主義」をからだのうちに感じながら、マルクス主義はおろか当の「非マルクス主義」についてもたいして知っていなかったし、知ろうともしていなかった。一口に言って、自分の「非マルクス主義」に自信がなかった。自信がないゆえに、たぶん、それはマルクス主義という強力な異物とぶつかりあえばとうてい持ちこたえられないものとして考えていて、それでマルクス主義を自分の世界の外に放り出してくらしていたのではないかと思う。そのときもしマルクス主義を自分の世界のなかにとり入れていたとしても、つねに真正のマルクス主義者にヒケ目を感じて彼の意のままに動く「同伴者」となりはててしまっていたにちがいない。歴史はそうした事例にみちているが、日本の戦後史もその例外でなかったし、私自身も例外であり得なかっただろう。

同じことは、「非暴力行動」の問題にも言えると思う。あとでくわしく述べることにしたいが、私が自分の「非暴力行動」の原理を根本のところで考えるようになったのは、ベトナムの人びとのたたかいをまえにしてだった。そのたたかいは、もちろん、「暴力」をふくみ込んだたたかいで、私の「非暴力行動」にまっこうからぶちあたって来た。そのぶつかりあいを経て、私は自分の「非暴力行動」が持ちこたえられるものになったと言うつもりはない。それはベトナムの人びとのたたかいをおとしめるあまりにも傲慢な言い方だろう。ただ、そのとき私がもしベトナム反戦運動を自分なりにかたちづくることに努力しなかったなら、私は今もって「非暴力行動」をアヤフヤなかたち、たぶん「非暴力無行動、無抵抗」というかたちで持ちつづけているだろうと思う。あるいは逆に、勇ましがりの論客の驥尾《きび》にふして、抽象的に「暴力」を論じ、「暴力革命」をうんぬんして、「非暴力行動」をブルジョアの寝言として一蹴し去っていたのかも知れない。いや、気の弱い私のことだ、そこまでの勇者に私はなれなかったにちがいないが、ただそうした勇者のまえでヒケ目を感じ、おびえる。そういう私は想像することができる。

自分の民主主義について、また、「第三世界」の認識について、私がほんとうにそれらのことを考えるようになったのは、ベトナム反戦運動のなかでだったことを私はさきに書いた。もう一言しておけば、それは、私が運動の展開のなかで、それらを自分の手もちの武器として使ったからであるにちがいない。そこで、それらのものはさまざまな異物とぶつかりあい、衝撃を受け、持ちこたえる――いや、これはまだまだこれからさきにひろがって行く問題なのでそんなふうに完結した言い方は避けたいが、ただ、私が感じるのは、私がそのときそんなふうに手もちのものを外界に突き出すかたちでそれらのものを考えることがなかったら、たとえば、べつの勇ましがりの論客のように、「戦後民主主義」のギマン性、マヤカシ性、亡霊性というようなはやりの主題をおらび上げていたのかも知れない。そして、ベトナム反戦運動に参加している人たちの思考の浅さ、自立性のなさを、自分のことはまったくカッコに入れたかたちで、気持よくやっつけていたことだろう。私が論客たちの文章を読んでいつも感じるのは、渋面をつくりながら彼らがいかにも陽気でいることだが、何をたのしげにバカどもがさわいでいると苦悩にみちた表情で言ってみせながら、苦悩もあまりつづけているとダレて来るのにちがいない。私がこのところの論客たちの文章に読みとるのは、そのもっとも上質の部分においてもかつてはあった緊張が欠けて来ていることで、ことにそれはベトナム戦争が「終った」あと、はなはだしい気がする。どのように言おうと、私の見るところ、ベトナムの人びとのたたかいは、言説の試金石のようなものとしてあったのではないかと思う。どのようにみごとな言説を語ろうとも、彼らのたたかいがその言説が持ちこたえるものであるかを試していたにちがいない。彼らのたたかいに背を向けてひたすら「自立」を説いたとしても、そこにはやはりそれだけの緊張があったと言えるだろう。しかし、もう、ベトナムの人びとのたたかいは「終った」。彼らは今やすんじて、どこからも挑戦を受けることなく、安易に自らの「自立」を誇ることができる。しかし、他者という異物とのぶつかりあいの衝撃を受けない「自立」はひとりよがりの異名でしかない。最近の論客たちの言説を読んでいて感じるのは、そうじて言って、威丈高《いたけだか》な口調と一見きびしく見える字面の底にひそむ甘えだが、私は、たとえば、それを最近の吉本隆明さんの言説に感じる。緊張を欠いて、どうにもシカンしきっている。ダレている。

6

話を引き戻してつづけよう。手もちのもの、自分のからだのうちにあるものをとことんのところまで押してみるということだ。マルクス主義者に言わせると、たとえば、キリスト教信者には階級の認識がなかったり、資本主義の構造的把握が足りないということになりかねないが、実際に貧しい人びとのなかに入って働いているキリスト教の信者のなかには、そんじょそこらのマルクス主義者がとうていおよびもつかないような階級やら社会の構造やらについて深い洞察をもっている人がいるもので、ある場合には、それはまったくマルクス主義的な洞察であったりする。それでいて、彼はべつにマルクス主義者になったのではない。キリスト教の考え方を実地に押し進めることで、そこにまで達した。金芝河さんや彼の仲間のことを考えていると、そういう極端なことを言ってもふしぎではない気がする。逆に言うと、これは、マルクス主義もキリスト教もさすがに世界にあまねく広がる普遍原理であって、それほどのふところの広さと深さをもっている、いや、それゆえにこそ世界にあまねく広がる普遍原理となっているということだろう。つまり、今の世界の現実にぶちあたっても十分に持ちこたえているのだ。

ひところ、キリスト教の進歩派の牧師さんなんかで「入党」したりすることがあったが、私がここで言っているのはそういうことではない。「入党」どころか、オレはあくまで非、ときには、反マルクス主義者だといきまきながら、それでいて、現代の世界の問題のかんどころをおさえている。ときには、そのおさえかたがはなはだマルクス主義的な場合もあるのだが、彼はそこまであくまで自分の道を通って行った――極端な例だが、私が考えているのはそうしたことだ。金芝河さんの場合などがその実例だと考えるのだが、私はかつて、半ば冗談に半ば真面目に、マルクス主義を通らない共産主義をもっと考えられないものだろうかと私の仲間のうちで言ったことがあった。ひとつには、マルクス主義者を標榜する人のなかに共産主義のことをもうひとつ真剣に考えていないような人に何度か会ったのでそんなことを言い出したのだが、キリスト教信者のなかに、それこそレッキとした党員やセクトの一員よりもはるかに共産主義的な人間に私は出会ったことがあった。そこから大胆な放言をあえてすれば、共産主義に至る道もまた多様である。同様にアナキズムの実現に至る道も、いつもいつもアナキズムによってかたちづくられるのではない。

マルクス主義者が「闘争」を説けば、キリスト教信者は「愛」を主張するだろうが、ここでも逆にそんじょそこらのキリスト教の牧師さんよりも「愛」の点においてはるかにキ、、、、リスト教的なマルクス主義者に会ったりするものだ。と言って、彼はべつにキリスト教に「入信」したわけではない。こういうことが、私はさっきアナキズムの名前を出したが、もっともっと他の思想やイデオロギーのあいだで起ってよいと思う。マルクス主義にしてもキリスト教にしても、世界の問題のすべて、人間のくらしのすべてをおおいつくす原理ではない。といって、すでにはっきりしていることだろうが、私は折衷主義の話をしているのではないのだ。マルクス主義とキリスト教を足して二で割る。そんな器用なことはなかなかできることではない。私が考えていることは、もっとせっぱつまってもいれば積極的でもあることで、それは、一口に言ってしまえば、ただひとつの普遍原理だけで世界のこと、人間のくらしのことを割りきってしまってはならない、そこで、いつでも複数の原理の存在を前提とし、基本としてものごとを考えて行くということだ。そして他の原理とのぶつかりあいのなかでも持ちこたえられた自分の原理は、それはたしかにからだのうちにその存在が感じとられるなら、それはあくまで自分の原理として持ちつづける。

矛盾はいくらも出て来るにちがいない。複数の原理はぶつかりあってニッチもサッチもいかなくなるときもあるだろうが、そのとき、私たちは下手に矛盾の解決をはかってはならないのだと思う。ことに、それを、政治的な力関係のなかで、一方の原理を他方に優位させることでしてはならない。持ちこたえるということは、矛盾に対してもあるのにちがいない。普遍原理がそこで持ちこたえることによって、より大きな普遍を獲得する。マルクス主義にしろキリスト教にしろ、あるいは民族主義、自由主義、そして、民主主義——私たちはそれらをすでにでき上った完成品だと考えがちなのだが、そんなことはない。完成したときは、もうその思想がおしまいになったときで、これはつまらない。思想が生きているなら、人生と同じで、いつだって「途中」にある。そんなふうに思想をとらえることで、新しい思想の可能性も見出されて来る。

ただ、ここでぜひとも留意しておきたいのは、原理と原理のぶつかりあいを抽象的にとらえてはならないということだろう。ぶつかるのはあくまで現実の行為とのからみあいにおいてで、そこのところから考えて行かないと、教義問答になる。さっき述べた論客たちのようにひとりよがりの甘えた議論になる。論客たちと反対の実例をあげて言っておくと、ベトナムの人びとのたたかいだろう。あのたたかいのなかに持ちこたえるものとしてあったのは、もちろん、マルクス主義だけではなかった。民族主義もあれば自由主義もあれば民主主義もあった。宗教にも、仏教もあればキリスト教もあった。それらが入りまじって「抗米救国」のたたかいをかたちづくったのだが、それは逆に言うと、それらのぶつかりあい、せめぎあいがそこにはあったということだ。内部に矛盾がなかったと考えてはならない。あるいは、そこで弁証法的統一がみごとに生まれたと安易に言ってはならない。むしろ、矛盾はおしまいまであったととらえたほうが正確だと思うし、私たち自身の未来にとっても大事だ。矛盾があったゆえに、それに持ちこたえたゆえに、それぞれの原理がなまはんかなものでなくなった。より深いふところを持つものになった。たとえば、これは仏教とマルクス主義の双方に大きな思想の根をもつ野間宏さんといつか話し合ったことだが、あの「サイゴンの解放」ほど非暴力的な原理につらぬかれてなされた革命のたたかいはないのではないか。そこに仏教の「非殺生」(私流に言えば、「殺すな」だ)が深いところで力を及ぼしているのではないかと私は考えるのだが、もちろん、そこでマルクス主義だけがふところが深くなったのではない。仏教も同じだ。

ただ、そういうことは、マルクス主義者と仏教徒がともに現実に「抗米救国」のたたかいを行なったからできたことで、教義問答のはての結果ではない。在日韓国人の思想家の鄭敬謨《チョンギョンモ》さんは、朝鮮人は仏教、キリスト教、マルクス主義という三つの普遍的な原理をとり入れて来た。そのとり入れ方は、私流の言い方をすれば、まさしくからだのうちにとり入れるというとり入れ方だったと説くのだが、たしかに彼の言うようにそういうことは世界でもなかなか稀なことだ。そして、三つが結びつき、せめぎあうことで、新しいものが生まれて来るのではないかと鄭さんは言うのだが、私の解釈が正しければ、彼は何も三つの折衷を求めているのではないにちがいない。そして、もうひとつ言うと、新しいものが生み出されて来るのは民主化と統一を求める人びとのたたかいのなかにおいてで、三つの原理の教義問答の結果としてではない。

普遍的な原理というものは、もともとそうしたものだったのだろう。人びとにあまねく通用する原理となるためには、どうあっても人びとのくらしの現場のなかに入り込まなくてはならない。そこに入って、さまざまな異質のもの(それは思想やイデオロギーの場合もあれば、現実の問題の場合もある)の挑戦に持ちこたえないかぎり、普遍はあり得ない。ここで、私が原理の普遍性の目安として考えたいのは、そのさまざまな人びとのくらしのなかでももっとも恵まれない人びとのくらしの現場の挑戦に持ちこたえられ得るかということだ。ファシズムはそれに持ちこたえることはできない。あるいは、「アジア主義」は、すくなくともなまはんかなそれは、ガダルカナルのジャングルの住民のくらしの現場の挑戦に持ちこたえられないにちがいない。あるいはまた、言論の自由だ。それがたんに何を言おうと勝手だということにすぎないのなら、その「言論の自由」は差別された人びとのくらしの現場の挑戦に論理と倫理の双方において持ちこたえることはできない。私はそこから原理の普遍性を考えたい。

私が「ホンモノ、ニセモノ」の区別によってではなく、持ちこたえるかどうかをものごとの基準にしたいと主張する意味は、このあたりであきらかになって来ているのではないかと思う。世には、ホンモノの天皇主義者はいくらでもいることだろう。そして、そういうホンモノ天皇主義者を礼讃するホンモノ主義者も進歩派のなかにもいることだろう。しかし、ホンモノであろうとニセモノであろうと、天皇主義はアジアの人びとのまえで持ちこたえることはできない。沖縄においてさえ、それは持ちこたえることはできない。誠実という美徳についても同じことだ。そこに基準をおいて、誠実な天皇主義者をもちあげることを私はしない。

　普遍原理に話を戻して言えば、こわいのは、自己の普遍の絶対視が始まるときだが、それは、人びとのくらしの現場での異質のものの挑戦を受けなくなった(とみなした)ときだろう。本当にはその挑戦は永久につづく筋合いのものであるのだが、そんなふうに自分と他者のことのありようがとらえられなくなったとき、思想の死が始まっている。スターリン主義もそこで出て来れば、キリスト教の正義の名による殺戮も起る。あるいは、仏教のただひたすらに「安心立命」の葬式屋になりはててしまったのも、それと無縁のことがらではない。

7

「殺すな」は、いくさ、そして、敗戦というとてつもない悲惨の挑戦を受けて私たちが辛うじてかたちづくった普遍原理だが、内部検証が十分になされないままで時がすぎ、その結果が今さまざまな問題をひき起しているのだろう。そして、内部検証がなされなかったのは、異質のものの挑戦をまともにこれまでに受けなかった、すくなくともつい最近まで受けることがなかったせいなのにちがいない。

まず、「殺すな」とは、誰が誰にむかって言うことばなのか。これは、私たちがあのいくさの体験をただひたすらに敗戦体験＝被害者体験として受けとめて、加害者としての自分のことをウヤムヤにしてしまったことにじかにかかわりあうことがらだが、私たちは敗戦体験＝被害者体験があまりにも大きいものであったゆえに、かえって、私たちが加害を受けた側からの挑戦を受けることはなかった。いや、それは感じなかっただけのことだが、奇妙な言い方をすれば、敗戦体験＝被害者体験が一種の防壁の役割をはたしていたのにちがいない。自動車事故をひきおこした人が、自分もケガをしていて、気も動顛《どうてん》していて、被害者の声も叫びもろくすっぽ耳に入らない。こういうことのありようがベトナムの人びとのたたかいを究極のところで理解することができなかった私たちをつくり出したのだろう。あるいは、ベトナムの人びとの苦しみと自分たちのそれをただちに結びつける論理と倫理をつくり出す。

「殺すな」は、逆に言うと、「何としてでも生きよう」ということだろう。この考え方は、「死ぬ」ことだけがすべての論理と倫理の出発点であり帰結だった長いいくさのあとでは、それらすべての論理と倫理を打ちくだくほどの衝撃力にみちた普遍原理だったのだが、これは、異質のものとのまともなぶつかりあいがなかったゆえに、生きるためにはどんな屈従にもたえる、生きるためにはどんなよこしまなこともする、してもよいという論理と倫理を安易にかたちづくった。前者からは、ベトナムの人びとのたたかいに対する無理解が生まれて来たのだろうし、後者は、これはもう言うまでもなく公害たれ流し、あるいは、アジア経済侵略に至るまでの高度成長の原理であった。そして、二つともに、今やっと挑戦を受けている。前者について言えば、ベトナムの人びとのたたかいをはじめとして「第三世界」の解放を求めるたたかいが挑戦の主体だろうし、後者の主体は、公害反対の住民運動の人びとであり、日本の経済侵略に対決しようとするアジア諸国の人びとの動きだろう。どちらの場合も、異質の現実の挑戦であるとともに原理の挑戦でもある。その挑戦のまえで、問題は「殺すな」がどのような普遍原理として持ちこたえられるかなのにちがいない。「殺すな」が生きるためには何だってするであるかぎりは、そこにとどまっているかぎりは、もはや、持ちこたえられない。それはもう誰の眼にもあきらかなことだ。

民主主義の内部検証の不足もさまざまにあった。そして、それをひき起した挑戦の不足。

いや、挑戦を挑戦として感じて、そこに自ら身をさらすことの不足。それもさまざまにあった。「無力における平等」が一億総ザンゲ哲学のうしろ楯となったことはさっきも述べた通りだが、それが「自決」という民主主義のもっともカナメになることがらへのトバ口にまでさしかかりながらうまく行かなかったのには、占領軍の力が強大であった、政策転換をした、人びとがせっかちに左翼イデオロギーに飛びついた（「自決」を押して行けば、それは強力な世直しの武器になったはずなのだが、そうする代りにマルクス主義の知識をひけらかしたというわけだ）——そうした事情のほかに、もっと根本的な理由として、その「無力における平等」が閉じられたものとなって外へ開いて行かなかった、それゆえに外から挑戦を受けることがなかったということがあったにちがいない。早い話、会社だ。名うての「会社国」日本のことなので（大企業によって代表される会社と政治の癒着だけを、私はこの「会社国」ということばで言いあらわしているのではない。「会社」という組織の論理と倫理、そして、感覚までが人間のくらしのすみずみにまで入り込んでいるゆえに、私はこのことばを使う）会社のことでまさしく日本の社会のありようを代表させてもよいだろうが、ひとつの会社のなかを見ているかぎり、たとえば、給金はかなり平等だろう。これは、アメリカ合州国やヨーロッパ、あるいは、アジアの会社とくらべてみるとたちどころに眼に見えて来る事実だが、これは、さっき述べたように「無力における平等」の認識の制度化であり慣習化であったにちがいない。社会保障ならぬ「会社保障」が完備しているのも日本の会社の平等のあらわれだが、ただ、その平等は、他の会社——小企業の会社にまでひろがって行く平等ではない。それはあくまで自分の会社のなかだけの平等だろう。「自決」と言っても、その「平等」をなんとかしてでもまもろうとする「自決」となって、無力な者どうしがつながりあって「自決」をたたかいとるという方向にはむかおうとしない。

これは国と国との関係についても言えることだろう。平等は自分がぞくする「先進国」のあいだにだけあって、それを「第三世界」の貧しい国ぐににまではひろげようとしない。ここで、ベトナムの人びとのたたかいは、本質的に民主主義を求めるたたかいであったことを考えたい。民主主義と言っても、もちろん、たんに多数決のことではないだろう。「自決」と「平等」。ベトナムの人びとがめざしていたものが国のなかでの人びとのくらしにおけるそうしたことの実現なら、彼らは、同じことを国と国とのつきあいにも求めていた。一口に言えば、彼らはアメリカ合州国と自分たちとのあいだに「自決」と「平等」を基本にした関係をうちたてようとしたのだが、これは、もっとも民主主義的な関係だと言えるにちがいない。そして、今、「第三世界」が求めているのは、富める国と富める国とのあいだのそんなふうな民主主義的な関係にほかならないのだが、「富める国」の私たちの側ではことがらをなかなかそうしたものとしては理解していない。自分たちの国のなかでの民主主義と実はまっすぐにつながった問題としてあるのだということがもうひとつつかめていない。

　日本人の場合にひきつけて言えば、敗戦直後の日本はおそらく世界でもっとも貧しい、おくれた国のひとつで、そこで、世界の多くの国(それらは、大半、また植民地で、独立をもっていなかった。「自決国」ではなかったわけだが、そう言えば、日本も占領下で、独立国でも「自決国」でもなかった)と「無力における平等」を共有していたのだが、そして、まさにそれゆえにこそ「国際民主主義」を求めるたたかいをかたちづくるトバ口にいたのだが、正直言って、私たちにはそのとき外の世界に眼をむける余裕はなかった。現実のことのありようもそうだったし、原理としても私たちは「国際民主主義」を求めるたたかいの基盤になる原理をかたちづくってはいなかった。そのうち、「繁栄」がやって来て、「経済大国」となった私たちは「富める国」の仲間入りをする。「富める国」の人間にはいかに問題の本質が見えないかということは、アメリカ合州国の国連大使であるモイニハンさんのこのところの一連の発言に見られるのだが、彼は、国連で「第三世界」の国の数が多すぎて、そういう重要ならざる国が「先進国」とひとしく一票をもっていて、けしからぬことを多数決で決めると言って怒る。つまり、彼にとっては「国際民主主義」とは、たかだか、多数決の問題でしかないのだが、私たち――べつに政府のえらいさんでないふつうの日本人にも、同じようなことを考える人間はいくらもいることだろう。

「第三世界」の側にも問題はあった。内部検証が不足なまま、「アジア・アフリカの時代」をむかえてしまったということがあった。スカルノさんやネルーさんが活躍したころの話だが、日本でも、ひところ、「A‐A」(アジア・アフリカ)のちょっとしたブームがあった。もちろん、スカルノさんもネルーさんも平等と自決にもとづいた「国際民主主義」を求め、「A‐A」の世界を確立しようとしていて、それはそれでたいへんな事業だったにちがいないが、ただ、ふり返って考えてみると、そこのところで基盤となる原理がまだ十分にできていなかった。いや、そうした原理は哲学者が考えてでき上ることではない。ベトナムの人びとのたたかいのようなものがそこにはまだ十分になかった。そう言ったほうが正確だろう。そうしたたたかいのなかからしか原理はかたちづくられ得ないものだから。

忌憚《きたん》なく言ってしまえば、彼らがしようとしたことは、「先進国」のたどった道筋をたどることであったと思う。もちろん、スカルノさんもネルーさんも「A‐A」の独自性をいくらも説いた。またその実現のために努力もした。しかし、とことんのところで、西洋の「先進国」がたどり、日本がそのあとを息せききって追いかけた道筋からさして大きく外れるものではなかった。「追いつけ、追いこせ」――この原理は、西洋の「先進国」やら日本やらがまだ戦争の被害から脱け出せ得ないでいるときには、十分に実現して行けるもののように見えた。アメリカ合州国を除けば、「先進国」はまだまだ「貧しい先進国」であったのだが、それらの国ぐにが「富める先進国」にもう一度大きくよみがえって来たときには、もうその彼らの「追いつけ、追いこせ」の原理は持ちこたえることはできなかった。

「社会主義先進国」をふくめて、「富める先進国」とはべつの原理に立たないかぎり、自分たちの未来はない――そこのところの反省が中国の文化大革命にあったたし、それ以後の中国のことの進め方、考え方(世界を「第一世界」、「第二世界」、「第三世界」の三つに分けて考える中国式のやり方はそのひとつの典型だろう)にあると思う。そこには、社会主義国もまた、これまでのところ、「追いつけ、追いこせ」の原理から完全に脱けきっていなかったという認識と根本的な批判があったにちがいない。「中ソ論争」をそうした視点で見ることは重要だし、そうしないかぎりことの本質は見ぬけないと私は考えるのだが、ただ、中国はあまりに大きな国で、そこで、アジアの「小国」には他人事のように見られていたきらいがあるのではないかと思う。そこへ行くと、ベトナムの人びとのたたかい、そして、その勝利は、アジアのあまたの「小国」には強い力で迫って来るものだった。今や「富める先進国」の中心とも言うべきアメリカ合州国の世界最強の軍隊をベトナムの人びとは自力で打ち破った――この事実は事実としてだけ、「小国」の人びとに受けとられたのではない。それは事実の問題であるとともに、原理にかかわる問題だった。

そこのところを、アジアの「小国」の人びとは、今、「大国」の日本の私たちよりもはるかに敏感に感じとっているように私は思う。数年前まで、アジアの「小国」はおしなべて言って、かつて日本がたどった「追いつけ、追いこせ」の道をたどろうとしていた。そこに何のうたがいもたずというのではなく、そうするほかに道はなかったのだという言い方が正確だろう。そのうち、その道がどうやらまちがった道であること、すくなくとも彼らの道でないことが、日本の経済侵略と公害騒ぎを直接のキッカケとして誰の眼にも見えて来た。ただ、それが見えて来たとしても、とって代るべき他の道が彼らの眼には見えなかった。夢物語としてではなく、現実のものとしては見えなかった。

そこに力強く出現したのがベトナムの人びとのたたかいの勝利であったのだと思う。とって代るべき道を、彼らが夢物語としてではなく、現実の姿として示したのである。私は今年(一九七五年)の八月にタイで開かれた「アジア人会議」(去年、私や私と志を同じくする人たちがキモ入りとなって日本で開いた第一回目のものにつづく企てだ)に出たのだが、その会議での話し合いや、あとでのさまざまな人びとの対話のなかで(そのなかには、ククリット首相との対話も入っている）第一に感じたことは、「ベトナムの衝撃」だった。それは、一口に言えば、次のようになるだろう。そう言ったほうが、日本人の私たちにはよく問題の本質がとらまえられるにちがいない。日本の道を歩んではならない。そこに自分の未来はない。ククリット首相でさえがそんなふうに言ったことは、私にとって今さらながら衝撃だった。もちろん、この私の「タイ衝撃」の背後には「ベトナムの衝撃」があることは言うまでもないだろう。そして、そうした意味での衝撃をベトナムの人びとのたたかいと勝利から受けとった日本の政治家に、私は革新派、革命派の人びとをふくめてあまり出会ったことがない。

日本人の側から言えば、何年かまえの「A－A」ブームの時代なら、明治維新以来の日本の近代史の類推で「A－A」の現在、未来、あるいは、原理をうかがい見ることができたにちがいない（ここであざやかに思い出すのは、十年まえの夏に「べ平連」が主催して行なったベトナム問題を討議する「ティーチ・イン」の席での中曾根康弘さんの発言である。当時のサイゴン政権をさして、彼は、明治維新後の政権みたいなものだと言った。いみじくも言ったものだが、だから少々の腐敗とマチガイはしようがないのではないかと彼は結論した）。もちろん、今だって「第三世界」の大半の国は、その類推で話ができるところにある。しかし、中国やベトナムの場合には、もうそれはできないだろう。類推では、もはや、持ちこたえられないのだ。そこで大きく言って、今、日本のえらいさんたちが行なっているのは、次の二つのことであるような気がする。ひとつは、まず、中国をできるかぎり「大国」的にとらえることだろう。中国の人びとが行なっていること、原理としていることのなかから、自分の類推のきく部分だけを取り出し、それを大きく拡大するかたちで中国のもろもろを見る。文化大革命もたしかに権力闘争の一面をもっていて、そこから文化大革命を見ることも可能だが、同じことをさらに強いかたちでえらいさんたちは中国全体について今行なっているようだ。日中国交回復自体がアジアの「大国」どうしの結びつきとして行なわれたことはすでに述べて来た通りだが、中国の人びとの気持はいざ知らず、国交を回復させた日本のえらいさんたちにとっては、アジアの未来に自分を結びつけたという気持はさらさらないのにちがいない。

8

もうひとつ、やっかいなのはベトナムの人びとのたたかいであり、勝利だった。これもまた、中国の存在とともに現状を破り、未来へ世界を突き動かそうとするものとしてあって、その力の激しさは超大国のアメリカ合州国も持ちこたえられないほどのものであった。まして、日本は持ちこたえられない。

たしかに、「サイゴンの解放」直後に示したえらいさんたちの反応は、その「ベトナムの衝撃」をもろに受けたものだった。私はここで、「解放」の報道が伝えられたその日のテレビで見た外務大臣の宮沢喜一さんの表情を思い出すのだが、それは決して晴れやかなものではなかった。彼もまた中曾根さん同様、十年まえの私たちの「ティーチ・イン」の参加者で、そのときの彼のいかにも能吏《のうり》らしい怜悧《れいり》な表情は忘れられないのだが、（これも、十年という年月を持ちこたえるものとして私のからだのうちに残っている）、「サイゴン解放」の日にはさすがの能吏も疲れて見えた。

そのテレビで彼はしきりに自己弁護めいたことをしゃべった。そういうときでも、能吏だと思ったのは、「民族自決は歴史の必然」ということばを当然のことのようにして口にしたからだった。そういうことばがすぐ口をついて出て来るところあたり、まことに能吏だが、そこには、まず「歴史の必然」ということばで、ベトナム戦争を、それをひき起したアメリカ合州国の侵略、侵略への日本の荷担もろとも「天災」のようにしてかたづけ去ろうとする意図があった。それでアメリカ合州国の責任も日本の責任も消え去ってしまうというわけだろうが（そうでなかったら、とたんに南ベトナム臨時革命政府に国交を求めるというような恥知らずなことはできかねたにちがいない）、もうひとつ大事なことは、「歴史の必然」ということばによって、その「必然」をもたらしたものは何だったのかというかんじんカナメの主体の問題がおおいかくされてしまうことだ。ベトナムの人びとのたたかいがその「必然」の主体であったことをどうしても認めたくなかったのだが、それを認めてしまえば、とりもなおさず、宮沢さんが考え、日米両国のえらいさんたちが考えていたようなことは、根本原理のところに至るまでさきゆきがまるきりないことになる。怜悧な宮沢さんのことだ、そこまで読んだ上で、そんなふうに言ったのだろう。

もうひとつのカラクリは「民族自決」だった。ここが能吏宮沢さんの腕の見せどころというわけだろうが、彼は「民族自決」は言っても、その「自決」が正しいものであるかどうかについては何も言わなかった。「自決」が正義なら、アメリカ合州国の侵略に荷担した日本は正しくなかったことになる。不正義を行なったことになる。

まとめて言えば、宮沢さんたちのようなえらいさんたちがさかんに言おうとしていたことは、正義とか正しいとか、そういうことはこの世の中にはないということでなかったかと思う。ということは、逆に言えば、不正義だとかよこしまだとか、そんなふうなものも世の中にはないということで、ない以上は、日本には何の責任もない。無いものに対して責任はとれないという理屈だが、日本の世の中の高度成長を支えて来た論理と倫理(正確には、没論理と無倫理)もまたこうした理屈だった。これは否めない事実だ。いやおうなしに私たちひとりひとりに立ちかえって来る。

ベトナムの人びとのたたかいが示したものは、そこのところでまったく正反対にこの世の中に正義はある、まっとうなことはまっとうなことだ、よこしまなことはよこしまなことだということだが、ただ、彼らはべつに正義の観念を具現するためにたたかったわけではない。そこのところもはっきりさせておきたいのだが、彼らの正義は人びとのくらしのなかの具体的な不正義、よこしまとかかわりあってあった。それとたたかうことのなかにおいてあった。

こうしたベトナムの人びとの正義のありようを見ていると、正義、不正義を度外視したはずの宮沢さんのほうが、突然、世の中のさまが変って、日本が社会主義国になりでもしたら、そこでも有能な外務大臣となって、人類の正義を一身に具現したようなことをうまくしゃべれるのではないかという気がして来るからふしぎだ。スターリン主義というようなものはこういう社会主義国のありようがつづくかぎりたえず発生の危険があるわけだが、宮沢さんにとっては、今は正義を語るのに、少しばかりぐあいがわるい時期であるというだけのことにすぎないのだろう。なにしろ、誰の眼にも不正義があきらかな韓国との結びつきを金大中さんを犠牲にしてでも強化しようとしているのだから。

またしても、ここで役立つのは「民族自決は歴史の必然」ということばだろう。「民族自決」についてその正しさは問わないのだから、朴政権がどのようによこしまなものであろうと、すくなくとも彼らは韓国人だ。「民族自決」にまちがいはない。朴政権というような無茶苦茶な独裁政権が出現することも「歴史の必然」で、それがクーデタや革命によって倒されたとしても、これもまた「歴史の必然」だ。無傷で変らないのは、どのような「衝撃」にも持ちこたえているのは宮沢さんだけだというわけだろう。

「衝撃」はこれまでに四度あった。「ベトナムの衝撃」以前に三度。まず、「ニクソン・ショック」――それは、「日中国交回復」というかたちで切り抜けた。次の「ドル・ショック」は、さきゆきどうなるかと危ぶまれたが、かえってドルがだぶついたくらいだ。三度目に襲って来たのは、「石油危機」で、これは「国難」だったが、一時思い込んだほどのことはなかった。そのうち「第三世界」の結束は乱れ、石油はだぶつき出したではないか。

四度目が私の言う「ベトナムの衝撃」だが、宮沢さんをはじめとして世の中のえらいさんたちは、もうこれも切り抜けたと考えているのではないかと思う。このところの世の中のさまを見ていると、えらいさんたちは、新聞や雑誌にしきりに論陣をはるえらいさんまがいの論客をふくめて、ベトナム戦争が終ってかえって自由に得手勝手なことを言い出しているような気がしてならない。ベトナム戦争がつづいているあいだは、さきゆきどうなるか判らないので、かえって自由でなかった。「サイゴンの解放」は来たが、たしかにそれは「衝撃」だったが「民族自決は歴史の必然」で切り抜けることができた。「衝撃」はたしかに大きかったが、まあ、あれぐらいですんだ。

こういうのがざっと見わたしたところのえらいさんたちの態度だろうが、ここで目立つのは、「ベトナムの衝撃」をできるかぎり小さいこととして歴史のなかに葬り去ろうとする努力だ。なるほど、ベトナムは「解放」された、カンボジア、ラオスも同じ――しかし、そんなことはアジアの重要ならざる局地に起ったことで、世界の大勢はおろか、アジアのさきゆきに何の関係もない。実際の状況をそんなふうに局地化してとらえれば、ベトナムの人びとのたたかいが私たちに真正面から迫って来た原理的な根本問題を彼らだけにしか通じない問題として押し返す。一口にまとめ上げて言えば、状況と原理の「封じ込め」だが、これはこれまでのところ、なかなか効果があった。

そして、朝鮮だ。えらいさんたちの眼には、そこは、まだまだ十分にこれまでの彼らの手もちの原理でやって行けるところなのだろう。手もちの原理は、簡単に言えば、力とお金のゴリ押しで事態はどうにでも自分の思う通りになるという原理――韓国はお金でおさえつけ、北朝鮮は核兵器をふくむ力で黙らせる。

「ベトナムの衝撃」のまえの三つの「衝撃」をふくめてこうした経過のなかでえらいさんたちは確信をもって来たように思う。それは、世界はやはり変らないという確信だろう。

いろんなことがあるにせよ、旧世界の力は強い。そこにくっついていればまちがいない。持ちこたえることができる。世界は変らないのだから、原理もこれまでの手もちの原理でやって行ける。持ちこたえられる。

9

このことのありようのまえで、私は今一度、あらためて自分のからだのうちにあるもののことを考え始めていた。と言って、抽象的に考え始めたのではない。私が考えるのはいつでも現実の場で、それは、一口に言えば、「ベトナム」後の「日本」だ(カッコつきで書くのは、地名だけをさしているからではないからだ)。もうひとつ大きく言って、「ベトナム」後の「アジア」――そこで、私は考え始めていた。私のからだのうちの何がそこで持ちこたえるのか。

作業は内部検証をふくんでいた。それはすでに書いて来た通りだが、ただ、私はそのことでせっかちな自己否定を試みようとしていたのではない。せっかちな自己否定は私の性癖にあわないが、そもそも、私がこれまでに述べて来たものがからだのうちに持ちこたえるものとしてなかったのなら、はじめはそれとはっきりしていなかったにせよ、ベトナム反戦の運動に加わることもつづけることはなかったにちがいない。そして、これは私だけの問題ではなかったと思う。運動に参加したさまざまな人たちのからだのうちに私は自分と同じものを感じとっていて、そこに連帯の根のひとつがあった。もちろん、同じものを感じとったということは、たとえば、「殺すな」の論理と倫理のもつやわさ、生《な》まはんかさをおたがいに感じとったということでもある。それもおたがいを結びつけた。

　ことを逆にして言えば、私たちがベトナムの人びとのたたかいに共感したのは、そのたたかいの当事者のからだのうちに同じものを感じとったからだ。そこで「同情」――まさしく、情を同じくしたのだろう。「愛」ということばをここで使いたくないのは、ひとつには、キリスト教の「愛」をふくめて、それがもうあまりにも使い古されてさまざまに意味づけられてしまったことばであるからだが、もうひとつ、やはり、どこかでそぐわない感じがする。私が運動のなかでベトナムの人びとと自分とのあいだに感じとったのは、どうあっても「愛」というよりは「同情」というもので、そこではじめて、解放戦線の戦士たちにも、侵略者と彼らのはざまに立って双方の銃弾に倒れる農民にもともにつながる自分を感じることができた。そして、私と思想、信条、イデオロギーは言うに及ばず趣味、性癖もろもろにわたってちがう人びとと私とを運動のなかで結びつけたのも「同情」だった。人びとおたがいどうしのあいだでもそうだっただろうし、ベトナムの戦線を離脱して脱走して来た合州国の兵士とのあいだにも、私はまず「同情」を感じた。

私が「同情」を自分のよりどころとしていたのは、やはり、「殺すな」ということば、その論理と倫理がからだのうちに強くあったからだと思う。それは戦争のときの私の体験にかかわることがらだが、「殺すな」は「死」にじかにからみあっていた。このあたりの精神形成の過程はすでにかなり書いて来たことなので省きたいが、「死」と言っても抽象的にとらえられた観念の「死」ではなく、私が実際に空襲後の焼跡のなかで何度となく目撃した黒焦げの死体に象徴される具体的な「死」であったことだけは言っておきたい。やはり、子供のときのその具体的な「死」の体験があまりにも強烈だったせいか、自分のからだのうちにあるものについて言っても、私はまず「殺すな」からことを始めていた。「殺すな」から始めて、「平等」、「自決」に至り、「第三世界」にまでたどり着く。その過程で、私の「殺すな」は、さまざまな現実と原理の挑戦を受けてボロボロになる。「ベ平連」運動の十年間はおよそそうした十年間だった。いや、今だって、ことは同じだ。

ベトナムの人びとのたたかいの場合は、極端な言い方になることを覚悟で言えば、逆の過程でなかったかと思う。彼らの出発点は、まず、「第三世界」だった。その視点から彼らは「平等」を考え(つまり、不平等に怒ったのだ)、「自決」をわが原理としてとらえ、たたかいを始める。その過程で、「殺すな」という論理と倫理が重みをもってたたかいのなかに立ちあらわれて来たのではないかと思う。彼らがそのあたりのことを軽く乗りこえて行ったと想像するのは、アジア人というのはすぐ死にたがる、生命《いのち》は彼らにとっては特殊だという西洋人一流の偏見からさしてほど遠くないのにちがいない。「殺すな」と叫びながら、「殺す」ことがあった。もちろん、彼らによって殺された人は、数の上から言えば、侵略者によって殺された人びとの数とは比較にならないほど小さな人数だったにちがいないが、問題は数字の比較ではない。私は、やはり、北ベトナム、解放戦線の戦士をふくめてベトナムの人びとはこの否定しがたい事実に正面からむきあったのではないかと思う。問題は、死者たちの死体のまえで、彼らの「第三世界」、「平等」、「自決」――そうしたものが持ちこたえたかどうかだろう。それらは持ちこたえた。いや、ことはそんなふうに簡単に言ってのけてはならないものだろう。「サイゴンの解放」は、たしかに、持ちこたえのありようを見せるものとしてあったと私は思うのだが、これは革命がそうであるように永久につづく問題なのにちがいない。

私自身の出発点の話に戻りたいと思う。「殺すな」のことだ。すでにそれがさまざまな現実と原理の挑戦を受けてボロボロのものになったことはさっきも書いたが、それでもはたして持ちこたえているのかどうか。私がそんなことを考えるようになったのは、運動に加わって何年かが経ったころで、べつにキッカケになった大事件があったわけではない。ただ、こういうことが徐々にあったのではないかと思う。いつのころからだったか、これは私ひとりのことではなかった。そのころには、同じように、奇妙な言い方になるが、私は私自身に「同情」し始めていた。そして、同じころに、「ベトナム」のことが「日本」のこととしてとらえられ始めていた。ベトナム戦争は実は日本の社会のしくみ、そのなかで生きている自分のくらしの問題なのだというぐあいにことのありようが運動のなかの人びとの眼に見え始めていた。奇妙な言い方をもう一度使えば、私同様、人びともまた自分に「同情」し始めていたのだろう。そこから「ベトナム」の内面化が始まり、日本の社会のしくみに対して若者は根もとからの批判を投げかけ、おしまいには「自己否定」の論理と倫理にまで突入する。

このあたりで、私は、自分のからだのうちにあるものをひとつひとつ考えなおしていたのでないかと思う。それが持ちこたえられ得るものかどうか——「殺すな」がその考えなおしの対象のひとつだった。いや、第一だった。侵略者、抑圧者が圧倒的な暴力をもって人びとに襲いかかって来たとき、「自決」を求めて人びとが起ちあがる。そのとき、「殺すな」ははたして有効な原理か。有効、無効のことより、もともとそれはそこで論理、倫理として成り立ち得るのか(ただの没論理、無倫理ではないか)。

このベトナムの人びとのたたかいが根本のところで私につきつけて来た問に対して、みごとな解答を得たというのではない。ただ、私には答える必要があった。ぜひともそうする必要があって、それはまず、自分に対してだった。私はせっぱつまっていて、そういう自分のありようは、私がもし自分なりに(おしきせでなく、自まえにということだ)ベトナムの人びとのたたかいにかかわることがなかったら、決して生じて来なかったものだと思う。そこにかかわることがなかったなら、私はもっと身軽に「非暴力行動」を主張することもできたし、そうした問いかけを架空の状況での抽象的な問だとして無視することもできた。あるいは、逆に、勇ましがりの論客のように「暴力」をおらび上げていたかも知れない。私は矛盾に身をさらけ出している気がした。そして、結局、そういう自分のありようを私は持ちこたえるものとしてとらえる、それをそんなふうに強いものとしてあらしめる、もうひとつ言えば、手もちの武器とする――私はそんなふうな考えにたどりついていたが、それは問に対する答では決してなかったにちがいない。ただ、答え方であったと思う。答なら、そこで一回きりに完結してしまうし、そうあり得るだろう。答え方はさきゆきにむかって開いていて、これは私の今日の問題であり、明日の問題でもある。答え方である以上、完結することはない。

答え方の基本にあるものを書いておこう。ひとつは、この問題を考えるときに、現実の「殺すな」、「殺せ」がせめぎあうたたかいの現場を離れて考えてはならないということだ。いや、もう一歩を踏み込ませて考える必要があるだろう。そこで、自分はどうするかというせめぎあいの現場での行為のことだ。私の場合、自分の家のなかでその自分を想像したのではなかった。てらった言い方になるのをおそれないで言えば、たとえば、機動隊の楯のまえで自分のありようのことを考えていて、それはもちろん「殺すな」、「殺せ」がひしめきあう現場ではなかったが、それでも自分の家のなかよりはそこに近いところでもあれば、一直線につながって行く場所でもあった。これは、ひとつには、ひとりの人間のいのちのことをあくまで考えようとする倫理の問題だったが、もうひとつは、抽象的な大議論を展開する人びとが無視しがちな「暴力」の量と質の問題だった。より具体的に言えば、「暴力」の手だてとしての武器の量と質の問題で(前者について言えば、たとえば、大量無差別爆撃の問題だろう。後者は、「ゲバ棒」とピストルとのあいだには、次元のちがいがあるということだ。そして、「ゲバ棒」もまったく素手の相手にむかっては、次元のちがいをもっておおいかぶさる)、そこのところに議論の基点のひとつをおかなければ、議論はいつだって空まわりする。

と言って、私はここで「殺すな」が有効か無効かについて議論をするつもりはない。それは「殺せ」が有効か無効かについてと同じくそのときどきの状況を離れてはあり得ない議論だが、私がさっきから問題にしているせめぎあいの現場はそうした意味での状況ではない。私が、その現場での自分のありようをふくみ込んだかたちで考えようとしたのは、

「殺すな」がその現場で論理、倫理として持ちこたえられるかどうかということだった。この問には、私は今、持ちこたえられると答えることができる。答え方が自分なりにあるという意味でそんなふうに答えるのだが、一言つけ加えた上で、私はそう言う。「同情があれば」。

私自身にそくして書きたい。そのせめぎあいの現場で(くり返して言うが、私はあくまでその現場から考えたい。「殺すな」、「殺せ」というような人間の存在の根本にかかわる問題の場合、原理を原理だけで考えてはならないと思う。これはすでにくり返して述べて来たことだが、それではただの教義問答になる)、私は暴力行動主義者にはならない。とことんのところで非暴力行動主義の原理をまもろうとする。ただ、この二つのことがらは、私がその現場の行為のなかで決して暴力を行使しない、暴力の行使を支持しないということにはならない。二つは暴力の行使、あるいは、その行為の支持を私に妨げはしない。「同情」があるのだと思う。圧制者が人びとを抑圧していて、(そのとき、きめ手になるのは、圧制者の側における「殺せ」の原理の一方的行使と、「殺すな」の被圧制者に対する、前者の原理の行使による一方的強制だろう)、人びとがついに反逆に起ち上る(奇妙な言い方になるが、これは、「殺すな」における「平等」と「自決」を求めるたたかいだろう。そのためには「殺せ」における「平等」と「自決」が要《い》る。前者から後者に比重が移ったとき、たたかいは堕落し、原理的に自滅する)。そのとき、人びとと情を同じくすると私が感じるなら、彼らの問題が原理のことがらをふくめて私自身のものだと感じとられるなら、私は彼らとともに反逆に加わる——たとえ、武器をとってしてでも。

そのときでも、私は「殺すな」をもちつづけているだろう。いや、そんなふうに言いきることはできないにきまっている。それはそんなふうに断言することがらではなくて、「殺すな」をそこにおいても持ちこたえさせたいという志《こころざし》の問題だろう。それは「殺すな」=「殺せ」の関係は、決して、一方通行の関係でないと私が信じているからだ。「殺すな」が「殺せ」に「同情」するだけではない。せめぎあいの現場で、「殺せ」が「殺すな」に「同情」する。そこにいつでも「殺せ」が「殺すな」の巨大な「非暴力行動」に転化する芽がある。私がベトナムの人びとのたたかいのなかに感じとっていたのは、そして、勇ましがりの論客の大おらびあげや「内ゲバ」の戦士たちに少しも認めることのできないのは、そうした芽のありどころだ。

抑圧にたえかねて起ち上る人間が私自身の場合もあるだろう。ここでも、原理的にことは同じなのにちがいない。私は「殺すな」、「殺せ」にかぎらず他の多くのことがらにおいて原理の対立、矛盾、せめぎあいをからだのうちに感じとるのだが(これは死ぬのに生きている、個々の細胞が刻々死にむかって進みながら生きているという根本的な矛盾をもつ人間として当然のことだろう)、同時に原理の持ち主である当の私の「同情」を仲だちとして原理自体にも結びつきができる可能性をも感じとることができる。この場合でもきめ手となるのはせめぎあいの現場での私自身の行為で、私という人間が動くことがなければ、もともと原理は対立もしなければ矛盾もしない。対立と矛盾がなければ、当然、せめぎあいはないし、せめぎあいがないところに結びつきはない。

ここで、その問題にからんで、もうひとつ大事なことを言っておきたい。それは、「殺すな」が「殺せ」を前提として存在する原理である以上、そして「殺せ」が積極的行為である以上「殺すな」もまた「殺せ」にまっこうから対立し、それを押しつぶそうとする積極的行為であるということだ。逆に、積極的行為を前提としない「殺すな」は原理として成り立ち得ないし、それほどの力をもって「殺せ」とせめぎあわない「殺すな」は「死ぬな」であり得ても「殺すな」ではない。「殺すな」が「死ぬな」とはちがった次元に立つ原理であることは言うまでもないだろう。「殺すな」が「殺せ」と積極的にせめぎあう行為の原理であるのに対して、「死ぬな」は「死ぬ」という人間の不可避的な運命に積極的にせめぎあうことのない祈りであり、より適切にはあきらめなのにちがいない(ベトナムの仏教徒たちが行なった「焼身自殺」を、私はただの祈り、まして、あきらめの表現だとはとらない。彼らはそのいのちを賭けた行為によって明瞭に「殺すな」と告げる)。

結論ははっきりしているだろう。「殺すな」が「殺せ」と行為の現場でせめぎあわないかぎり、それは「殺すな」ではすでにないことだ。そこにあるのは、もはや、「殺せ」に対する「非暴力抵抗」でもなければ、「非暴力行動」でもない。あり得るのは、ただの「非暴力無抵抗」であり、「非暴力無行動」だろう。戦後の三十年間における私たちの「殺すな」の歴史のなかであきらかに認められるのはこうしたことのありようだが、このありようは「平和」と「反戦」がただの祈りの対象となりはててしまったことと無関係ではないし、祈りはあきらめをひきずって歩く。

もう一言言っておきたい。「殺すな」が「殺せ」に対する「非暴力無抵抗」、「非暴力無行動」になり下ったとき「殺せ」は「無制限暴力行動」に自分を強め、ひろげる。これもまた自明のことだ。

10

力とお金をもつ人間が力とお金をもたない人間を支配しても、後者がその状態に安住しているなら、前者の支配者は、べつに「殺せ」と自分と部下にわめき立てることもないにちがいない。ということは、自分と部下のあいだ、あるいは、自分のからだのなかで「殺せ」、「殺すな」の大議論がわき起って、二つの原理のせめぎあいのなかに身をおくことはない。その状態は被支配者から見れば「平等」と「自決」の欠如あるいは不足だが、彼がその状態に満足しているかぎり、被支配者の側にあっても、「殺せ」、「殺すな」のせめぎあいはない。せめぎあいが起るのは、彼が圧制に耐えかねて「平等」と「自決」を求めて支配者にたちむかうことを始めたときだろう。「殺せ」と圧倒的な力をもっておそいかかって来る支配者にむかって被支配者は「殺すな」と叫び、その関係は逆の方向にも言えることだが、せめぎあいは両者のあいだだけにとどまるものではない。両者の内部――からだのうちまでをふくめて、そこで起る。

ということは、「殺すな」は「平等」と「自決」を求めるたたかいを前提としているということだろう。それがとりもなおさずさっき述べた「殺すな」の積極的行為の中身なのだが(逆に、「殺せ」は人びとの「平等」と「自決」を押しつぶして圧制を実現しようとする行為を前提とする)、問題をそこまで踏み込んでとらえることで、「殺すな」は状況を一歩押し進める。あるいは、突き破る。

ここで、正義とは何かということを考えてみたい。私はさっきベトナムの人びとのたたかいは世の中に正義はあるということを具体的に示したと書いた。ただ、同時に、彼らは正義の観念を具現するためにたたかったのではない(かつての十字軍は、すくなくともその理念においてはそうだった。あるいは、「反共十字軍」の構想のなかには確実にこの観念がある)、彼らの正義は人びとのくらしのなかの具体的な不正義、よこしまとのかかわりあい、それとのたたかいのなかにおいてあったとも書いた。私の考えをここでさらに押し進め、はっきりさせておきたい。彼らにとって、正義とは何だったかということだ。究極のところで、それは「平等」と「自決」だったと私は思う。彼らはその正義を国のうちそとに求めた。

ここで、進歩のことを考えてみたい。それは、彼らのたたかいのなかに、進歩への信念、信頼感があきらかに認められたからだ。そして、そこで、彼らのたたかいは、「民族自決は歴史の必然」という宮沢さんの考えにまっこうから対立するのだが(宮沢さんのことばの基本にあるのは、歴史は「必然」によって「変化」するが「進歩」はしないという考えだろう。あるいは、「変化」は認めるか、認めざるを得ないが、「進歩」はさせてはならないというようなみなみならぬ決意だろう)、彼らにとって進歩とは、国のうちそとに「平等」と「自決」を求める動きのことだったにちがいない。自分たちは確実にそちらにむかって動き出しているという確信を、彼らは書斎のなかでの思考によってではなく、たたかいの現場——「殺せ」、「殺すな」のせめぎあいの現場で持った。

私自身のことに話を引き戻したい。「殺すな」の原理をもつ私がベトナムの人びとのたたかいについていろんな保留をからだのうちに感じながら(これも私はためらわずに書いておきたい。それを感じなくなったとき、私は非暴力行動主義の原理を捨て去ったことになる。ことわっておくが、私はそうした自分を非難しようというのではない。ただ、ちがった原理をもつ自分になったということだけははっきりしているし、はっきりさせたい)、とことんのところで「同情」を感じるようになったのは、「殺すな」が「平等」と「自決」を求める積極的行為であるということが自分に納得できたときだった。くり返して言うまでもないことだろうが、その納得は書斎での思考のはてに得られたものではない。自分なりのやり方で彼らのたたかいにつながる運動をかたちづくることのなかで、私にはその論理と倫理の展開は納得できた。

ここではじめて、私は「世直し」ということがらを「殺すな」の原理がまっすぐにつながって行くものとして考えることができる。『世直しの倫理と論理』(岩波新書)という本を書いたとき、私はまだ十分にそこのところまで踏み込んで考えていなかったと思う。「世直し」の目的ははっきりしていた。それは「平等」と「自決」を求める人びとの動きだが、そのことと「殺すな」との原理的なかかわりあいをまだ私ははっきりとつかみとっていなかったにちがいない。「非暴力行動」、「非暴力抵抗」は、そこでは、まだまだ手だての領域に踏みとどまっていて、主として、戦略、戦術の問題でなかったかと思う。そして、そのあたりのことのありようが私の眼に見えて来たのは、それ以後、「サイゴン解放」に至るまでのベトナムの人びとのたたかいの進展のなかでだった。私は、もう一度、「殺すな」を基点として、自分のからだのうちにあるもののことをとらえなおし始めていて、そこで、「非暴力行動」、「非暴力抵抗」は私にとって「世直し」の原理として持ちこたえられるものになった。いや、こうした完結した言い方は私にもそぐわなければ私の考える「世直し」にもそぐわない。持ちこたえられるかどうかはこれからの私のありようにかかっているので、ただ、私はそこで私の「世直し」のよりどころをたしかなものとしてもつようになったとそんなふうに言いたい。

ことばをかえて言えば、「殺すな」は私にとって手だての問題ではなくなったということだ(私は手だてを軽視しない。それどころか、原理の目的の中身と同じ程度に重視して、手だての考察なしに論じられる大原理に自分は無縁だとする論理と倫理をもつ)。それは「世直し」の原理にもかかわれば、正義、進歩につながる問題でもある。私がベトナムの人びとのたたかいにからめて、正義とか進歩とか、ふつうの人間である私にとって大げさにすぎることをまともに考えるようになったのも、「殺すな」が手だての問題であるとともに「世直し」の原理の問題となって来てからのことだ。もちろん、この世の中に正義があるとかないとか、進歩があるとかないとかは、究極のところでは、人間の性善説、性悪説同様に人間の選択と努力の問題なのにちがいない。私はその認識をいぜんとしてもち、どちらを選びとるのも人間の自由だと考えるのだが、私の「殺すな」は、ベトナムの人びとと同じ選択と努力を私に迫っているような気がする。そして、その根拠は、おそらく、先験主義的なものだけではないだろう。あるいは、アジアの伝統のなかにある(仏教ということより、仏教をふくめてアジアの思想的ひろがりのなかでこの問題を考えたほうが私には適切な気がする。それは、たとえば、インド思想の「アヒンサ」と自分とのかかわりあいを考えてみたいからだ)「殺すな」「非殺生」の原理だけが私を動かしているのではない。その二つの根拠を私のからだのうちに認めた上で、やはり、そこにもっとも強力な根拠としてあるのは、かつて私の周囲におびただしくあった黒焦げの死体の死だと私は思う。そして、その死を基本としてかたちづくられた日本人全体の「殺すな」――その「殺すな」がどのようにしようがないものに化し去ってしまっているかは私はすでに述べた。ただ、しかし、私がとことんのところでよりどころとしてもつのは、そこにおいてしかないと私は思う。すくなくとも、それが「平等」と「自決」につながり、「世直し」を求めるものであるならば。そうあらしめようとする志《こころざし》がそこにあり、志が行為をかたちづくるならば。逆に言えば、日本の「世直し」の道のひとつは確実にそこにあるということだろう。もちろん、そこに、志と行為があれば。

11

もうひとつ、大事なことがある。それは「殺すな」がつながる「平等」と「自決」は、自分の国のなかだけにかぎられたことではないということだ。さっきからくり返し言っていることだが、「平等」と「自決」は国のうちそとにひろがる。

まず、そこには、日本と他の国との関係における「平等」と「自決」があるだろう。そして、その他の国のなかでの人びとの「平等」と「自決」がある。「平等」と「自決」を求めるたたかいがある。それら二つは、日本のなかでの私自身をふくめての人びとの「平等」と「自決」を求める動きとじかにつながりあっていることがらだが、逆に言えば、それは、日本のなかでの私自身をふくめての人びとの動きがなければどうにもつながりようがないということだ。「世直し」ということばをそこで考えてみてもよい。あるいは、正義、進歩をそこにからませてとらえてみてもよい。いずれにせよ、人びとの動きはつながりあっていて、結局は、自分のことだ。

動きがないところにせめぎあいはない。せめぎあいがないところに「同情」は生まれるべくもない。これは私がさっきからくり返して書いて来たことだが、このことは、私と金芝河さんら韓国で「民主化闘争」を行なっている人びととのあいだに言えて、私は彼らとのつながりを「米日韓反動打倒に両国人民は連帯して起て」というようなかたちで考えたことはない。いや、そんなふうに考える資格と権利は私にはない。

　まず、私たちの側で、十分に動きがない。連帯の行動の動きが十分にないと私は言っているのではない。私たち自身の「平等」と「自決」を求める「世直し」の動きが十分でないと言うのだ。したがってせめぎあいもそこには、奇妙な言い方になるが、まだ十分ではないだろう。と言って、私はたたかいのなかで「内ゲバ」を奨励しているのではない。文学青年じみたハダカとハダカのつきあいのはての殴り合いをやれと言っているのではない。同じように「平等」と「自決」を求めていようと、一方の人びとがぞくする国が強大で、過去に他方の人びとのぞくする国を侵略し、植民地にしたという歴史があり、現在もその国のかんどころである経済がそこにのしかかるかたちでいとなまれているのなら、そこでさまざまな対立、矛盾、そして、せめぎあいが起ってもふしぎではないにちがいない。そのときにこそ、おたがいの国の人びとがからだのうちにあるものが持ちこたえるかどうかの正念場となるのだが、その持ちこたえの根拠となるものをめいめいがめいめいのやり方で考えぬいておく必要があるにちがいない。私の場合、それは「殺すな」だが、その「殺すな」は「平等」と「自決」につながり、「世直し」を志す「殺すな」であることは言うまでもないだろう。そして、その考えぬく場所は、私自身の行為のなかにおいて以外にないことも自明のことだ。

いずれにせよ、まだ、動きは、すくなくとも日本人の側にあっては、十分にかたちづくられてはいない。私自身の場合を考えてみよう。私と韓国の人びとのたたかいとのつながりはベトナムの人びとのたたかいのそれと同じ過程をたどって来たような気がする。ことは、まず、金芝河さんの救援活動から始まった。もう数年前のことになる、『五賊』を書いたあとはじめて彼が投獄されたときのことだ。同じ文学の書き手として、私は彼に「同情」し、それで自分なりの行為を始めた。その行為の中身については書かない。それよりは、もう少し原理的なことがらについて考えてみたい。

大げさな言い方をあえてしてみよう。私が金芝河さんの救援活動を始めるまえに、私がまぎれもなくその一員である日本と朝鮮とのあいだにはさまざまなことがあった。たとえば、「トヨトミ・ヒデヨシ」の侵略があった。日本の植民地支配があった。搾取があった。虐殺があった。差別があった。そして、もちろん、今また、途方もない経済侵略があり、独裁政権との政治の癒着があり、腐敗がある——私がこんなふうに他人事のようにことがらを列挙して書くのは、それ相応の関心をもち、発言もすれば集会に出かけたりもしたが、内心と行為とがまだまだ自分のものでなかったからだ。どこかにおしきせくさいところがあった。自まえでないところがあった。

金芝河さんのことのまえに二人の朝鮮人が視野に入って来ていた。二人はともにベトナム戦争を拒否した脱走兵だった。ひとりはアメリカ合州国軍からの脱走兵のキム・ジンスー(片カナで彼の名前を書くのは、彼が漢字を書けなかったからだ)。もうひとりは韓国軍脱走兵の金東希。二人の「キム」が立ちあらわれ、私が彼らを助ける行為に加わったことで、朝鮮のことはそれまでのありようとはちがったかたちで私の世界に入って来た。そして、金芝河さんが来た。

二人の「キム」のことがなければ、彼らを助けたことがなければ、そして、もうひとつことを大きくして言えば、ベトナム反戦運動を自分なりにかたちづくったことがなければ、金芝河さんのことも通り一ぺんにしか考えなかったのでないかと思う。つまり、「同情」はなかったにちがいない。私が動いたとしても、それはおしきせくさいところのある動き方だったろう。

そのときに私を動かしたのは、私のからだのうちにある「殺すな」だった。それは、ベトナム戦争に反対する運動を始めたときに私を動かしたのが、まず、「殺すな」だったことと同じだったが、ただ、どちらの場合でも、私ははじめはつきつめたかたちでは考えていなかった。「殺すな」を「平等」、「自決」につづく原理としてはとらえていなかったということだ。さっきの言い方を使って言えば、それは、むしろ、「死ぬな」に近いかたちでの「殺すな」だったのではなかったかと思う。

奇妙な言い方になるが、ベトナム戦争が短かい時間のあいだに終っていたなら、私の「殺すな」はそこで終っていたにちがいない。私は冗談まじりに「べ平連」の運動のことを乗りかかった舟だというぐあいに言いあらわしていたが、私の「殺すな」も私とともに舟に乗り、いつまでも航海はつづき、降りるに降りられず、ニッチもサッチもいかなくなったところで、私は自分のからだのうちにあるもののことを考え始め、同時に「殺すな」も変化を始めていた。最初は、正直に告白して言えば、事件に追われて、その日ぐらしをしている感じがあった。逆に言うと、その日ぐらしで何とかやって行けた、より正確には、何とかやって行けると錯覚していたのだが、そのうち、そうも行かなくなった。運動のなかでみんながめいめいの行為を通して自分なりに行為の根拠を考え始めていて、私もそのみんなのひとりだった。

同じことは、ここ一、二年来の韓国の人びとのたたかいとのつながりのなかで起って来ているような気がする。最初は、率直に言って、その日ぐらしだった。事件は次々に起り、事件に追われたかたちで、私自身をふくめて人びとは行為をそれぞれにかたちづくった。とは言っても、私はその日ぐらしの行為のことを非難しているのではない。それは必要なことだったし、行為をする人をただひたすらに非難する人の無行為よりもはるかに有効なことだったと私は自信をこめて思う。しかし、問題は、たたかいが長びくにつれ、もうそれではやって行けないところにさしかかって来ているということだ。ひとりひとりの行為のよりどころをとらえることなしには、それを持ちこたえるものとしてからだのうちにもたないかぎりは、行為はこれから長くつづくだろう時間のひろがりのなかで、これから起るであろうせめぎあいのなかで持ちこたえられない。

ベトナム反戦運動について言えば、ひとりひとりがそこにまでさしかかったときが、ベトナムと日本の過去、現在、未来のことを自分なりに考える糸口をもったときだった。日本と朝鮮の問題についても、私たち――いや、もっと自分自身にそくして私ということばをここで使いたいが、さきに列挙したさまざまなことがらについて自分なりに考えるとっかかりに来たような気がする。それは、さまざまなことがらを列挙して、そこでただ自己の罪のザンゲに終るというひところのはやりに基づいて考えるというのでもなければ、「米日韓反動打倒に両国人民は連帯して起て」の図式において考えるのでもない、自まえの持ちこたえるものによりどころを求めて考えるということだろう。

ここで、私は、これまで三つのことが私たち日本人の側において欠けていたと思う。いや、この場合も私は、私において欠けていたと自分にそくして語りたいのだが、ひとつは、問題に対する歴史的な接近だろう。「古代史ブーム」の今日、古代の日本人と朝鮮人のからみあいについて語る人は多いが、その語り方がどこかで、たとえば、朝鮮人の強制連行の歴史と切れていたりする。逆に、「トヨトミ・ヒデヨシ」の侵略を語って、古代の問題を考えることはない。そして、両者ともに「南北統一と日本のかかわりあい」という現代史のかんどころにかかわる問題にたいして眼をむけない。一口に言ってしまえば、総体としての日本と朝鮮の問題の歴史だろう。その歴史を持ちこたえるものとして私がからだのうちにもたないかぎりは、私の行為は持ちこたえられはしない。

二つ目には、文化だろう。朝鮮の人びとの文化と私たち――私の文化はさまざまな同質性と異質性をもつ。加藤周一さんによれば(『日本文学史序説』)、日本の思想は西洋や中国の思想とはちがって普遍的な価値をめざそうとしたものでなかった。それは日本語ということばの構造からそうだが、自らを特殊的価値の具現者ともくしているところがある。この説は妥当だが、それでは、朝鮮の思想、ひいては文化はどういうものとしてあるのか。ことばの構造において朝鮮語と日本語は否定しがたい同質性をもつが、そこで、たとえば、外から入って来た普遍的価値を基本とする思想は、日本と朝鮮の双方で、どこでどのようなちがいをかたちづくって行ったのか。私はこれを日本と朝鮮の対比においてばかりでなく、中国文明という圧倒的に強大な普遍文明の影響下に自らの文化をかたちづくって来たベトナムやタイとの比較においても考えたいと思うのだが、それらの文化をもふくめて

「比較思想史」や「比較文学史」が必要なのはまさにそこにおいてであるのに、私たちはいまだそれをもっていない。

早い話、私は知りたいのだ。ひとつの事物を形容するのに、朝鮮語ではどのように言うのか——私が在日朝鮮人作家と会って話をするときに感じる自分の貧困は、彼らが日本語での形容と朝鮮語のそれとの双方をわがものにしていることから来るものなのにちがいない。そうじて言って、私は貧困で、この貧困をもちつづけるかぎり、私は持ちこたえ得るものをかたちづくることはできない。

しかし、もっとも欠けていたのは、私たちが、いや、私が日本人と朝鮮人のかかわりあいのあるべきありようについて自分なり、自まえの考えだろう。ひとつにはそこには禁欲があったと思う(それは「米韓日反動打倒に両国人民は連帯して起ち上れ」という号令がけにならないための禁欲だった。号令は、もちろん、左右両翼において起る)。また、そうした「大状況」の展望を勇ましく語るよりもひとりの人間のいのちを救うことが大事だという気持もあった。その気持は過去と現在への日本人としての責任に結びついていたが、もうひとつ、おそれもあっただろう。現在の「南北分断」というややこしい政治のまっただなかにまき込まれるというおそれ。おそれは無意識的な問題に対する怠惰な態度を生み出すが、それよりさらにかんじんなことは、日本人と朝鮮人のかかわりあいのあるべきありようについての自分なり、自まえの考えの基本になる根拠をそれこそ自分なりにつくり出していなかったことがあるにちがいない。私が考えをかたちづくらないあいだに、日本と韓国の権力者は、アメリカ合州国の権力者とともに日本人と朝鮮人のかかわりあいの未来について彼らの身勝手な構想を打ち出していたのだが、私はそのとき、彼らの構想の根拠(は、一口に言えば、力とお金だろう。そして、その二つによる「不平等」と「反自決」の維持だろう)とまっこうから対立する自分の考えの根拠をまだ十分にもっていなかったにちがいない。その根拠は、言うまでもないことだろうが、北朝鮮の人びとが自分の考えの根拠としてもつものからも自立し、自まえのものとしてある。

私に、今、日本人と朝鮮人のかかわりあいの未来について雄大な構想が生まれたというのではない。ただ、私は、今、自分なりの考えの根拠となるものをもつように感じる。それは、さきに述べたように「殺すな」──「平等」と「自決」、そして、「世直し」にそのまま結びつく「殺すな」だが、その原理から、私は「日韓条約」を破棄し、韓国に対する「経済援助」をやめ、北朝鮮を承認することが私自身、そして、私と「情」を同じくする日本人、朝鮮人の双方にとってまず何よりも必要なことだと思う。北朝鮮の承認について言うなら、「クロス承認」論の承認でもなければ、北朝鮮の考えだけに基づいた承認でもない私自身自まえの承認で、そこでの基本は「覇権を求めず、求められず」。

私がこの日本と中国のあいだの条約締結の基本として中国が主張する原理を北朝鮮の承認にあたっての基本としたいのは、それが「平等」と「自決」への志《こころざし》のもっとも端的な表現であり、そこで「殺すな」とまっすぐにつながって行くからだが、もうひとつ、これを基本とすることで、不幸にも朝鮮をとりまく大国のえらいさんたちの手によって(中国も、朝鮮問題に関して、「大国的」であるというのが私の意見だ)現代国家の袋小路に押し込まれている日本人と朝鮮人のからみあいに大きな風穴を開けることになるからだ。「覇権を求めず、求められず」を基本として北朝鮮を承認したあと、当の中国をふくめてアジアのさまざまな国とのあいだにこの原理を生かした関係をつくり出すことができたら、それは、これまでのありようとはまったくちがったところに日本人である私自身の未来をふくめてアジアの人びとの未来を構想する基盤になり得るかも知れない。その未来のひとつがまぎれもなく朝鮮の「南北の自主的平和統一」だが、私がこれを自分なりの未来の展望のなかでもっとも重要なことだと考えるのは、当面のアジアの政治情勢の展開にぬきさしならない影響をもっているからだけではない。あるいは、朝鮮の人びとの「民族の悲願」が達成されるということのためからばかりではない。それらの二つのことがらに劣らず重大な意味あいが私にはあって、それは、「南北の自主的平和統一」が私の「殺すな」につながる原理であるからだ。「殺すな」につながり、「平等」、「自決」につながり、「アジアの解放」につながり、そして、私もそのひとつの成員である「世直し」を求める働きにつながる。ということは、私が私自身の「世直し」の働きを自分なりにかたちづくるかぎり、私につながるということだろう。そして、さらにもうひとつ、大事なことを言っておこう。それは普遍原理の共存(のなかには、せめぎあいも入る。せめぎあいから生まれて来る新しい共存の関係がある)を前提としていることがらであることだ。「北」が普遍原理として「平等」を提示するなら、「南」は「自由」を「北」の人びとのまえにそこに思いと志をこめてさし出すだろう。ときに二つは対立し、争うが、それこそ二つの原理にそれぞれがこれまでにもたなかったもの、考えもしなかったことをもたらすためにかかすことのできない対立であり争いであった――そんなふうに、今、「北」と「南」は「自主的平和統一」を構想することができれば、それはこれまでになかったものを人類の歴史にもたらすことができるにちがいない。

12

ふたたび、問題は日本のことに戻って来ている。私が今もくろんでいることのひとつは、「殺すな」の原理からアジアに眼をむけたように、同じ原理から敗戦後の三十年をふり返り、さらに明治維新以来の百余年の歴史をみつめ通して行くことだ。これから書くことは私が私と志《こころざし》、いや、「情」を同じくする人びとといっしょに実際にも行なおうとしていることだが、私は、今、「日本人の朝鮮侵略」、「三菱重工業」、「日本国天皇」という三本の記録映画をつくりたいと思う。「日本国天皇」は政治、「三菱重工業」は経済、「日本人の朝鮮侵略」は二つを根底のところで支えた侵略——それぞれの領域での明治維新以来の百余年の歴史を描こうとするのだが、「日本人の朝鮮侵略」という題名のなかにある「日本人」ということばに留意して欲しい、問題は百余年の「日本」の歴史ではなくて「日本人」の歴史なのだ。ということは、日本人ひとりひとりが朝鮮を侵略し、三菱重工業をかたちづくり、日本国天皇を支えたということだが、その事実にむきあって、私の「殺すな」ははたして持ちこたえるか。持ちこたえなかったときには、私の未来はない。

『ハーツ・エンド・マインズ』というアメリカ合州国のベトナム戦争の記録映画があった。明瞭にベトナム戦争反対の立場に立ち、説得力のあるつくり方をしたすぐれた映画だったが、見ていて、激しい不満を感じた。私ばかりでなく、三本の記録映画をつくろうとしている人びとも同じ思いだったのだが、その理由として、テレビ・プロデューサーの田原総一朗さんがもっとも的確なことを言った。映画には、北ベトナムの田舎で、空襲で娘を亡くした男が出て来て、いろいろ娘の死について説明したあと、娘の着物が残っている、これをあなたがたが国に帰ったらニクソンに持って行ってくれと映画をつくった人びとにむかって叫ぶのだが、これはみごとに感動的な場面だった。ただ、そのあとがなかった。かんじんの娘の着物を彼らがニクソンにとどけるという場面がなかった。とどけに行けば、おそらく、警官が出て来て大騒ぎになるだろう。映画をとっている連中だって殴られたり、蹴られたり、あげくのはて、つかまって牢屋《ろうや》に入る。それをどうして撮らなかったのだと田原さんは言った。これこそがこの映画のしめくくりとしてふさわしい、いや、あるべきもので、そうした場面があってはじめて、『ハーツ・エンド・マインズ』はすでにもうそ知らぬ顔をきめ込んでくらしているアメリカ合州国の人びとひとりひとりにむかって「ベトナム」を強い力で押し出す。彼らの過去に対してばかりでなく、現在、未来にむかって、「ベトナム」は出て来る。「殺すな」と彼らのまえに立ちはだかる。そのときには、もちろん、私のまえにも同じことばを叫びながら立ちはだかっていることだろう。立ちはだかり、そこで、私のからだのうちの持ちこたえるものは何かと「ベトナム」は私に激しく問いかける。

あとがき

『難死』の思想」と題した、この小さな本の全体の題名にもした文章を書いたときには、私はまだベトナム反戦運動を始めていなかったが(それは、「べ平連」――「ベトナムに平和を！」市民連合――の名で世に知られるようになった運動である)、まるでその運動の出現を予測したようなかたちで、その文章を書いている。実際、私はそこで書いたことを考えのひとつの基本として運動を始めているのだが、この小さな本におさめた文章は、すべて、十年余つづいたそのベトナム反戦運動のなかで、どこかでそこにかかわりながら書いていた。それは、もちろん、ベトナム戦争がそのあいだもつづいていたことでもあれば、ベトナム戦争にかかわりながら、これらの文章を書いて来たことでもある。

しかし、私が、今、これらの文章をこの小さな本のなかにまとめてあらためて世に出すのは、ベトナム反戦運動やベトナム戦争を回顧するためではない。お読みになって行けばすぐ判ることだろうが、私はこの本の文章で、ベトナム反戦運動やベトナム戦争そのもののことを語っているのではなかった。私が書いたことは、結局、二つを通して、戦争の問題、そこへの私たち市民の荷担の問題、荷担を当然のこととする社会、国家のありようの問題、そこでの民主主義の問題、そして、何よりも人間の生き方の問題だったにちがいない。こうした問題は、今日も変らず私たちのまえにある——と言うよりは、あまたの汚職、不始末を当然のごとくふり切って、市民となんの関係もないところで新しい政権が登場し、これもまた当然のごとく自衛隊の「海外派兵」が行なわれようとしている現在こそ、もっとも鋭いかたちで私たちのまえに突き出されて来ていると言ったほうが今の事態にそくしている。

一九四五年の「敗戦」に終る日本の近代の歴史は、つまるところ、殺し、焼き、奪ったはての、殺され、焼かれ、奪われた歴史だった。その歴史の展開のなかで、日本人はただ被害者であったのではなかった。あきらかに加害者としてもあった。被害者でありながら加害者であった、と言うのでは、それはむしろなかった。被害者であることによって、加害者になっていた。そのありようは、召集されて前線に連れて行かれる兵士のことを考えてみれば容易にあきらかになることだろう。彼は、彼の立場から見れば、被害者だが、彼は前線で何をするのか。銃を射って、「中国人」を殺した。そこで、彼はまぎれもなく加害者だった。加害者になっていた。

『『難死』の思想」を書いたときには、私にはまだ十分にその私たち自身の過去の姿は見えていなかったように思う。そのあと、ベトナム反戦運動を始めるなかで、ベトナム戦争に対する日本の、いや、私たち自身の戦争への荷担が明瞭に見えて来たとき、同時に私の眼にはそのかつての私たちの姿もありありと見えて来た。その「発見」は重い「発見」だった。さまざまに「難死」をとげた、私自身が目撃した、そして、私自身がいついかなるときにもその仲間入りをする可能性をもっていた、空襲後の焼跡に黒焦げの虫ケラのごとく死んでいた、まったくの被害者としてしか言いようのない人びとが、まさにそうあることによって加害者であったのだから。私は重い思いで「平和の倫理と論理」を書いた。私の眼に触れたかぎりでは、被害者、加害者のそうしたありよう、人びと自身の加害者としての責任の問題を正面きって論じた文章はそれまではなかったように思う。今から考えてもそれはふしぎなことなのだが、私はその重い思いを基底にすえることで、私自身のそれからのものの考え方、そして生き方そのもののよりどころを得た実感がある。それはこの小さな本におさめた文章のなかに出ていることでもあれば、今私が書く文章のなかにも出て来ていることでもある。

殺し、焼き、奪ったはての、殺され、焼かれ、奪われた歴史の体験のあとで、私たち日本人が生き方の基本として選びとったのは民主主義だけではなかった。もうひとつ、戦争、暴力は、そこにどのような理由づけ、大義名分があろうと、何ものも産み出さないという非暴力、反暴力の認識がその民主主義には背骨のように貫通していた。二つがあって、二つの具現体として、「日本国憲法」ができ上った。

　私が、とりわけ若い人に今この本を読んで欲しいと思うのは、自衛隊の「海外派兵」が「国際貢献」「国連への協力」の「美名」の下に、「民主主義国」がなすべき自明当然の行為のようにして論じられているからだ。同じように殺し、焼き、奪ったはてに、殺され、焼かれ、奪われた歴史をもったドイツで、「湾岸戦争」にさいして反戦運動が大きく盛り上ったのには、同じように「海外派兵」の問題がからんでいた。ドイツは日本とちがって、「正式」に軍隊をもち、徴兵制をもつ国だ。それは逆に言うと、日本も今や「正式」に軍隊をもち、徴兵制さえの可能性をもつということなのにちがいないが、そのドイツで、今、兵士になることを拒否して、「良心的兵役拒否」の道を選ぶ徴兵適齢期の若者の数が、四分の一にさえ達している。なかには、「良心的兵役拒否者」に課せられる「民間奉仕活動《シビル・サービス》」さえ、投獄されることを覚悟して拒否する「完全拒否者」(と彼らは呼ばれている)がかなりの数ふくまれている。

一九九一年一一月一二日

小田　実

初出一覧

「難死」の思想　『展望』一九六五年一月号。『戦後を拓く思想』講談社、一九六五年。
平和の倫理と論理　『展望』一九六六年八月号。『平和をつくる原理』講談社、一九六六年。
人間・ある個人的考察　『展望』一九六八年二月号。『人間・ある個人的考察』筑摩書房、一九六八年。
デモ行進とピラミッド　『展望』一九六九年一〇月号。『何を私たちは始めているのか』三一書房、一九七〇年。
彼の死の意味　『ロンドン・タイムス』一九七一年四月二九日。『「生きつづける」ということ』筑摩書房、一九七二年。
「生きつづける」ということ　『展望』一九七一年一月号。『「生きつづける」ということ』
「殺すな」から　『世界』一九七六年一月号。『「殺すな」から』筑摩書房、一九七六年。

解説

――「作家」としての小田と「運動家」としての小田――

小熊英二

小田実は、「市民運動家」として知られ、論じられることが多い。

しかし小田は、一九五一年に一九歳で初の小説『明後日の手記』を、五六年には二四歳で四百字詰め原稿用紙一二〇〇枚の大作『わが人生の時』を出版した、早熟な作家だった。東京大学でも古代ギリシア文学を専攻し、中村真一郎のもとに出入りしていた「長身痩軀」の文学青年だった小田を、真継伸彦は「暗く鋭い眼を輝かせて熱烈に語る」「『過去に致命的な傷をうけ、行為不可能となった』懐疑主義者」だったと形容している。

小田が世に知られるようになったのは、一九六一年の世界旅行記『何でも見てやろう』がベストセラーになってからである。その後、べ平連(「ベトナムに平和を!」市民連合)の代表役になる六五年まで、紀行文などの依頼が多かったが、彼は自分が「作家」と認められないことに不満だったらしい。

離しているようにみえる。しかし両者が、じつは密接に結びついていたことは、本書に収録されたベトナム戦争期の評論にみることができる。

この評論集冒頭の「『難死』の思想」は、小田の評論の代表作の一つである。この評論でも触れられているが、小田の出発点は、一九四五年八月一四日の大阪大空襲であり、そこで彼が見たものは人間の絶望的なまでの醜悪さだった。

本書には収録されていないが、小田は「廃墟のなかの虚構」という評論で、以下のように大阪大空襲の経験を書いている。「黒焦げの死体を見た。その死体を無造作に片づける自分の手を見た。高貴な精神が、〔極限状況では〕一瞬にして醜悪なものにかわるのを見た。一個のパンを父と子が死に物狂いでとりあいしたり、母が子を捨てて逃げていくのを見た。人間のもつどうしようもないみにくさ、いやらしさも見た。そして、その人間の一人にすぎない自分を、私は見た」。「輝かしいものは何もなかった。すべてが卑小であり、ケチくさかった。たとえば、死さえ、悲しいものではなかった。悲劇ではなかった。街路の上の黒焦げの死体――それは、むしろコッケイな存在だった。私は、実際、死体を前にして笑った」。

こうした「難死」の姿を眼の当たりにする経験をした小田は、「『致命的な傷をうけ、行為不可能となった』懐疑主義者」になった。小田は朝鮮戦争中の学生運動が盛んな時期に東京大学にいたが、学生運動には関係していない。『何でも見てやろう』の旅から帰国したのは六〇年安保闘争の渦中だったが、運動には関係しなかった。べ平連旗揚げまで、彼はほとんど運動に関わった経験がなかったという。

しかし小田は、社会に無関心だったわけではなかった。この評論集を読めばわかるが、彼の生涯のテーマの一つは「公」と「私」の関係だった。一九三二年生まれの小田は、『難死』の思想」にも書かれているように、生まれたときから戦争状態しか知らず、「公」の大義のために兵士として死ぬことを至上とする教育をうけて育った。

『難死』の思想」が公表された一九六五年に、小田は三三歳の若手論者だった。それまでは、京都学派や日本浪漫派の思想を読んで自己の死を正当化しようとした経験をもつ「戦中派」(敗戦時に二〇歳前後だった世代)が、「公」と「私」の問題を論じていた。そして「昭和元禄」とも称された高度成長期だった当時は、経済成長にともない「公」に尽くす精神が失われ、利己主義が蔓延していることが嘆かれて、その反動として『大東亜戦争肯定論』などが登場していた。

ある意味でこれは、九〇年代末に小林よしのりの『戦争論』が、ミーイズムを批判して「公」と「大東亜戦争」を賛美し、評判となった状況と似ている。小田の「『難死』の思想」が、自分は「戦中派」より若かった(小田は敗戦時に一三歳だった)から京都学派も日本浪漫派も関係なかった、そうした思想的な「接着剤」なしに「公」と「私」の関係を考えなければならなかった、と述べているのはそうした文脈からである。

しかし小田は、『大東亜戦争肯定論』などを左派の立場から批判する、という姿勢をとらない。なぜなら、小田は「ソ連」も「レジスタンスの闘士」も、「公」の大義に殉じた人びととみなす。彼は、「左」の大義も「右」の大義も信じない懐疑主義者なのである。

それでは、小田は一切の「公」を否定し、「私」を優先するのか。のちに吉本隆明や田中美津は、左右の「公」や「大義」を批判して「私」の優位を説き、吉本は八〇年代には大衆消費社会賛美にまで行きついた。

だが、小田はそうした路線もとらない。小田は、民主主義は「私」を優位に置く政治原理ではあるが、いかなる政治原理も「公」抜きには成立しえないと説く。また戦後日本の大衆が「私」の追求に満足してしまい、「公」を占領軍にまかせてしまったことを批判している。前述のように、彼は「公」の重視を教育されてきた人間であり、古代ギリシア文学を専攻したのも、民主主義の原点とされる古代ギリシアの「公」のあり方を見極めたかったからだったという。

小田がめざしたのは、戦中の「公」のあり方に代わる、新しい「公」のあり方を探ることだった。その構想の一例は、本書収録の「デモ行進とピラミッド」で論じられている。デモでは全員が一参加者となり、権威の「ピラミッド」が壊れ、みなが「平ら」で「むき出し」の関係になるという。それゆえ、デモは民主主義の原点だというのがここでの主張である。

そして『「難死」の思想』は、「公」と「私」がテーマではあるが、一種の戦後文学総括なのである。そこでは、敗戦によってそれまでの「公」が滅びたあと、戦後文学がどのように「公」と「私」の関係を模索してきたかが論じられる。そして、「公」を全否定して「私」に閉じてしまう私小説、共産主義という新種の「公」に依存しようとした左翼文学などを批判しつつ、最大の対抗相手として三島由紀夫が考察対象になる。

本書収録の「彼の死の意味」などでも見られるが、小田は三島をつよく意識していた。これは小田にかぎったことではなく、戦中に皇国教育をうけ、「公」の大義に殉ずることを教えられてきた小田と同世代の文学者、たとえば大江健三郎や江藤淳などにもみられた現象である。三島は、彼らにとって憧れと反発のいりまじった対象だった。

そして小田の分析では、三島の作家としての方法論は、「公」と「私」が一体となりつつ死んでいく、「散華」の瞬間の美を描くというものである。そのさい三島は「公」の内容を問わないため、大東亜戦争の大義を信ずる右派論者の心も、革命のロマンを夢みる左翼青年の心をもとらえる。のちにべ平連を「生ぬるい」と批判した全共闘や新左翼の若者が、三島の自決には感動した状況を、小田は六五年にすでに見通していたといえよう。

だが小田は、三島の美学を信じない。彼はすでに、「難死」が美しくもなければ悲劇でもなく、「卑小」で「コッケイ」であることを見てしまっていた。三島も小田も古代ギリシア文学を愛好した点では共通しているが、悲劇を好む三島にたいし、死体を前にして笑った経験をもつ小田は、三島をふくむ戦後文学が「ユーモア」「喜劇」への視点を欠いていたことを批判する。

また小田は、「散華」の瞬間の美を描く三島の方法は、基本的には短編むきであって、長編には適さないと批判する。そして、美しい瞬間に生きる「純粋な青年」よりも、長い日常を生きつづける「あぶらぎった中年男」が歴史の主役でありえないとはいえない、と稿を結ぶのである。

この『「難死」の思想』を書いた直後、小田はべ平連の代表になる。六五年二月に米軍の北爆が始まり、米軍機の空襲下で逃げまどうベトナム民衆の姿が報道されたため、空襲の記憶を刺激された小田は座視していられなかった。のちの九五年の阪神大震災のさいも、小田は被災者救援運動に奔走することになるが、このときも震災で廃墟になった街をみて空襲の記憶がよみがえったことが契機だったという。

だがベトナム反戦運動でも、小田の「懐疑主義者」としての作家ぶりは発揮された。ベ平連には共産党を除名されたマルクス主義者も多かったが、小田はマルクス主義をはじめ特定の思想を決して信奉しなかった。また本書収録の各評論にみられるが、たとえば小田は革命に「散華」することを夢みる青年たちには批判的で、そんな「短編」の発想で妻子ができても運動をやれるのか、と考えていた。武器を持たないまま死んでいった「難死」の立場から、一貫して非暴力直接行動にこだわった。ベ平連に転がりこんできた米軍脱走兵たちを、「日本の小説家」(三島)の「幻想」にすぎない「純白の雪を背景とした二・二六事件の行動家」とは対照的な人間だと形容した。

本書には書かれていないエピソードだが、「難死」を出発点とした作家としての彼と、運動家としての彼が不可分に結びついていたことを象徴していたと私が思うのは、六九年六月一五日のデモで、ベ平連事務局長の吉川勇一が不当逮捕されたときの小田の反応である。このとき小田は、激昂して抗議のため警視庁へ突進しかねない状態になったデモ参加者たちにむかって、「笑おやないか」とよびかけ、宣伝カーのマイクで「あっはっは」と本当に笑いだしたという。

小田の作家としての評価は、今でも高いとはいえない。それは小田の小説が、古代ギリシア文学を好んだ彼らしく、非常に構築的でより乾いた視線で社会をみわたすものであり、短歌のような瞬間的な情緒描写を好む日本の文学界では異質だったことも関係していると思う。むしろ晩年、彼の小説は英訳されて海外で高い評価をうけた。

瞬間の美に「生きる」ことより、長い日常を「生きつづける」こと。短編より長編、若いロマンティシズムより中年のユーモア。本書収録の彼の評論にくりかえし現れるこれらのモチーフは、小田の思想であり、作家としての方法論であり、運動家としての姿勢である。そして小田にとってこれらは、日本の社会運動に、そして文学に欠けているものであり、自分が埋めていかねばならぬものと考えていたものだったと思う。

（慶應義塾大学教授）

本書は一九九一年一二月、同時代ライブラリー（岩波書店）として刊行された。なお収録にあたり、「まえがき」は「あとがき」に改めた。

「難死」の思想

2008 年 6 月 17 日　第 1 刷発行
2022 年 9 月 5 日　第 2 刷発行

著　者　小田《おだ》 実《まこと》

発行者　坂本政謙

発行所　株式会社 岩波書店
〒101-8002 東京都千代田区一ツ橋 2-5-5

案内 03-5210-4000　営業部 03-5210-4111
https://www.iwanami.co.jp/

印刷・精興社　製本・中永製本

ISBN 978-4-00-603168-8　　Printed in Japan

岩波現代文庫創刊二〇年に際して

二一世紀が始まってからすでに二〇年が経とうとしています。この間のグローバル化の急激な進行は世界のあり方を大きく変えました。世界規模で経済や情報の結びつきが強まるとともに、国境を越えた人の移動は日常の光景となり、今やどこに住んでいても、私たちの暮らしは世界中の様々な出来事と無関係ではいられません。しかし、グローバル化の中で否応なくもたらされる「他者」との出会いや交流は、新たな文化や価値観だけではなく、摩擦や衝突、そしてしばしば憎悪までをも生み出しています。グローバル化にともなう副作用は、その恩恵を遥かにこえていると言わざるを得ません。

今私たちに求められているのは、国内、国外にかかわらず、異なる歴史や経験、文化を持つ「他者」と向き合い、よりよい関係を結び直してゆくための想像力、構想力ではないでしょうか。

新世紀の到来を目前にした二〇〇〇年一月に創刊された岩波現代文庫は、この二〇年を通して、哲学や歴史、経済、自然科学から、小説やエッセイ、ルポルタージュにいたるまで幅広いジャンルの書目を刊行してきました。一〇〇〇点を超える書目には、人類が直面してきた様々な課題と、試行錯誤の営みが刻まれています。読書を通した過去の「他者」との出会いから得られる知識や経験は、私たちがよりよい社会を作り上げてゆくために大きな示唆を与えてくれるはずです。

一冊の本が世界を変える大きな力を持つことを信じ、岩波現代文庫はこれからもさらなるラインナップの充実をめざしてゆきます。

（二〇二〇年一月）

S281
ゆびさきの宇宙
福島智・盲ろうを生きて
生井久美子

盲ろう者として幾多のバリアを突破してきた東大教授・福島智の生き方に魅せられたジャーナリストが密着、その軌跡と思想を語る。

S282
釜ケ崎と福音
―神は貧しく小さくされた者と共に―
本田哲郎

神の選びは社会的に貧しく小さくされた者の中にこそある！ 釜ケ崎の労働者たちと共に二十年を過ごした神父の、実体験に基づく独自の聖書解釈。

S283
考古学で現代を見る
田中琢

新発掘で本当は何が「わかった」といえるか？ 考古学とナショナリズムとの危うい関係とは？ 発掘の楽しさと現代とのかかわりを語るエッセイ集。〈解説〉広瀬和雄

S284
家事の政治学
柏木博

急速に規格化・商品化が進む近代社会の軌跡と重なる「家事労働からの解放」の夢。家庭という空間と国家、性差、貧富などとの関わりを浮き彫りにする社会論。

S285
河合隼雄の読書人生
―深層意識への道―
河合隼雄

臨床心理学のパイオニアの人生に影響をおよぼした本とは？ 読書を通して著者が自らの人生を振り返る、自伝でもある読書ガイド。〈解説〉河合俊雄

2022.8

S286
平和は「退屈」ですか
―元ひめゆり学徒と若者たちの五〇〇日―
下嶋哲朗

沖縄戦の体験を、高校生と大学生が語り継ぐプロジェクトの試行錯誤の日々を描く。社会人となった若者たちに改めて取材した新稿を付す。

S287
野口体操入門
―からだからのメッセージ―
羽鳥操

「人間のからだの主体は脳でなく、体液である」という身体哲学をもとに生まれた野口体操。その理論と実践方法を多数の写真で解説。

S288
日本海軍はなぜ過ったか
―海軍反省会四〇〇時間の証言より―
澤地久枝
半藤一利
戸高一成

勝算もなく、戦争へ突き進んでいったのはなぜか。「勢いに流されて――」。いま明かされる海軍トップエリートたちの生の声。肉声の証言がもたらした衝撃をめぐる白熱の議論。

S289-290
アジア・太平洋戦争史(上・下)
―同時代人はどう見ていたか―
山中恒

いったい何が自分を軍国少年に育て上げたのか。三〇年来の疑問を抱いて、戦時下の出版物を渉猟し書き下ろした、あの戦争の通史。

S291
戦下のレシピ
―太平洋戦争下の食を知る―
斎藤美奈子

十五年戦争下の婦人雑誌に掲載された料理記事を通して、銃後の暮らしや戦争について知るための「読めて使える」ガイドブック。文庫版では占領期の食糧事情について付記した。

2022. 8

S292
食べかた上手だった日本人
―よみがえる昭和モダン時代の知恵―
魚柄仁之助

八〇年前の日本にあった、モダン食生活のユートピア。食料クライシスを生き抜くための知恵と技術を、大量の資料を駆使して復元！

S293
新版 報復ではなく和解を
―ヒロシマから世界へ―
秋葉忠利

長年、被爆者のメッセージを伝え、平和活動を続けてきた秋葉忠利氏の講演録。好評を博した旧版に三・一一以後の講演三本を加えた。

S294
新島襄
和田洋一

キリスト教を深く理解することで、日本の近代思想に大きな影響を与えた宗教家・教育家、新島襄の生涯と思想を理解するための最良の評伝。〈解説〉佐藤 優

S295
戦争は女の顔をしていない
スヴェトラーナ・アレクシエーヴィチ
三浦みどり訳

ソ連では第二次世界大戦で百万人をこえる女性が従軍した。その五百人以上にインタビューした、ノーベル文学賞作家のデビュー作にして主著。〈解説〉澤地久枝

S296
ボタン穴から見た戦争
―白ロシアの子供たちの証言―
スヴェトラーナ・アレクシエーヴィチ
三浦みどり訳

一九四一年にソ連白ロシアで十五歳以下の子供だった人たちに、約四十年後、戦争の記憶がどう刻まれているかをインタビューした戦争証言集。〈解説〉沼野充義

2022. 8

S297
フードバンクという挑戦
—貧困と飽食のあいだで—
大原悦子
食べられるのに捨てられてゆく大量の食品。一方に、空腹に苦しむ人びと。両者をつなぐフードバンクの活動の、これまでとこれからを見つめる。

S298
いのちの旅
「水俣学」への軌跡
原田正純
水俣病公式確認から六〇年。人類の負の遺産「水俣」を将来に活かすべく水俣学を提唱した著者が、様々な出会いの中に見出した希望の原点とは。〈解説〉花田昌宣

S299
紙の建築　行動する
—建築家は社会のために何ができるか—
坂茂
地震や水害が起きるたび、世界中の被災者のもとへ駆けつける建築家が、命を守る建築の誕生とその人道的な実践を語る。カラー写真多数。

S300
犬、そして猫が生きる力をくれた
—介助犬と人びとの新しい物語—
大塚敦子
保護された犬を受刑者が介助犬に育てるという米国での画期的な試みが始まって三〇年。保護猫が刑務所で受刑者と暮らし始めたこと、元受刑者のその後も活写する。

S301
沖縄　若夏の記憶
大石芳野
戦争や基地の悲劇を背負いながらも、豊かな風土に寄り添い独自の文化を育んできた沖縄。その魅力を撮りつづけてきた著者の、珠玉のフォトエッセイ。カラー写真多数。

S302
機会不平等
斎藤貴男

機会すら平等に与えられない〝新たな階級社会の現出〟を粘り強い取材で明らかにした衝撃の著作。最新事情をめぐる新章と、森永卓郎氏との対談を増補。

S303
私の沖縄現代史
—米軍支配時代を日本〈ヤマト〉で生きて—
新崎盛暉

敗戦から返還に至るまでの沖縄と日本の激動の同時代史を、自らの歩みと重ねて描く。日本〈ヤマト〉で「沖縄を生きた」半生の回顧録。岩波現代文庫オリジナル版。

S304
私の生きた証はどこにあるのか
—大人のための人生論—
H・S・クシュナー
松宮克昌訳

私の人生にはどんな意味があったのか？ 人生の後半を迎え、空虚感に襲われる人々に旧約聖書の言葉などを引用し、悩みの解決法を提示。岩波現代文庫オリジナル版。

S305
戦後日本のジャズ文化
—映画・文学・アングラ—
マイク・モラスキー

占領軍とともに入ってきたジャズは、アメリカそのものだった！ 映画、文学作品等の中のジャズを通して、戦後日本社会を読み解く。

S306
村山富市回顧録
薬師寺克行編

戦後五五年体制の一翼を担っていた日本社会党は、その誕生から常に抗争を内部にはらんでいた。その最後に立ち会った元首相が見たものは。

S307
大逆事件
―死と生の群像―
田中伸尚

天皇制国家が生み出した最大の思想弾圧「大逆事件」。巻き込まれた人々の死と生を描き出し、近代史の暗部を現代に照らし出す。〈解説〉田中優子

S308
「どんぐりの家」のデッサン
漫画で障害者を描く
山本おさむ

かつて障害者を漫画で描くことはタブーだった。漫画家としての著者の経験から考えてきた、障害者を取り巻く状況を、創作過程の試行錯誤を交え、率直に語る。

S309
鎖塚
―自由民権と囚人労働の記録―
小池喜孝

北海道開拓のため無残な死を強いられた囚人たちの墓、鎖塚。犠牲者は誰か。なぜその地で死んだのか。日本近代の暗部をあばく迫力のドキュメント。〈解説〉色川大吉

S310
聞き書 野中広務回顧録
御厨貴
牧原出 編

二〇一八年一月に亡くなった、平成の政治をリードした野中広務氏が残したメッセージ。五五年体制が崩れていくときに自民党の中で野中氏が見ていたものは。〈解説〉中島岳志

S311
不敗のドキュメンタリー
―水俣を撮りつづけて―
土本典昭

『水俣―患者さんとその世界―』『医学としての水俣病』『不知火海』などの名作映画の作り手の思想と仕事が、精選した文章群から甦る。〈解説〉栗原彬

2022. 8

S312
増補 隔離
―故郷を追われたハンセン病者たち―
徳永 進

らい予防法が廃止され、国の法的責任が明らかになった後も、ハンセン病隔離政策が終わり解決したわけではなかった。回復者たちの現在の声をも伝える増補版。〈解説〉宮坂道夫

S313
沖縄の歩み
国場幸太郎
新川 明
鹿野政直 編

米軍占領下の沖縄で抵抗運動に献身した著者が、復帰直後に若い世代に向けてやさしく説き明かした沖縄通史。幻の名著がいま蘇る。〈解説〉新川 明・鹿野政直

S314
ぼくたちはこうして学者になった
―脳・チンパンジー・人間―
松本 元
松沢哲郎

「人間とは何か」を知ろうと、それぞれ新たな学問を切り拓いてきた二人は、どのような生い立ちや出会いを経て、何を学んだのか。

S315
ニクソンのアメリカ
―アメリカ第一主義の起源―
松尾文夫

白人中産層に徹底的に迎合する内政と、中国との和解を果たした外交。ニクソンのしたたかな論理に迫った名著を再編集した決定版。〈解説〉西山隆行

S316
負ける建築
隈 研吾

コンクリートから木造へ。「勝つ建築」から「負ける建築」へ。新国立競技場の設計に携わった著者の、独自の建築哲学が窺える論集。

S317
全盲の弁護士　竹下義樹
小林照幸

視覚障害をものともせず、九度の挑戦を経て弁護士の夢をつかんだ男、竹下義樹。読む人の心を揺さぶる傑作ノンフィクション！

S318
一粒の柿の種
—科学と文化を語る—
渡辺政隆

身の回りを科学の目で見れば…。その何と楽しいことか！　文学や漫画を科学の目で楽しむコツを披露。科学教育や疑似科学にも一言。〈解説〉最相葉月

S319
聞き書　緒方貞子回顧録
野林健
納家政嗣編

「人の命を助けること」、これに尽きます——。国連難民高等弁務官をつとめ、「人間の安全保障」を提起した緒方貞子。人生とともに、世界と日本を語る。〈解説〉中満泉

S320
「無罪」を見抜く
—裁判官・木谷明の生き方—
木谷明
山田隆司
嘉多山宗聞き手・編

有罪率が高い日本の刑事裁判において、在職中いくつもの無罪判決を出し、その全てが確定した裁判官は、いかにして無罪を見抜いたのか。〈解説〉門野博

S321
聖路加病院　生と死の現場
早瀬圭一

医療と看護の原点を描いた『聖路加病院で働くということ』に、緩和ケア病棟での出会いと別れの新章を増補。〈解説〉山根基世

S322
菌世界紀行
—誰も知らないきのこを追って—
星野保
大の男が這いつくばって、世界中の寒冷地にきのこを探す。雪の下でしたたかに生きる菌たちの生態とともに綴る、とっておきの〈菌道中〉。〈解説〉渡邊十絲子

S323-324
キッシンジャー回想録 中国(上・下)
ヘンリー・A・キッシンジャー
塚越敏彦ほか訳
世界中に衝撃を与えた米中和解の立役者であるキッシンジャー。国際政治の現実と中国の論理を誰よりも知り尽くした彼が綴った、決定的「中国論」。〈解説〉松尾文夫

S325
井上ひさしの憲法指南
井上ひさし
「日本国憲法は最高の傑作」と語る井上ひさし。憲法の基本を分かりやすく説いたエッセイ、講演録を収めました。〈解説〉小森陽一

S326
増補版 日本レスリングの物語
柳澤健
草創期から現在まで、無数のドラマを描ききる日本レスリングの「正史」にしてエンターテインメント。〈解説〉夢枕獏

S327
抵抗の新聞人 桐生悠々
井出孫六
日米開戦前夜まで、反戦と不正追及の姿勢を貫きジャーナリズム史上に屹立する桐生悠々。その烈々たる生涯。巻末には五男による〈親子関係〉の回想文を収録。〈解説〉青木理

岩波現代文庫［社会］

S328
人は愛するに足り、真心は信ずるに足る
―アフガンとの約束―
中村哲
澤地久枝（聞き手）

戦乱と劣悪な自然環境に苦しむアフガンで、人々の命を救うべく身命を賭して活動を続けた故・中村哲医師が熱い思いを語った貴重な記録。

S329
負け組のメディア史
―天下無敵 野依秀市伝―
佐藤卓己

明治末期から戦後にかけて「言論界の暴れん坊」の異名をとった男、野依秀市。忘れられた桁外れの鬼才に着目したメディア史を描く。〈解説〉平山昇

S330
ヨーロッパ・コーリング・リターンズ
―社会・政治時評クロニクル 2014-2021―
ブレイディみかこ

人か資本か。優先順位を間違えた政治は希望を奪い貧困と分断を拡大させる。地べたから英国を読み解き日本を照らす、最新時評集。

S331
増補版 悪役レスラーは笑う
―「卑劣なジャップ」グレート東郷―
森達也

第二次大戦後の米国プロレス界で「卑劣な日本人」を演じ、巨万の富を築いた伝説の悪役レスラーがいた。謎に満ちた男の素顔に迫る。

S332
戦争と罪責
野田正彰

旧兵士たちの内面を精神病理学者が丹念に聞き取る。罪の意識を抑圧する文化において豊かな感情を取り戻す道を探る。